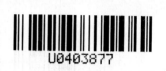

李泽厚集 | 中国现代思想史论

李泽厚集

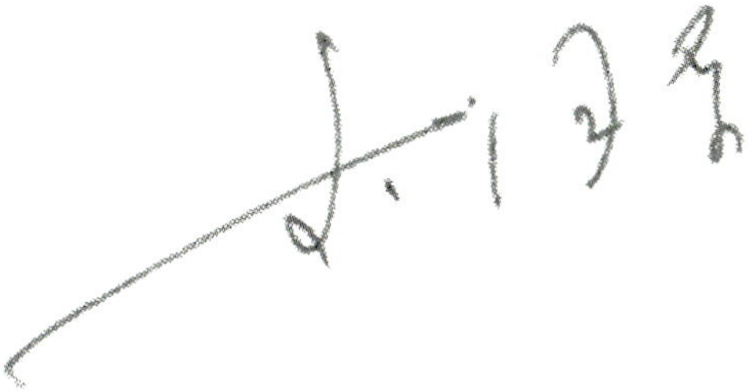

On Contemporary
Chinese Thoughts

中国现代思想史论

生活·讀書·新知 三联书店

1986 年秋作者与梁漱溟合影于北京北海仿膳

本书初版（东方出版社，1987年6月）书影

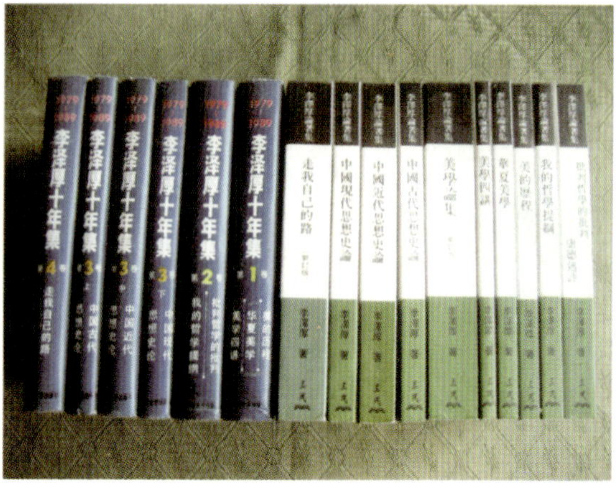
李泽厚十年集
李泽厚十年集
李泽厚十年集
李泽厚十年集
李泽厚十年集
李泽厚十年集
走我自己的路
中國現代思想史論
中國近代思想史論
中國古代思想史論
美學論集
美學四講
華夏美學
美的歷程
我的哲學提綱
批判哲學的批判

告一段落

目　次

内容提要

启蒙与救亡的双重变奏

（1）陈独秀1916年提出“最后觉悟之觉悟”，反对传统，呼喊启蒙。个性解放与政治批判携手同行，相互促进，揭开了中国现代史的新页。

（2）五四运动带来了青年一代行为模式的改变，从婚姻自主到工读互助团。一部分人经由无政府主义，选择了马克思主义。

（3）救亡又一次压倒启蒙。知识分子在革命战争中也为这场革命所征服。

（4）封建主义并未消除，它在社会主义装束下带来种种祸害，令人重新呼喊五四。重要的是转换性的创造。

记中国现代三次学术论战

（1）二十年代张君劢等人认为科学不能解决人生观问题，在身心、社会领域，因果律无效，要求回到宋明理学。

（2）丁文江等人强调科学能解决一切问题，要求建立起“科学的人生观”，以作为信仰，指导生活。

（3）三十年代中国社会性质问题论战的三派，陶希圣等人的“新生命派”和托派《动力》都强调中国社会的资本主义性质，中国共产党的《新思潮》派则强调中国社会的封建性，前者主张反帝反资，后者主张反帝反封建。

（4）两次论战中的科学性（学术）与意识形态性（政治）的交错纠缠的特点。

（5）四十年代胡风反对向林冰以民间形式为创造文艺民族形式的中心源泉，强调继承五四，以吸取外来为主。

（6）革命战争要求文艺为工农兵服务，为广大群众和干部“喜闻乐见”的“大众化”成为时代主流，毛泽东的《在延安文艺座谈会上的讲话》。

胡适　陈独秀　鲁迅

（1）文学的语言形式改革的重要意义，胡适首倡白话文运动而成名。

（2）胡适的第二个贡献是在文史领域开创了近代学术的思想新范式。关于胡的“大胆假设，小心求证”的哲学方法论。

（3）陈独秀的主要兴奋点始终是政治。他从政治角度看待文学革新，突破了胡适的“八不主义”。陈反对把孔孟与程朱划开，反对把中国传统的民本主义与西方近代的民主主义混为一谈。

（4）陈的启蒙主义的宇宙观和人生观，对德谟克拉西由提倡到否定再回到肯定。

（5）鲁迅对“死”的形上感受，他超越了启蒙，具有现代性的孤独与悲凉。

青年毛泽东

(1) 青年毛以“动力”和“斗争”为宇宙本体和人格本性，这“动”具有体魄性的特点。

(2) 以“实现自我”为道德律，以不可穷尽的永恒追求为理想，浪漫主义和英雄主义的色调。

(3) 与“贵我”映对，强调方法上、认识上的“通今”，重视现实经验的概括。

试谈马克思主义在中国

(1) 唯物史观特别是阶级斗争学说，成为马克思主义在中国最突出的被接受和被实践的部分。实用理性使中国知识分子乐于接受进化论和唯物史观。它们主要作为一种“科学的”意识形态和理性的信仰被奉行。

(2) 李大钊是早期中国马克思主义的理论代表。他号召“到民间去”和强调“改造精神”的两大特征。

(3) 瞿秋白承上启下，介绍、宣传了辩证唯物主义。

(4) 中国马克思主义主要成为关于革命的战略学说。毛泽东提出工农武装割据、以农村包围城市和游击战争等一系列战略策略。

(5) 总结战争经验，军事辩证法提升为哲学世界观，对主观能动性的强调和经验理性的哲学认识论。

(6) 思想改造运动，高扬道德主义。刘少奇的自我修养理论。

(7) 1949 年的胜利带来了独立、统一、平等的新中国。毛反对“巩固新民主主义秩序”，依靠激烈的政治思想斗争提前、超额完成了农业合作化。

(8) 毛继续强调“政治挂帅”，强调“两个阶级两条道路的斗争”，并扩及一切领域，它们经常变成了劳动与剥削、公与私、善与恶的道德判定。

(9) 斗争哲学（“以阶级斗争为纲”）、道德主义（“斗私批修”）、民粹主义（“向贫下中农学习”）成为思想特征，在“文化大革命”中发展到高峰。广大干部和知识分子在道德主义下的屈从。

(10) 新时期的人道主义呐喊，其理论弱点及历史正义性。马克思主义应是建设的哲学。

二十世纪中国（大陆）文艺一瞥

(1) 从形象思维世界看中国现代知识分子的心态。苏曼殊创作中的某种黎明期的清新气息。

(2) 五四时期多愁善感的敏感主义特色，对人生、对自我的探索、追求，新鲜性、多样性和朦胧性。冰心的母爱、郁达夫的性爱、郭沫若的力、许地山的哲理……

(3) 春天过去，夏日当头，青年成熟，走进社会：三十年代创造具体模式的一代，现实生活的广泛写照，现代文学获得了客观性：茅盾、巴金、老舍、沈从文、曹禺、夏衍。

(4) 走向工农兵及其心灵的复杂和痛苦。艾青、路翎和农民作家赵树理。

（5）颂歌（贺敬之）和忏悔（张贤亮）作为解放一代的文学特征。

（6）噩梦苏醒后的彷徨、愤慨、寻求和否定：从舒婷、北岛到刘索拉。

略论现代新儒家

（1）熊十力完成了谭嗣同、章太炎未竟之业，将宋明理学的伦理学翻转为宇宙观和本体论。强调“体用不二”，即运动变化、生生不息的心物感性世界。

（2）梁漱溟从文化立论讲哲学，认为中西文化之分在于对待人生的不同态度和不同道路。情感—直觉重于理知。儒学是世界文化的希望。

（3）冯友兰不同于熊、梁，构造了一个纯粹逻辑的“理世界”的哲学系统，强调要经过“思议”、“了解”后才能达到那“不可思议”、“不可了解”的人生最高境界。

（4）牟宗三认为陆、王才是孔孟正宗，程、朱的“义理之性”乃“存有而不活动”，从而失去道德自律的基础。牟强调“内圣之道”是直觉的体认、证悟，非思议、理知所能了解或达到。

（5）熊、梁——冯——牟，似乎是一个现代新儒家的正反合圆圈全程。儒学的前景问题。

漫说“西体中用”

（1）中国近代由“技”而“政”而“教”的改革过程和“中体西用”说的提出。五四凸出了西学与中学的根本差异：个人本位与家庭本位。上述“中学”特点在日常生活中的一些表现。

（2）在接收、吸取外物同时，常以自己的系统将异物融解同化，使外物失其性能，这才是“中体西用”的要害。

（3）以“太平天国”为例，“中国化”过程中的平均主义、禁欲主义、命令主义和道德主义。

（4）应对“体”、“用”、“中”、“西”重新解释，“体”首先是社会存在的本体。不要把前现代、现代、后现代三个不同历史阶段混为一谈，不同意文化相对主义，但赞成多元化。

后　记

附　录

启蒙与救亡的双重变奏

五四运动包含两个性质不相同的运动，一个是新文化运动，一个是学生爱国反帝运动①。众多论著常常笼统地歌颂它们，较少注意二者的复杂关系及由此而来的思想发展和历史后果。本文试图对此作些初步探讨。

一　启蒙与救亡的相互促进

1915年9月陈独秀创办《青年》（2卷起改名《新青年》）杂志，在《敬告青年》这实际的发刊辞中，以中西文化对比的方式，抨击了各种传统观念，提出“自主的而非奴隶的”、“进步的

① 关于五四运动应否包括新文化运动，历来有不同看法。有人赞扬学生爱国运动而反对新文化运动（如蒋介石《中国之命运》），有人则反之，认为“五四运动对新文化运动来说，实在是一个挫折”（胡适，见周阳山编《五四与中国》，第391页，台北）。但绝大多数认为二者有极密切联系而视为一体，本文同意此看法。“五四运动”一词始见于1919年5月26日《每周评论》第23期罗家伦（署名“毅”）的文章。新的考证认为：1919年5月18日以“北京学生联合会全体学生”为名义发表的“罢课宣言”中已有此词。

而非保守的”、“进取的而非退隐的”、“世界的而非锁国的”、“实利的而非虚文的”、“科学的而非想象的”六项主张，鼓吹“科学与人权并重”，这即是不久后提出“赛先生”（科学）与“德先生”（民主）的先声。《新青年》以披荆斩棘之姿，雷霆万钧之势，陆续发表了易白沙、高一涵、胡适、吴虞、刘半农、鲁迅、李大钊、钱玄同、沈尹默、周作人等人的各种论说和白话诗文，第一次全面地、猛烈地、直接地抨击了孔子和传统道德，第一次大规模地、公开地、激烈地反对传统文艺，强调必须以口头语言（白话）来进行创作。以道德革命和文学革命为内容和口号的新文化运动，汹涌澎湃地开展起来。

这在中国数千年的文化史上是划时代的。如此激烈否定传统、追求全盘西化，在近现代世界史上也是极为少见的。但值得注意的是，这个运动就其实质说，至少在其发展初期，却又只是上一阶段谭嗣同、严复、梁启超的历史工作的继续。谭嗣同对封建纲常的沉痛攻击，严复于中西文化的尖锐对比，梁启超所大力提倡的“新民”，就都是用“西学”（西方近代文化）反“中学”（中国传统文化）的启蒙运动。新文化运动与它们并无根本的不同，甚至在形式主张上（例如上述陈独秀提出的六项标准与梁启超的许多论说）也相当接近或相似。那么，为什么新文化运动会有空前的气势、作用和影响呢？

当然，量变为质。新文化运动的启蒙要求和主张的彻底性和全面性，为谭、严、梁阶段所不可比拟。它以与传统彻底决裂的激烈新姿态和新方式，带来了新的性质。而它之所以能在当时作为一个“运动”而兴起，获得广泛的注意和传播，则又是特定历史环境的具体产物。

我在《中国近代思想史论》中曾认为，“每个时代都有它自己中心的一环，都有这种为时代所规定的特色所在。……在近代中国，这一环就是关于社会政治问题的讨论：燃眉之急的中国近代紧张的民族矛盾和阶级斗争……把注意和力量大都集中投放在当前急迫的社会政治问题的研究讨论和实践活动中。”①并指出从变法（维新运动）到革命（推翻清朝），政治斗争始终是先进知识群兴奋的焦点。其他一切，包括启蒙和文化，很少有暇顾及。例如邹容《革命军》中的民主启蒙思想并没有得到重视和普及，完全淹没在呼号革命的军事斗争中。孙中山在辛亥后赠以“大将军”的美谥，倒正好是这样一个象征。宋恕《六斋卑议》中反宋明理学的突出的启蒙思想，更被挤到角落里面，几乎至今无人注意。

辛亥之后，尽管并没有多少真实的进步，但历史毕竟翻开了新页。皇帝没有了，“学而优则仕”的旧封建路途不再那么正规，但政局一塌糊涂，思想异常混乱，控制相对放松，意识形态似乎成了空白。一方面，旧的体制、规范、观念、风习、信仰、道路……都由于皇权崩溃，开始或毁坏或动摇或日益腐烂；另方面，正因为此，强大的保守顽固势力便不断掀起尊孔读经、宣扬复辟的浪潮，想牵引局面恢复或倒退到“前清”时代去。对知识者特别是年轻的知识一代来说，国家和个人的前景何在？路途何在？渺茫之外，别无可说。

上一代革命者的热忱衰退了。除了一些仍围绕在孙中山的身旁，做些力不从心、效果不大的政治、军事斗争外，很大一批消沉下来。范爱农、吕纬甫、魏连殳……是鲁迅塑造的这种典型形象，具有很深刻的代表性。连鲁迅本人也沉默几乎十年，以读佛

---

① 《中国近代思想史论》，后记。

经、拓碑刻、抄嵇康来排遣时日。正是在这万马齐喑、闷得透不出气来的黑暗王国里，陈独秀率先喊出了民主与科学。

这一呼喊是中国先进知识者们深思熟虑，经过重新长久考虑思索的结果。陈独秀在1916年春发表了两篇非常重要的论文。其中说：

> ……吾国年来政象，惟有党派运动，而无国民运动也。……不出于多数国民之运动，其事每不易成就；即成就矣，而亦无与于国民根本之进步。①
>
> 今之所谓共和、所谓立宪者，乃少数政党之主张，多数国民不见有若何切身利害之感而有所取舍也。……立宪政治而不出于多数国民之自觉、多数国民之自动，惟曰仰望善良政府、贤人政治，其卑屈陋劣，与奴隶之希冀主恩、小民之希冀圣君贤相施行仁政，无以异也……②

这里强调提出了“多数国民之运动”问题。也就是说，以前的洋务、变法、革命，最多也只是运动群众去实现反帝或反清朝的目的；结果“多数国民”并没有得到民主权利，也没有自觉的民主要求，自然让极少数人主持宰割。民国号称“共和”、“立宪”，招牌虽异，实质仍同。人民仍然不过是盼望好皇帝和清官，仍不过是“希冀圣君贤相之施行仁政”而已。这怎么能谈得上政治进步国家富强呢？所以，首要的问题便不是别的什么，而只能是唤起民众的觉悟，来自觉自动地争取民主。那么，“觉

---

① 《1916年》，《青年》第1卷第5号。

② 《吾人最后之觉悟》，《青年》第1卷第6号。

悟”什么呢？陈独秀接着说：

> 儒者三纲之说为吾伦理政治之大原……近世西洋之道德政治，乃以自由、平等、独立之说为大原……此东西文化之一大分水岭也……此而不能觉悟，则前之所谓觉悟者，非彻底之觉悟，盖犹在徜徉迷离之境。吾敢断言曰，伦理之觉悟为最后觉悟之觉悟。①

这也就是新文化运动之所以要打倒旧道德提倡新道德的理论论据。即要改变中国的面貌，以前的变法、革命都不行，必须首先要“多数国民”产生与“儒者三纲之说”的传统观念相决裂，转而接受西方的“自由、平等、独立之说”的“最后觉悟之觉悟”，才有可能。从而，主张彻底扔弃固有传统，全盘输入西方文化，便成为新文化运动基本特征之一。有的研究者因而称之为“全盘性的反传统主义”。②所以，与上一阶段谭、严、梁相比较，不但其反传统文化的彻底性大不相同，而且更重要的是，这时先进的知识者整个兴奋的焦点不再集中在政治上，而是集中在文化上了。陈独秀便曾明白无误地宣称，他办《青年》杂志，“批评时政，非其旨也”，以此要求与当时其他一些报刊明确区别开来。新文化运动中的许多主角人物，与上一阶段康、梁、孙、

---

① 《吾人最后之觉悟》，《青年》第1卷第6号。

② 这与陈独秀等人也许不自觉地仍然将思想意识看做根本关键的儒学传统的思维方式有关，即以所谓“文化思想方式作为解决问题的手段”有关（参看林毓生《中国意识之危机》，*The Crisis of Chinese Consciousness*，1979年，Wisconsin）。但其现实的这种自觉意识历程，则仍然是洋务的经济改革、戊戌——辛亥的政治变革的失败所造成的。

黄也不同，他们或终其生或一开头并非重要政治人物。陈独秀、胡适、鲁迅、李大钊、钱玄同、吴虞、刘半农、易白沙、周作人以及傅斯年、罗家伦等人，均大体如此。他们是一批职业的教授、学者、学生，即纯粹的近代知识分子。

问题的复杂性却在，尽管新文化运动的自我意识并非政治，而是文化。它的目的是国民性的改造，是旧传统的摧毁。它把社会进步的基础放在意识形态的思想改造上，放在民主启蒙工作上。但从一开头，其中便明确包含着或暗中潜埋着政治的因素和要素。如上引陈独秀的话，这个通过“最后觉悟之觉悟”所要达到的目标，仍然是指向国家、社会和群体的改造和进步。即是说，启蒙的目标，文化的改造，传统的扔弃，仍是为了国家、民族，仍是为了改变中国的政局和社会的面貌。它仍然既没有脱离中国士大夫“以天下为己任”的固有传统，也没有脱离中国近代的反抗外侮，追求富强的救亡主线。扔弃传统（以儒学为代表的旧文化旧道德）、打碎偶像（孔子）、全盘西化、民主启蒙，都仍然是为了使中国富强起来，使中国社会进步起来，使中国不再受外国列强的欺侮压迫，使广大人民生活得更好一些……所有这些就并不是为了争个人的“天赋权利”——纯然个体主义的自由、独立、平等。所以，当把这种本来建立在个体主义基础上的西方文化介绍输入，以抨击传统打倒孔子时，却不自觉地遇上自己本来就有的上述集体主义的意识和无意识，遇上了这种仍然异常关怀国事民瘼的社会政治的意识和无意识传统。

例如，五四前后之激烈抨击孔子，重要原因之一，便是因为自袁世凯到张勋都用孔子做他们搞政治复辟活动的工具。“民国三四年的时候，复古主义披靡一世，什么忠孝节义，什么八德的建议案，连篇累牍地披露出来，到后来便有帝制的结果。可见这种顽旧的思想，与恶浊的政治往往相因而至”①。“我总觉得中国圣人与皇帝有些关系，洪宪皇帝出现以前，先有尊孔祭天的事；南海圣人与辫子大帅同时来京，就发生皇帝回任的事；现在又有人拼命在圣人上做工夫，我很骇怕，我很替中华民国担忧”②，“中国一部历史，是乡愿与大盗结合的记录。大盗不结合乡愿，做不成皇帝；乡愿不结合大盗，做不成圣人。所以我说，真皇帝是大盗的代表，圣人是乡愿的代表。到了现在，那些皇帝与圣人的灵魂，捣复辟尊孔的鬼，自不用提，就是这些跋扈的武人，无聊的政客，哪个不是大盗与乡愿的化身呢！”③此外，这批旧学深厚、饱读诗书的知识者之所以能如此彻底否定传统，接受西方文化，又仍然与自己文化中缺少宗教因素，不受盲目信仰束缚，积极追求改善自己（“自强”、“日新”）、一切以理性的考虑作标准和依归有关。即不管传统的、外来的，都要由人们的理智来裁定、判决、选择、使用，这种实用理性正是中国人数千年来适应环境而生存发展的基本精神。它最早成熟在先秦各家的社会政治哲学中，而在孔学儒家传统中表露得最为充分。所以，有趣的是，这些反孔批儒的战士却又仍然在自觉不自觉地承续着自己的优良的传统，承续着关心国事民瘼、积极入世、以天下为己任的儒学传统。

---

① 毋忘：《最近新旧思潮冲突之杂感》，《国民公报·每周评论》1919年4月13日，见《五四运动文选》，第233页，三联书店，1959年，北京。

② 李大钊：《圣人与皇帝》（1919年10月5日），见《李大钊文集》下卷，第5页，人民出版社，1984年，北京。

③ 李大钊：《乡愿与大盗》（1919年1月26日），见《李大钊文集》下卷，第125页，人民出版社，1984，北京。对照谭嗣同：“二千年来之政，秦政也，皆大盗也；二千年来之学，荀学也，皆乡愿也。惟大盗利用乡愿；惟乡愿工媚大盗。二者相交相资，而罔不托之于孔。”（《仁学》）

以上种种，使得这种以启蒙为目标以批判旧传统为特色的新文化运动，在适当条件下遇上批判旧政权的政治运动时，两者便极易一拍即合，彼此支援，而造成浩大的声势。五四运动正是这样。启蒙性的新文化运动开展不久，就碰上了救亡性的反帝政治运动，二者很快合流在一起了。

学生爱国运动更有其由来久远的传统。由于中国士大夫素来有上述“天下兴亡，匹夫有责”，关怀国事民瘼的观念意识和伦理精神，从汉代的大学生运动，到清末的甲午公车上书，和辛丑后留日学生的投身革命，都可以说是五四学生运动的前驱和榜样。民国以来接踵而至的丧权辱国，极为痛苦地刻印在共和国第一代年轻的知识学生的心中。早在1918年，与新文化运动并列，学生们便有各种爱国救亡团体的组织。例如与“新潮社”、《新潮》杂志同时的“国民社”和《国民》杂志，后者用的便仍然是文言文，而着重于宣传反帝救国。中国知识分子们始终在关切着国家大事。到欧战结束和巴黎和会时，原以为“公理战胜强权”，中国将有出头之日；不料反遭列强欺压，德占青岛的主权竟被转让给日本，而政府卖国，准备签字。是可忍孰不可忍？1919年5月4日终于爆发了“外抗强权，内除国贼”、火烧赵家楼、痛打章宗祥这种从未曾有的学生“闹事”。当时的“五四北京学界全体宣言”全文如下：

> 现在日本在万国和会要求并吞青岛，
> 管理山东一切权利，就要成功了！
> 他们的外交大胜利了！
> 我们的外交大失败了！
> 山东大势一去，就是破坏中国的领土！

中国的领土破坏，
中国就亡了！
所以我们学界今天排队，
到各国公使馆去要求各国
出来维护公理，
务望全国工商各界
一律起来设法开国民大会，
外争主权，内除国贼。
中国存亡，
就在这一举了！
今与全国同胞立两个信条：
中国的土地可以征服而不可以断送！
中国的人民可以杀戮而不可以低头！
国亡了！同胞起来呀！

当时还有一个由国民社许德珩起草的文言文宣言。但没有这个体现了新文学特征的白话宣言那么在学生中具有煽动力量和广大声望。这个宣言上与陈天华的《猛回头》，下与一二·九运动“华北之大，安不下一张平静的书桌”的传单，是多么一致。这是救国的呼号，民族的呐喊。执笔者是新文化运动中颇负盛名的新潮社主角之一的罗家伦。《新潮》的另一主角傅斯年在五四游行时也担任过指挥。新文化运动的领导者李大钊参加了这次游行，并几乎被捕；陈独秀在五四后不久因散发传单被捕三个月，然后逃往上海……可见，新文化运动的核心人物与原来搞爱国反帝的人合在一起，构成了五四运动的骨干或领导。从而，新文化运动开始期的“批评时政非其旨也”的主张也就不再能保持了。

以专注于文化批判始，仍然复归到政治斗争终。启蒙的主题、科学民主的主题又一次与救亡、爱国的主题相碰撞、纠缠、同步。中国近现代历史总是这样。不同于以前的是，这次既同步又碰撞带来了较长时期的复杂关系。

首先，启蒙没有立刻被救亡所湮没；相反，在一个短暂时期内，启蒙借救亡运动而声势大张，不胫而走。救亡把启蒙带到了各处，由北京、上海而中小城镇。其次，启蒙又反过来给救亡提供了思想、人才和队伍。从北京到各地，那些在爱国反帝运动中打前锋作贡献的，大都正是最初接受了新文化运动启蒙的青年学生。这两个运动的结合，使它们相得益彰，大大突破了原来的影响范围，终于造成了对整个中国知识界和知识分子的大震撼。

一方面，例如，“（1918 年 7 月）学生救国会筹备出版一份定期刊物，取名叫做《国民》杂志……它只注意反军阀、抗日的政治活动，没有尽力白话文的宣传，所以在当时新文化运动的狂澜中不为人注意”①。“五四运动发生后，全国各地学生纷纷起而响应援助，罢课游行的潮流自北至南，沿京津线而津浦线而宁沪线，终抵广州。上海学生所起作用极为重大，6 月 1、2、3 日北京政府正在连日大捕讲演学生，上海学生想尽方法运动罢工罢市，终于获得先施、永安两大公司的同情出而领导罢市，于是上海全市罢工罢市，而罢工罢市的潮流遂自南至北，沿沪宁线而津浦线；到了天津罢市，北京政府大为震动，深恐北京罢市旦夕实现，只得下令罢免曹章陆三人……”②

---

① 许德珩：《五四运动在北京》，见《五四运动回忆录》，第 211 页，中国社会科学出版社，1979 年，北京。

② 同上书，第 310 页。

另一方面，例如，“自民六至民七，文学革命的问题虽已渐为社会人士所注意，然究竟还限于一部分知识分子，未能普及到全国。至民八，发生了轰轰烈烈的五四运动。五四运动在文学上的影响很大。文学运动随着五四运动的高潮而扩大，而进展。在五四时期，白话报纸风起云涌，各地学生团体的小报纸，形式略仿陈独秀所主编的每周评论，至少有四百种。白话的杂志也出了不少，如《少年中国》、《解放与改造》、《新中国》等。性质与《新青年》有些相近，所登载的文章大都是介绍西洋文化、攻击封建思想。还有许多日报的副刊也都改登白话作品，较为重要的，北方有《晨报副刊》，南方有《民国日报》的《觉悟》、《时事新报》的《学灯》，对于社会发生了很大的影响。”①

学生爱国运动在政治上的空前胜利，当然冲击了旧政府和政府所维护的旧传统的权威感和控制性，使启蒙能凯歌行进。从当时的文献和之后的各种回忆录看，都是说，五四学生运动之后，青年们思想和行为大为解放，他们得到了空前鼓舞，于是努力于冲决各种传统网罗，“介绍西洋文化，攻击封建思想”，以取得自己个体的“自由、独立和平等”。本来，以西方的个人主义来取代中国传统的集体主义，就是陈独秀1916年开始倡导新文化运动的主题。

“举一切伦理、道德、政治、法律、社会之所向往，国家之所祈求，拥护个人自由权利与幸福而已。思想言论之自由，谋个性之发展也，法律之前，个人平等也。个人之自由权利，载诸宪章，国法不得而剥夺之，所谓人权是也……此纯粹个人主义之大

---

① 周阳山编：《五四与中国》，第612页。

精神也。……欲转善因，是在以个人本位主义易家族本位主义”[①]。“法律上之平等人权；伦理上之独立人格，学术上之破除迷信，思想自由，此二者为欧美文明进化之根本原因”[②]。

要变易“家族本位主义”，否定传统纲常，首先便是反“孝”。因为，皇帝既然没有了，几千年的“忠君”已经谈不上了，至少在理论上名义上。但是，民国以来不断演出的复辟丑剧又证明“忠”纲犹在。这“忠”纲正是由“孝”纲所支撑的。从而，当时这些知识者抨击“孝”便有这两方面的论证：一是启蒙性的，即追求个体从大家庭中冲决解放出来，以取得自由、平等、独立的权利和地位。一是政治性的，即揭露“孝”是“忠”的基础。这两者性质并不全同，批判时却紧密地连在一起，未加分割。

> 详考孔子之学说……莫不以孝为起点；所以“教”字从孝。……求忠臣必于孝子之门，君与父无异也。……孝之范围，无所不包，家族制度之与专制政治，遂胶固而不可以分析。……夫孝之义不立，则忠之说无附。家庭之专制既解，君主之压力亦散。[③]
>
> 孔子所谓修身，不是使人完成他的个性，乃是使人牺牲他的个性。牺牲个性的第一步就是尽“孝”。君臣关系的“忠”，完全是父子关系的“孝”的放大体。因为君主专制制度完全是父权中心的大家族制度的发达体。[④]

---

① 陈独秀：《东西民族根本思想之差异》，《青年》第1卷第4号。

② 陈独秀：《袁世凯复活》，《新青年》第2卷第4号。

③ 吴虞：《家族制度为专制主义之根据论》，《新青年》第2卷第6号。

④ 李大钊：《由经济上解释中国近代思想变动的原因》，《新青年》第7卷第2号，见《李大钊文集》下卷，第178页。

前者发表在五四前，后者发表在五四后；前者是一般民主主义者的论述，后者是接受了马克思主义之后的解释。但二者在攻击儒家理学的“孝”是“牺牲个性”、维护家族，是专制政制的基础，相当一致。前者从一般民主主义出发，也抨击孔学孝道的反动政治作用，后者从马克思主义观点出发，也指出对个性的扼杀。两者重点显然都在指出孔学“迩之事父远之事君”等儒学基本命题（三纲五伦）有内在联系。这实际也仍然是谭嗣同在《仁学》中大骂“荀学”、痛责“名教”扼杀人性和为君主服务的批判的继续和发展。不同的是：(一) 彻底性激烈性大增，特点是直接抨击“至圣先师”孔子。易白沙在 1916 年发表的《孔子平议》中说“孔子尊君权，漫无限制，易演成思想专制之弊”，孔子“为独夫民贼作百世之傀儡”，“孔子弟子均抱有帝王思想”。痛骂孔夫子，打倒孔家店，这当然是惊世骇俗、吓人闻听的空前创举。(二) 在政治批判和个性解放的双重性中，后者的成分比以前毕竟远为突出，并演变成实践的行动，使青年一代知识者的行为模式开始有所变易。这一点非常重要。

个人应从家族制度中解放出来，这在康有为构思《大同书》时便已非常明确，但康却深恐先进的观念变为实际的行动，所以秘而不宣①。老一辈的先进知识者，不仅严复、林纾、梁启超等人，就是鲁迅、胡适等人，其观念意识与行为模式也仍然有着很大的距离。对家族制度和传统家庭可以进行激烈的批判否定，但在行为上仍然在一定程度上遵循着对父母、兄弟、妻子的传统规范和要求。以致列文森（Joseph R. levenson）认为他们是理知上

---

① 参看拙作《中国近代思想史论》。

面向未来（西方），情感上回顾传统（中国）[1]。实际上这里涉及的是一个更为复杂的文化心理结构问题。这个结构的改造转换，仅凭观念的变化，是并不能真正实现的，必须有行为模式真正改变。

五四及以后的年轻一代，开始勇猛地作这种改变。其中最为常见的是，个体从旧传统家庭中的出走。其原因并非经济或政治，多数是婚姻自主问题，特别是女青年反抗“父母之命，媒妁之言”、追求恋爱自由而抗婚而自杀而出走。充满在当时新闻、论说、文学中的，便经常是这一主题。妇女解放可以作为社会解放的某种尺度。在五四以后，新一代知识妇女由观念革新所带来的行为改变，正具有这种意义。它是个性解放问题，同时却又是政治性问题。因为它所引起的反应正是政治性的压制、干扰、打击、破坏，它激起的是保守派、卫道者的攻击、诬蔑、丑化、迫害。从胡适提倡易卜生的《傀儡家庭》的巨大反响到鲁迅为女师大风潮痛斥章士钊、杨荫榆，都反映了这一特色。可见，即使过了五四之后，中国的启蒙运动仍然注定了与政治斗争密切关联。就在一些远离北京的外地和一些似乎非常细小的问题上，也如此。

> ……斗争最尖锐的是女子解放问题。现在的青年决不会想到女子剪发、男女同校是经过长期激烈斗争才得来的。……请再看几个当时的具体生动事例。
>
> 1920 年 5 月出版的《威克烈》第 19 期，载有小燕女士

① 见 Levenson 的*Confucian china and Its Modern Fate*（《儒学中国及其现代命运》），Berkeley and Los Angeles，University California Press，1958 年。

所写的《我剪发的经过》，摘录如下：

“第二天，我母亲已经把舅父请来了，把这件事情同他商量。他是满清一个举人，当然照着举人所见的道理，先就大骂我一阵，然后同我母亲一路到我房里，质问我。他问的话，我记不清了，不过本诸孔孟之道罢了。我也不让他，一一地把他驳了。后来他道理穷了，只好站起发作道：又不是我的女儿，我管你做什么？说了一抽身走了。我母亲又骂我一会子，最终还说：无论如何我不准。……

“我回家，我母亲见我剪了发，果然大哭大闹，并且辞别神主，要去自杀。”

这时成都首先突破剪发禁关的，是益州女学、蓉城女学、女子实业学校的几个学生，接着响应的人渐渐多了。封建地主阶级不让女子有剪发的自由，认为这是女子造反，用尽了百般手段来威胁禁止。1921年，军阀刘存厚手下的省会警察厅竟张贴皇皇布告，禁止剪发，《半月报》提出反对，警察厅竟把它明令查封了。五四运动中查封报馆，这还是第一次，而罪状是为了反对禁止剪发……

男女同学问题在当时最迫切的，是女子没有入高等学校的机会，自然最根本的还是如剪发一样，是人身自由问题。当时代表封建地主阶级的《国民公报》，在其“虚虚实实”栏，竟有署名“笑声”的，对男女同学做出这样无耻的诬蔑：

“既可同板凳而坐，安可不同床而觉？什么是男女同校，明明是送子娘娘庙。”……①

---

① 张秀熟：《五四运动在四川的回忆》，见《五四运动回忆录》，第882页。

如果说，施存统在浙江写了篇《非孝》，而引起“‘非孔’、‘非孝’，那就大逆不道，这还了得！……一时真闹得满城风雨。不久《浙江新潮》被反动政府通令查禁，校长经子渊也就被迫离校，陈望道、夏丏尊也都离去了”①。这还只是观念的犯禁的话；那么，自由恋爱、女子出走，便成为行为的越轨，更是舆论攻击、政治迫害的对象了。五四学生运动的胜利推动了这一个体主义的启蒙运动的深入发展，启蒙运动的深入发展又引起更严重的政治斗争。先进者和反动派双方都自觉不自觉地遵循了这个客观的趋势和规律。毛泽东在长沙发动的思想运动，也是以被逼出嫁、轿中自刎的新娘作为政治宣传的自觉主题的。

而由观念变迁、宣扬西化，到开始从实践中改变行为、创造模式，正是五四新一代青年的特征之一。

除了个体反抗之外，当时另一颇具特色的行为模式，是青年一代自发地相互联系，通过构成团体、组织来追求真理和实践某种理想。当时各种“同声相应同气相求”的小社团组织纷纷成立，如毛泽东的“新民学会”（1918 年 4 月）、王光祈的“少年中国学会”（1919 年 7 月）、周恩来的“觉悟社”（1919 年 9 月），以及“新潮社”（1918 年 11 月）、“国民社”（1918 年 10 月）、“工学会”、“共学会”……等等。这些小组织小团体的“宗旨”不一，大多相当模糊笼统，如“以砥砺品行、研究学术为宗旨”（新民学会）等等，但在这模糊笼统中，却又有一种共同的倾向，这就是对新的理想社会或社会理想的一种实践性的向往和追求。这一点也非常重要。当时青年是面向未来作乐观的眺望，希望去实现那种理想的完美社会，而并不是对黑暗现实作绝望的反抗而已。

---

① 傅彬然：《五四前后》，见《五四运动回忆录》，第 748 页。

他们还没有现代主义那种荒谬感、孤独感、无可依归感，他们还不是为反而反，不是纯批判性或破坏性的捣毁，而毋宁是在追求某些肯定性的理想。这当然与当时的时代和现实有关，同时又仍然是中国民族某种传统的表现①。这也正是当时先进青年为什么要结成团体，为什么各种社会主义在他们之中会风行一时的原因。“除了科学社会主义即马克思主义之外，还有空想社会主义、基尔特社会主义、无政府主义、修正主义、新村主义、泛劳动主义、工读主义以及合作主义，而无政府主义中还有什么无政府个人主义、无政府共产主义、无政府工团主义、社会的无政府主义、团体的无政府主义，等等，都打着‘社会主义’旗号，蜂拥而来。”②

“蜂拥而来”表示了其可接受性。之所以接受，则说明当时青年向往一种真正完美的理想社会，即不但要超过当时黑暗落后的中国现实社会，而且要超过当时虽先进却弊病百端的西方资本社会。有如李维汉所回忆，“我们读了那些无政府主义和宣传社会主义的书刊，对于书中描绘的社会主义和共产主义的美妙远景，对于那种没有人剥削人、人压迫人、人人劳动、人人读书、平等自由的境界，觉得非常新鲜美好，觉得这就应该是我们奋斗的目标”③。

社会主义的美妙理想不仅召唤着他们去革新观念，扔弃传统，打碎偶像，而且还使着急的青年们（年轻人一般比较性急）

---

① 参看拙作《中国古代思想史论》。

② 丁守和：《中国现代史论》，第179页，中国社会科学出版社，1980年，北京。

③ 李维汉：《回忆新民学会》，见《五四运动回忆录》，第109页。

立即要求实践，立即由他们自己去设计、组织、建立这个理想的社会。这种事例中最突出的，便是五四后轰动一时，吸引了不少青年，有蔡元培、李大钊、陈独秀积极帮助，有毛泽东、恽代英等人热情支持的“工读互助团”。

“工读互助团”是由当时最著名的组织和影响最大的“少年中国学会”的领导人王光祈所倡办的。它的《旨趣书》中说：

> 打破劳心劳力的界限，使社会上劳力的工人都去求学，要求高深学问的人、求学的人都去做劳力的工。
>
> 我们天天在文字上鼓吹改革社会，从未有改革社会的实际运动，这种互助组织便是我们实际运动的起点。

“工读互助团”被宣称为“新社会的胎儿，是实行我们理想的第一步”；“各尽所能、各取所需”的理想，被称为将通过“工读互助团”的“逐渐推广”而实现，届时则“一切简章规约皆可废止。……‘日出而作，日入而息，凿井而饮，耕田而食，帝力——政府——于我何有哉!’”……

一些具体的规定和办法是：《简章》除确定“本互助的精神，实行半工半读”原则，“团员每日每人必须做工四小时”外，还有如下条规和说明：第一，所得归公。“工作所得必须归团员公有。团体的盈虚利害，便是团员的盈虚利害；团员的痛苦幸福，便是团体的痛苦幸福”；第二，各尽所能。“工作以时间为标准，不以工作结果为标准。譬如甲只要两点钟便可织一匹布，乙需要四点钟始可织一匹布，但是甲仍然应该做四点钟的工，以尽其所能”；第三，团体供给。“团员生活必需之衣、食、住……教育费、医药费、书籍费，由团体供给，惟书籍系归团体公有”。……

互助团正式成立后分为四个组……每个组内又分为三五个“局”，分别从事食堂、印刷（印信封、信纸）、补习英文、洗衣、电影、织袜、缝纫和各种小手工艺劳动。每日工作时间，大家超过《简章》规定的四小时；除吃饭由团体供给外，其他费用仍由个人自理。尽管如此，他们的“共产主义”热情并未减退；相反，他们还实行了不少在《简章》中没有明确规定的措施。如第一组，把团员的衣服都集中起来，分类放置，只要谁爱穿，谁就可以自由捡来穿。为了尽快实现没有任何约束的“共产主义”，他们“一致主张和家庭脱离关系”，废除婚姻约束，于是“离婚的离婚，解约的解约”。他们认为“现在的学校是资产阶级的私产。校长、教员是资本家的雇员。一般学生是资本家的子弟”，因此主张和学校脱离关系。“凡是从前在学校里的都退出来，改为旁听生，如此等等”①。

但是，“北京工读互助团第一组由于它的‘共产’步伐迈得最早、最猛，短短两三个月，就暴露出种种不可克服的矛盾：组内出现严重意见分歧；食堂里发生经济危机，使团体供给吃饭也大成问题。结果，除出一二人以外，都不愿去维持它。3 月 23 日开一个会，议决各人自由另找工作，工读互助团的主张，从根本上推翻。北京工读互助团第一组的解散，成了整个工读互助团运动失败的先声，在新文化界和广大青年学生中引起了很大的震动。到同年六七月，其他几个组和各地的工读互助团，相继失败，个别的勉强维持到 1921 年初，也不得不发表解散宣言。”②

---

① 官守熙：《工读互助团的兴起与失败》，《人民日报》，1984 年 2 月 10 日。
② 同上。

曾经“有数百人报名参加，有些外地的青年学生也闻讯赶来”[①]的理想组织，就如此短命，完全失败了。

当时这种乌托邦理想社会的设想和实验，并不只独此一家。周作人曾在1919年3月《新青年》发表文章介绍日本的“新村”实验。毛泽东1919年曾发表文章说：“我数年来的梦想新社会生活，而没有办法。七年（即1918年）春季，想邀数朋友在省城对岸岳麓山设工读同志会，从事半耕半读，因他们多不能久在湖南，我亦有北京之游，事无成议。今春回湘，再发生这种想象，乃有在岳麓山建设新村的计议。”[②]

恽代英在1919年11月1日的日记中写道：“我与香浦（即林育南）谈，都很赞成将来组织新村。我们预备在乡村中建造简单的生活，所以需费不多。村内完全废止金钱，没有私产，各尽所能，各取所需。举一人做会计，专管对外金钱出入的事；举一人做买办，专办向外处购买或出售各事。村内衣服都要一致，能男女都一致更妙。会食在一个地方。设图书室、工作厂。对内如有女子、儿童的教育事业，应该很注意，因为是新村全体幸福所托。对外鼓吹文化，改造环境的事业，亦很要注意。我想，我们新村的生活，可以农业为根本，兼种果木，兼营畜牧。这样做去，必然安闲而愉快。”[③]

……

应该说，这两种行为模式——从家庭出走的个体反抗，和组织理想社会的群体意识，都没有行得通。娜拉走后怎样？鲁迅当

---

① 转引自彭明《五四运动史》，第510页，人民出版社，1984年，北京。

② 同上。

③ 同上。

时便尖锐地提出了这个问题。不是回到旧规范的怀抱，便是像子君那样的悲惨死去，或者进入政界商界，成为社会上的某种花瓶。就是男性的娜拉，命运也好不了多少，连指导和积极参加五四运动的《新青年》一伙和《新潮》一伙也都“或被黑暗吞噬，或自身成了黑暗的一部分”、“有的高升，有的退隐”么？他们与鲁迅所看见的辛亥的革命一代并无太大的差别。可以有新的吕纬甫、魏连殳……

二　救亡压倒启蒙

个体反抗并无出路，群体理想的现实构建又失败，那么，出路究竟何在？明显的答案之一便是：

> 我从此觉悟，要拿工读互助团为改造社会的手段，是不可能的，要想拿社会来改造以前试验新生活，是不可能的。要想用和平的渐进的方法来改造社会的一部分，也是一样的不可能的。那么怎么样呢？就是：改造社会要用急进的激烈的方法，钻进社会里去，从根本上谋全体之改造。（施存统）①

绕了一个圈，从新文化运动的着重启蒙开始，又回到进行具体、激烈的政治改革中。政治，并且是彻底改造社会的革命性的政治，又成了焦点所在。如前所说，陈独秀不但完全改变了“批评时政非其旨也”的初衷，而且还突出地强调，“你谈政治也

---

① 转引自彭明《五四运动史》，第522页。

罢，不谈政治也罢，除非逃在深山人迹绝对不到的地方，政治总会寻着你的”①。不复是“盖伦理问题不解决，则政治学术皆枝叶问题”②，而是“用革命的手段建设劳动阶级（即生产阶级）的国家，创造那禁止对内对外一切掠夺的政治法律，为现代社会第一需要”③。

这就可以理解，“十月革命一声炮响”，俄罗斯布尔什维克革命的成功，使得这些本以宣传西方民主自由、以启蒙民众为要务的新文化运动的领导者陈独秀、李大钊以及这个运动的积极参加者毛泽东、蔡和森、周恩来、瞿秋白、恽代英、林育南等人，如此迅速地转而接受马克思列宁主义。其具体原因便正是由于马克思列宁主义有一个一切问题根本解决的共产主义理想社会，而革命后的俄罗斯似乎已经在开始实现它：

> ……没有巴力门（议会），没有大总统，没有总理，没有内阁，没有立法部，没有统治者，但有劳工联合的会议，什么事都归他们决定。一切产业都归在那产业里做工的人所有，此外不许更有所有权。……这是 Bolsheviki 的主义。这是二十世纪世界革命的新信条。④

这不与“工读互助团”的思想非常接近么？小团体的平和实验失败了，大社会的革命改造却可以成功，这似乎证明着马克思

---

① 陈独秀：《谈政治》，《新青年》第 8 卷第 1 号。

② 陈独秀：《宪法与孔教》，《新青年》第 2 卷第 3 号。

③ 转引自彭明《五四运动史》，第 522 页。

④ 李大钊：《Bolsheviki 胜利》，《新青年》第 5 卷第 5 号，见《李大钊文集》上卷，第 600 页。

列宁胜过其他一切社会主义，更不用说胜过西方资本主义的自由平等博爱的陈旧理想了。这个社会主义是“科学”的，有其深刻的理论依据，李大钊最先接受了它，并把它介绍给中国知识界。李大钊在1919年5月、11月的《新青年》6卷5、6号上发表长文《我的马克思主义观》，相当全面地叙述了马克思主义。在以后与胡适《问题与主义》的论战中，李又说明：

> 依马克思的唯物史观，社会上法律、政治、伦理等精神的构造，都是表面的构造。他的下面，有经济的构造做他们一切的基础。经济组织一有变动，他们都跟着变动。换一句话说，就是经济问题的解决，是根本解决。经济问题一旦解决，什么政治问题、法律问题、家族制度问题、女子解放问题、工人解放问题，都可以解决。可是，专取这唯物史观（又称历史的唯物主义）的第一说，只信这经济的变动是必然的，是不能免的，而于他的第二说，就是阶级斗争说，了不注意，丝毫不去用这个学理做工具，为工人联合的实际运动，那经济的革命，恐怕永远不能实现……①

陈独秀不久也强调区分了空想社会主义与科学社会主义（马克思主义），也指出，“在全社会底一种经济组织、生产制度未推翻以前，一个人或一团体决没有单独改造底余地。试问福利耶以来的新村运动，像北京工读互助团及恽君的《未来的梦》等类，是否真是痴人说梦？”②所有这些，说明原以伦理觉悟为“最后

① 《再论问题与主义》，《每周评论》第35号，见《李大钊文集》下卷，第37页。

② 《关于社会主义的讨论》，《新青年》第8卷第4号。

觉悟”的文化斗士，这时却要求用马克思主义的阶级斗争学说来组织群众，进行革命的政治斗争，推翻旧制度，以取得“经济问题”的“根本解决”，只有这样，其他一切才可迎刃而解。再不是“伦理的觉悟”而是阶级斗争的觉悟成了首要和“最后的觉悟”了。从而，一切问题、所有出路便集中在这个发动组织工人群众进行阶级斗争的焦点上。承认或拒绝、积极参加或退避拒绝阶级斗争，就日益成为中国的马克思主义和非马克思主义、中国共产党和非共产党的一条基本区划界限。这条界限与其说是由“学理”上争论或论证得出的结论，毋宁说更是当时社会生活所造成的历史结果。国家和个人的出路在哪里？如何能解决这么多的一大堆社会问题，性急的年轻人一般很难满足于“多研究些问题”和点滴改良，何况这种研究和主张改良并没带来多少成效，于是求“根本解决”——进行阶级斗争便自然地成了更富有吸引力的方向。形势比人强，尽管杜威、罗素来华讲演，也轰动一时，但急进的青年却更多地接受了那点非常简单幼稚的马克思主义的知识，组成或加入中国共产党，一批批地走向了工厂、矿山和农村，进行“阶级斗争”。

对马克思主义的这种接受是经过一番自愿的思想斗争的。在马克思主义占领他们之前，许多急进青年们都接受过、信仰过、热衷过无政府主义。[①]包括毛泽东、蔡和森、周恩来，都如此。本来，无政府主义最适合于既要求个性解放又具有社会理想的新的一代。反对一切压迫、剥削；反对一切权威、束缚，主张

① 这一时期中国的无政府主义的流行，其性质已不同于辛亥前。它已不属于民粹主义范围，而是小资产阶级知识者的狂热。这是刘师复不同于刘师培之所在。

人人劳动、工作、互爱、互助……这不是一个极富魅力的个体自由和社会幸福的理想世界么？

> “无政府”以反对强权为要义，故现社会凡包含有强权性质之恶制度，吾党一切排除之扫除之。本自由平等博爱之真精神，以达于吾人所理想之无地主、无资本家、无寄生者、无首领、无官吏、无代表、无家长、无军队、无监狱、无警察、无裁判所、无法律、无宗教、无婚姻制度之社会。斯时也，社会上惟有自由，惟有互助之大义，惟有工作之幸乐。①

直到五十年代后期，一位老共产党员和我聊天时，还说，他的理想是无政府主义，但无政府主义一时实现不了，所以才接受了马克思主义，以便最后再达到那个“无政府”的理想世界。其实，蔡和森、毛泽东、周恩来等人当年也曾如此。

> ……我读了一些无政府主义的小册子，很受影响，……在那个时期，我赞同许多无政府主义的主张。②（毛泽东）
>
> 对于绝对的自由主义、无政府主义，以及德谟克拉西主义，依我现在的看法，都认为理论上说得好听，事实上是做不到的。③（毛泽东）

---

① 刘师复：《无政府共产主义同志社宣言书》。转引自彭明《五四运动史》，第599页。

② 斯诺：《西行漫记》，第128页，三联书店，1979年，北京。

③ 1920年12月1日给蔡和森信，见《新民学会会员通信集》第3集。

我以为现世界不能行无政府主义，因为现世界显然有两个对抗的阶级存在，打倒有产阶级的迪克推多，非以无产阶级的迪克推多压不住反动……①（蔡和森）

无政府党最后的理想，我以为列宁与他无二致。不过要做到无政府的地步，我以为一定要用俄国现在的方法，无产阶级专政乃是一个惟一无二的方法，舍此无方法。试问政权不在手，怎样去组织共产主义的生产和消费？②（蔡和森）

……不过A·ISM（引者按：指无政府主义）的自由作用太无限制，处在这样旧势力盘据的社会里，而要解放一切强迫，解放一切束缚，所以便容易流为空谈了。……A·ISM的思想在人心中是会常常发现的，但要拿他当解渴的水，救饿的面包看，则急切不能得用了。③（周恩来）

……

这就是说，无政府主义虽然好，"我以为列宁与他无二致"，但无奈"流为空谈"，"理论上说得好听，事实上是做不到的"，看来只有"用俄国现在的方法"（无产阶级专政）才行。无政府主义特征之一是彻底的个体主义。它主张通过社会革命立即实现个人的绝对自由，它十分激烈地抨击资本主义和一切黑暗现实，这本与当时青年求个体解放非常吻合，所以得到了广泛的传播。而它坚决彻底地批判旧世界，又使青年们很容易把它与马克思主

① 1920年8月13日给毛泽东信，见《新民学会会员通信集》第3集。

② 1920年9月16日给毛泽东信，见《新民学会会员通信集》第3集。

③ 伍豪：《欧洲的赤况》，《觉邮》第2期，见《五四运动回忆录》，第26—27页。

义混同起来。“不少的人认为十月革命的胜利就是无政府主义的胜利”①，“李大钊尚且受有克鲁泡特金《互助论》的影响，其他可想而知。就到1921年，也仍有人把马克思和克鲁泡特金混为一谈。……也有的是认为，布尔什维克主义是主张不要国家的”②。这表明就理想社会和反对现实而言，当时青年们注意的是它们的共同处，而未深入从理论上看到两者的基本出发点（个体或人类总体）的不同。

但是，不久之后，无论是在国内或在法国勤工俭学青年中，就发生了马克思主义与无政府主义的大论战。本文不打算论述这场论争。但以为最值得注意的是，马克思主义之所以战胜无政府主义，与其说是在理论上弄清了两者的社会理想和革命原则貌似而实非的差异，还不如说主要是由于马克思列宁主义有一套切实可行并已见成效（十月革命）的具体行动方案和革命的战略策略。正是这些，符合了急迫追求实效的当时青年们的现实要求和中国实用理性的无意识心理传统。而马克思主义战胜无政府主义的结果，便是对阶级斗争和无产阶级专政理论的强调和实行。蔡和森说：

> 和森为极端马克思派，极端主张：唯物史观，阶级战争，无产阶级专政。所以对于初期的社会主义，乌托邦的共产主义，不识时务穿着理想的绣花衣裳的无政府主义，专主经济行动的工团主义、调和劳资以延长资本政治的吉尔特社会主义以及修正派的社会主义，一律排斥批评，不留余地。

---

① 转引自彭明《五四运动史》，第603页。

② 同上书，第505页。

> 以为这些东西都是阻碍世界革命的障碍物……，而尤其深恶痛绝掺杂中产阶级思潮的修正派、专恃议院行动的改良派、动言特别情形特别背景以及专恃经济变化说的投机派，以为叛逆社会党、爱国社会党都是这些东西的产物。①

这当然不止是马克思主义，而且正是列宁主义。列宁主义是在对各种社会党和修正主义激烈的批判中产生的。它的一个主要特征是建党，即建立一支有铁的纪律的、全党服从中央的、以职业革命家为核心和领导所组成的队伍。陈独秀在国内、蔡和森在国外不约而同地达到了“在中国建立共产党”这一结论。

以后的一切不必再详加叙述。在共产党的党旗下，一大批知识青年领导工农取得了中国革命的胜利。在这个历尽艰难的胜利斗争中，从建党一开始到抗日战争胜利前夕的延安整风，都不断地在理论上和实践中彻底否定了无政府主义鼓吹的那种绝对个人主义，也否定了自由主义所倡导所追求的种种个体自由、个性解放等属于资本主义启蒙思想体系中的许多东西。而这些否定和批判主要都是救亡——革命——战争的现实要求，而并非真正学理上的选择。总之，对马克思列宁主义的接受、传播和发展，主要是当时中国现实斗争的需要，而不是在书斋中透彻分析研究了西方自由主义理论学术所得的结果。这是因为建党以后，面临的便是十分紧迫激烈的政治军事斗争和革命战争，使人们来不及作任何理论思想上的深入研究，便走上行动舞台。反对帝国主义和反动军阀的长期的革命战争，把其他一切都挤在非常次要和从属的地位；更不用说从理论上和实际中对个体自由个性解放之类问题

---

① 《马克思学说与中国无产阶级》，《新青年》第9卷第4号。

的研究和宣传了。五四时期启蒙与救亡并行不悖相得益彰的局面并没有延续多久，时代的危亡局势和剧烈的现实斗争，迫使政治救亡的主题又一次全面压倒了思想启蒙的主题。

之所以说“又一次”，是因为如前所说，这一直是近代中国历史上的老问题，是曾多次出现过的现象。

有些事例是相当典型而意味深长的。戊戌前王照曾劝康有为先办教育培养人才再搞变法改革，康有为回答说，局势严重，来不及了。辛亥前严复在伦敦遇到孙中山，严也劝孙先办教育，孙的回答也是“俟河之清，人寿几何”①，一万年太久，来不及了。康有为是主张兴民权开议院的，但在戊戌变法的当口，却相反地强调要尊君权，要求光绪皇帝独揽大权实行变法。孙中山是提倡自由平等博爱的，但他晚年却反复强调，“……欧洲当时是为个人争自由，到了今天……万不可再用到个人身上去，要用到国家身上去。个人不可太自由，国家要得到完全自由。到了国家能将行动自由，中国便是强盛国家。再这样做去，便要大家牺牲自己”②，“如果时拿自由平等去提倡民气，便是离事实太远，和人民没有切肤之痛。他们便没有感觉，没有感觉，一定不来附和”③。

……

所有这些，都表明救亡的局势、国家的利益、人民的饥饿痛苦，压倒了一切，压倒了知识者或知识群对自由、平等、民主、

---

① 王遽常：《严几道年谱》。

② 《民权主义》第3讲。

③ 瞿秋白：《俄乡纪程》，见《瞿秋白选集》，第20—21页，人民出版社，1959年，北京。

民权和各种美妙理想的追求和需要，压倒了对个体尊严、个人权利的注视和尊重。国家独立富强，人民吃饱穿暖，不再受外国侵略者的欺压侮辱，这个头号主旋律总是那样地刺激人心，萦绕人耳，使五四前后所谓“从宇宙观到人生观，从个人理想到人类的未来”这种种启蒙所特有的思索、困惑、烦恼，使所谓“从孔教问题、妇女问题一直到劳动问题、社会改造问题；从文字上的文学问题一直到人生观的改造问题，都在这一时期兴起，萦绕着新时代的中国社会思想”，都很快地被搁置在一旁，已经没有闲暇没有工夫来仔细思考、研究、讨论它们了。五卅运动、北伐战争，然后是十年内战、抗日战争，好几代知识青年纷纷投入这个救亡的革命潮流中，都在由爱国而革命这条道路上贡献出自己，并且长期是处在军事斗争和战争形势下。

在如此严峻、艰苦、长期的政治、军事斗争中，在所谓你死我活的阶级、民族大搏斗中，它要求的当然不是自由民主等启蒙宣传[①]，也不会鼓励或提倡个人自由人格尊严之类的思想，相反，它突出的是一切服从于反帝的革命斗争，是钢铁的纪律、统一的意志和集体的力量。任何个人的权利、个性的自由、个体的独立尊严等等，相形之下，都变得渺小而不切实际。个体的我在这里是渺小的，它消失了。斯诺曾记述说：

---

① 在理论上也遭到了批判，如瞿秋白说：“五四的新文化运动，对于民众仿佛是白费了似的，五四式的新文言（所谓白话）的文学，只是替欧化的绅商换换口味的鱼翅酒席，劳动民众是没有福气吃了。”（《大众文艺问题》），“智识阶级及学生群众早早脱弃那曾光辉绚灿于一时的‘五四’衣衫！而现在，则是需要——应当——集合在反帝国主义的战旗之下从事于反帝的文化斗争”（文艺新闻社《请脱弃“五四”的衣衫》），均见苏汶编《自由文学论辩集》第306、333页，现代书局，1933年，上海。

> 事实是因为他们许多人实在都不记得这些私人的细情。当我开始搜集传记材料的时候，我屡次发现：共产党员能够说出一切在青年时代所发生的事情，但只要他和红军一接触之后，他就把他自己丢开了。如果你不重复地问他，你不会听见任何关于他自己的事情的。他们能够无限制地谈论每次战斗的日期和情形，以及几百几千个曾经来往过，而从未听见说过的地方；但这些事情好像只集体地对他们有意义。不是因为当做个人的他们，在那里做成了历史，而只是因为他们的红军到过了那里。在这红军后面，有一种意识形态的整个的有机的力量，而为着这种意识形态，他们是在斗争着。这是一个有兴趣的发现，但因此使我的报告更加困难了。①

这的确是一个重要的有趣的发现。从进步的青年学生到红军指战员，从北京、上海、长沙等大中城市到井冈山、鄂豫西、延安的穷乡僻壤，从知识者追求真理的个体主义到浴血战斗的工农兵集体主义；并且，长期地紧密地处在农民出身的指战员和农民群众所包围所簇拥所共同战斗的环境中，这一转变不也是很自然的吗？

中国共产党在1927年便指出，“国民革命应该首先是一个农民革命”②。毛泽东、斯大林也再三说过，民族问题实质上是农民问题，中国革命实质上是一场以农民为主力的革命战争。这场战争经过千辛万苦胜利了，而作为这些战争的好些领

---

① 斯诺：《西行漫记》。

② 《中国共产党为蒋介石屠杀革命民众宣言》，转引自丁守和书，第484页。

导者、参加者的知识分子们，也在现实中为这场战争所征服。具有长久传统的农民小生产者的意识形态和心理结构，不但挤走了原有那一点可怜的民主、启蒙观念，而且这种农民意识和传统的文化心理结构还自觉不自觉地渗进了刚学来的马克思主义思想中。特别是现实斗争任务要求马克思主义中国化，和在各种方面（包括文化和文艺领域）强调民族形式的形势之下。所以，无论是北伐初期或抗战初期的民主启蒙之类的运动，就都未能持久，而很快被以农民战争为主体的革命要求和现实斗争所掩盖和淹没了。

1949 年中国革命的成功，曾经带来整个社会和整个民族的文化心理结构的大震荡，某些沿袭千百年之久的陈规陋习被涤除。例如，男女在经济上、政治上、观念上和家务劳动上的空前平等，至少在知识界和机关干部中，已相当现实地实现。这当然是对数千年陈旧传统的大突破，同时甚至超过了好些发达的资本主义国家。“解放”一词在扫荡种种旧社会的和观念上的污泥浊水中，确曾有过丰富的心理含义。但是，就在当时，当以社会发展史的必然规律和马克思主义的集体主义的世界观和行为规约来取代传统的旧意识形态时，封建主义的“集体主义”却又已经在改头换面地悄悄地开始渗入。否定差异、泯灭个性的平均主义，权限不清、一切都管的家长制，发号施令、惟我独尊的“一言堂”，严格注意尊卑秩序的等级制，对现代科技教育的忽视和低估，对西方资本主义文化的排拒，随着这场“实质上是农民革命”的巨大胜利，在马克思主义的社会主义或无产阶级集体主义名义下，被自觉不自觉地在整个社会以及知识者中漫延开来，统治了人们的生活和意识①。以“批判资产阶级小资产阶级个人主义”为特征之一的整风或思想改造运动，在革命战争时期曾大收实效；在和平建设时期的一再进行，就反而阻碍或放松了对比资本主义更落后的封建主义的警惕和反对。特别从五十年代中后期到“文化大革命”，封建主义越来越凶猛地假借着社会主义的名义来大反资本主义，高扬虚伪的道德旗帜，大讲牺牲精神，宣称“个人主义乃万恶之源”，要求人人“斗私批修”做舜尧，这便终于把中国意识推到封建传统全面复活的绝境。以致“四人帮”倒台之后，“人的发现”、“人的觉醒”、“人的哲学”的呐喊又声震一时。五四的启蒙要求、科学与民主、人权和真理，似乎仍然具有那么大的吸引力量而重新被人发现和呼吁，“拿来主义”甚至“全盘西化”又一次被提出来。

这不是悲哀滑稽的历史恶作剧么？绕了一个圈，过了七十年，提出了同样的课题？

我在《中国近代思想史论》和《中国古代思想史论》中曾说：

---

① 夏衍有一段回忆，具体生动，有典型性：

“除了思想感情上的问题外，也还有一个生活方式的问题，出门得带警卫员，到很近的地方去开会，也不让步行，非坐汽车不可，特别是在重庆、香港、丹阳，还是称兄道弟的老朋友，都不再叫我的名字，而叫我部长、局长了。有一次总政的马寒冰从北京到上海，我约他谈话，他一进门就立正敬礼，高声地喊：‘报告，马寒冰奉命来到’，这又使我吃了一惊。这一类使我感到拘束和不安的事情很多，据老区来的同志说，这是‘制度’，目的是为了‘安全’、‘保密，和‘上下有别’。难道这都是新社会的新风尚么？对这一类事，我也疑‘惑’了很久。”

“党的制度和社会风尚是难于违抗的，我努力克制自己，适应新风，后来也就渐渐地习惯了。我学会了写应景和表态文章，学会了在大庭广众之间作‘报告’，久而久之，习以为常，也就惑而‘不惑’了。”（夏衍：《懒寻旧梦录》，第639—640页，三联书店，1985年，北京）

五四运动提出科学和民主，正是补旧民主主义革命的思想课，又是开新民主主义革命的启蒙篇。然而，由于中国近代始终处在强邻四逼外侮日深的救亡形势下，反帝任务异常突出，由爱国而革命的这条道路又为后来好几代人所反复不断地走，又特别是长期处在军事斗争和战争形势下，封建意识和小生产意识始终未认真清算，邹容呼唤的资产阶级民主观念也始终居于次要地位。①

资产阶级民主思潮并未在中国生根，在中国有深厚基础的是封建统治传统和小生产者的狭隘意识。正是这两者结合起来，构成了阻碍中国前进、发展的巨大思想障碍。它与近代民主主义格格不入，蒙昧、等级、专制、封闭、因循、世袭，从自给自足的经济到帝王权术的“政治”，倒成为习以为常的思想状态和正统力量。②

在思想观念上，我们现在某些方面甚至比五四时代还落后，消除农民革命带来的后遗症候，的确还需要冲决网罗式的勇敢和自觉。③

马克思主义本来诞生在西方近代民主主义和个人主义高度发展了的资本主义社会中，它吸取了资本主义自由、平等、民主、人道等一切优良的传统和思想。它的三个来源便充分表现了这一点。正是在这个历史基地上，才产生和发展了共产主义的理想和社会革命的主张，成为无产阶级进行自身解放和全人类解放的武

---

① 参看拙作《中国近代思想史论》，第311页，人民出版社，1979年，北京。
② 同上。
③ 《中国古代思想史论》，第325页，人民出版社，1985年，北京。

器。它揭露、批判、抨击资产阶级自由民主的虚伪性质，也仍然是以接受和消化了资本主义带来的整个文明的进步（其中就包括自由、民主等政治、文化、思想意识各方面）为前提和基础的。所以《共产党宣言》也才有"每个人的自由发展是一切人的自由发展的条件"这样鲜明而深刻的基本命题。

但是，中国近代却没有这个资本主义历史前提，漫长的封建社会和半封建半殖民地社会之后，紧接着便是社会主义。无论在社会的政治经济结构上和人们的文化心理结构上，都并没有经过资本主义的洗礼。也就是说，长久封建社会产生的社会结构和心理结构并未遭受资本社会的民主主义和个人主义的冲毁，旧的习惯势力和观念思想仍然顽固地存在着，甚至渗透了人们意识和无意识的底层深处。这就难怪它们可以借着社会主义的集体主义衣装，在反对资本主义自由民主和个人主义的旗帜下，在"文化大革命"中甚至以前，轻车熟路地进行各种复辟了。于是，"文革"之后人们便空前地怀念起五四，纪念起五四来。

在1939年纪念五四二十周年时，毛泽东说：

> 五四运动的成为文化革新运动，不过是中国反帝反封建的资产阶级民主革命的一种表现形式。……中国资产阶级民主革命的过程……已经经过了鸦片战争、太平天国战争、甲午中日战争、戊戌维新、义和团运动、辛亥革命、五四运动、北伐战争、土地革命战争等几个发展阶段。今天的抗日战争是其发展的又一个新的阶段。……这种民主革命是为了建立一个在中国历史上所没有过的社会制度。①

---

① 《五四运动》，见《毛泽东选集》，第545—546页。

在同年纪念一二·九运动时，毛又指出：

> 五四运动为北伐战争作了准备。如果没有五四运动，北伐战争是不可想象的……五四运动以后，产生了中国共产党，促成了第一次国共合作，掀起了五卅运动，发动了北伐战争，造成了第一次大革命。那么，很明显，没有五四运动，第一次大革命是没有可能的。五四运动的的确确给第一次大革命准备了舆论，准备了人心，准备了思想，准备了干部。
>
> 至于一二·九运动，它是伟大抗日战争的准备，这同五四运动是第一次大革命的准备一样。一二·九推动了七七抗战，准备了七七抗战。①

显然，这突出的是五四运动的政治救亡方面。当1979年纪念五四运动时，各方面人士突出的却都是它的思想启蒙方面：

> 伟大的五四运动到今天整整六十年了。五四运动不仅是反帝反封建的政治运动，同时也是空前未有的思想解放运动。……中国有史以来，还不曾有过这样一个敢于向旧势力挑战的思想运动，来打破已经存在了几千年的旧传统，推动社会的进步……没有民主思想的觉醒，不可能有民族意识的高涨，也不可能接受马克思主义的思想，把社会主义当做彻底改造中国的道路。②

---

① 毛泽东：《一二·九运动的伟大意义》，1985年12月1日《人民日报》。

② 周扬：《三次伟大的思想解放运动》，见《纪念五四运动六十周年学术讨论论文选》第6—9页，中国社会科学出版社，1979年，北京。

应该承认，在那时，人们提出个人主义，是有一定积极意义的。他们把个人主义作为反封建战斗武器。……打破封建的枷锁，争取个性的发展和个人独立自主权利的号召；表达了他们的要求，激起了他们的共鸣，对他们起了巨大鼓舞作用。①

……

这几年来，对胡适以及所谓“胡适派”的论述或评价，对几十年来那些实业家、教育家、文艺家、学者、教授们在传播、教授现代自然科学和人文社会科学，对他们在培养人才和在各自专业领域内的教学、科学工作包括深受胡适影响的文史领域的“整理国故”、考证、编纂以及安阳挖掘等等，都作了与前颇不相同的高度肯定。“绝大多数知识分子走的是这样两条道路：或者是在共产党领导下走与工农相结合的道路，参加革命斗争，或者是在反动政权下从事他们自称是‘工业救国’、‘抗日救国’、‘教育救国’、‘卫生救国’的一类工作。……这样一类知识分子的大量出现，是五四运动以后的现象。这些知识分子一般都在当时感受过科学和民主精神的影响，抱有资产阶级民主思想。所谓‘工业救国’、‘科学救国’等等实际上也是对封建传统思想的一种否定。”②

这就是说，五四之后，除了接受马克思列宁主义参加救亡—革命这条道路之外，另一条继续从事教育、科学、文化等

① 胡绳：《论五四新文化运动中的民主与科学》，见《纪念五四运动六十周年学术讨论论文选》，第305页。

② 黎澍：《关于五四运动的几个问题》，同上书，第282页。

工作的启蒙方面，也应该得到积极的评价。①因为它们对中国社会的现代化发展是起促进作用的。

不过，应该公平地说，这条道路不但坎坷不平，抗日战争中西南联大的名教授们连衣食都难以维持，而且，他们对整个社会的经济、政治，也不能起什么重要影响。中国根本没有提供自由主义者以政治活动舞台的机会。胡适等人二十年代盼望的好人政府仍然只能从属和依附于封建军阀，毫无作为。从二十年代起，自由派们的研究、讨论也只能是书斋中不起实际作用的空议论。

> ……由一些曾留学英美的资产阶级知识分子组织的《太平洋》杂志，在五四运动以前就在研究一些诸如“大总统的权限”、“地方自治制度”之类的问题。……1920年在上海出版的《新人》杂志曾专门出版了研究卖淫问题的《淫业问题专号》，并且发起废娼大同盟；北京出版的《新中国》也发表了人力车夫生活状况的调查和关于如何解决人力车夫问题的讨论。这一些可以说是胡适提倡的所谓“多研究些问题”的实践。……都根本不能解决问题。②

---

① “学生方面有两种大的倾向……一种倾向是代表哲学文学一方面，另一种倾向是代表政治社会的问题方面。前者是新潮杂志社，后者是国民杂志社……五四运动之后，这一群倾向越发分明了，他们显然是社会主义、尤其是布尔什维克主义的仰慕者了。……新潮社一派，隐然以胡适之先生为首领……渐渐倾向于国故整理运动”（黄日葵：《在中国近代思想史演进中的北大》，见《北大二十五周年纪念刊》，1927年12月17日。转引自彭明书，第227页）。

② 丁守和、殷叙彝：《从五四启蒙运动到马克思主义的传播》，第296页，三联书店，1979年，北京。

人力车夫如故，卖淫如故，“大总统的权限”无限如故。“多研究些问题”所取得的成就，最多只能限于学术、文化、科学、教育等领域中的非常有限的课题了。

这就是现代中国的历史讽刺剧。封建主义加上危亡局势不可能给自由主义以平和渐进的稳步发展，解决社会问题，需要“根本解决”的革命战争。革命战争却又挤压了启蒙运动和自由理想，而使封建主义乘机复活，这使许多根本问题并未解决，却笼盖在“根本解决”了的帷幕下被视而不见。启蒙与救亡（革命）的双重主题的关系在五四以后并没有得到合理的解决，甚至在理论上也没有予以真正的探讨和足够的重视。特别是近三十年的不应该有的忽略，终于带来了巨大的苦果。

三 转换性的创造

那么，今天流行的“人道主义”、“思想解放”和启蒙运动是历史的再一次重复吗？使人惊异的是，包括本文一开头引述的陈独秀七十年前《新青年》中的那些主张，如提倡人的自主、勇敢进取、反对锁国、主张功利主义、要真正民主、不要为民作主的清官，等等，却可以在今天好些政治、学术论著和好些青年的思想、主张中看到。五四时期鲁迅的“不读中国书”，钱玄同的“废除汉字”等等激烈的彻底的反传统、批儒家的要求，在今天许多青年的思想和论著中，也是“似曾相识燕归来”。……这确乎令人惊叹，但又完全可以理解。

不过，重复五四那种激烈的批判和全盘西化就能解决问题吗？我们今天的确要继承五四，但不能重复五四或停留在五四的水平上。对待传统的态度也如此①。不是像五四那样，扔弃传统，而是要使传统作某种转换性的创造。

这是因为，如前指出，真正的传统是已经积淀在人们的行为模式、思想方法、情感态度中的文化心理结构。儒家孔学的重要性正在于它已不仅仅是一种学说、理论、思想，而是融化浸透在人们生活和心理之中了，成了这一民族心理国民性格的重要因素。广大农民并不熟悉甚至不知道孔子，但孔子开创的那一套通由长期的宗法制度，从长幼尊卑的秩序到“天地君亲师”的牌位，早已浸透在他们遵循的生活方式、风俗习惯、观念意识、思想感情之中。其他理论、学派、思想如老子、庄子、道家、佛教，都未能有这种作用和这种影响。

传统既然是活的现实存在，而不只是某种表层的思想衣装，它便不是你想扔掉就能扔掉、想保存就能保存的身外之物。所以只有从传统中去发现自己、认识自己从而改换自己。如拙著《中国古代思想史论》所强调，传统常常是集好坏于一身，优劣点很难截然分割。这就不是片面的批判和笼统的反对所能解决，而首先是要有具体历史的分析。只有将集优劣于一身、合强弱为一体的传统本身加以多方面的解剖和了解，取得一种“清醒的自我觉识”，以图进行某种转换性的创造，才真正是当务之急。《中国古

① 当年否定传统主张西化的主张之激烈彻底，恐怕今天的激进者也不及。如：“欲废孔子，不可不先废汉字”。“二千年来用汉字写的书籍，无论哪部，打开一看，不到半页，必有发昏做梦的话”（钱玄同），“只有一条出路，必须承认自己百事不如人，不但物质机械上不如人，不但政治制度上不如人，并且道德不如人，知识不如人，文学不如人，音乐不如人，艺术不如人，身体不如人”（胡适）。理论深度上，今天的彻底否定传统论者似也未能在实质上超过陈独秀、李大钊当年的水平，如陈、李曾指出“宗法家庭本位”、农业小生产经济基础和为专制政治服务等等。

代思想史论》中对孔学、墨家的长处与弱点、对早熟型系统论世界观的优劣两面、对宋明理学的理论成就和历史祸害等等的分析，便是企图避免脱离总体来作片面肯定或否定。无论是肯定或否定，脱离总体历史即成为片面的抽象的论证。任何理解都有理解者本身的历史性因素在内。历史离不开历史解释者本身的历史性。也正因为如此，理解传统亦即是理解自身，理解自己也只有通过理解传统而具体实现。这正是我们今天的任务。

传统既是扔不掉守不住的，按照唯物史观，它有其产生发展和改革变化的经济根基。《中国古代思想史论》一书中强调指出，农业小生产的家族宗法制度是儒墨两家生存延续的根本基石。正是由于后者没有根本的变动，才使“中国近代这种站在小生产立场上反对现代文明的思想或思潮，经常以不同方式表现或爆发出来，具有强烈的力量。得到了广泛的响应，在好些人头脑中引起共鸣”[①]。所以“文化大革命”尽管批孔，却仍然使封建主义大泛滥。前几年小有风吹草动，便一窝蜂自上至下地反长发、剪裤腿、禁迪斯科……使人很容易想起前面引述过的五四时期反剪头发反男女同校的故事。相距已经六七十年，仍如此相似，关键正在这里。只有社会存在这个本体随着科技引入和大工业生产的发达而造成人们生产方式、生活方式、行为模式的巨大改变，才能真正强有力地作用于人们的观念意识、思想情感、人生观和宇宙观。

不过如果以为仅凭经济的发展就会自动地更新一切，那是懒汉的幻想。苏联、日本、港、台、中东都可以有较先进的经济水平，而上层建筑和意识形态，却可以具有保守、封闭、维护陈旧秩序的一面。特别如前所说，中国以至东方缺少西方资本主义整

① 参看拙作《中国古代思想史论》，第二章《墨家初探本》。

个历史时期，在社会体制结构上，在文化心理结构上，都有着中世纪传统的巨大阴影。

可见，意识形态和批判的武器并不能坐等基础的改变，而仍然需要自我革新。当前主要反对的还应是封建主义。封建主义的东西往往披着反资本主义的外衣出现。譬如，迄至今日，在理解两性关系上，封建意识就非常严重。重要的是，这种反对和批判应该远比五四时代深刻、具体、细致和富有分析的科学性。它们的目的在于有意识地自觉地进行转换性的创造。

至少有两个层面的转换的创造。一个层面是社会体制结构方面的。如前所一再指出，与西方工业化资本主义的时代相适应的近代自由、独立、人权、民主等等，在五四及以后并没能得到真正深入的研究，并没有对它们作过马克思主义的深入的分析探讨，而是在救亡—革命的浪潮下，一股脑作为资产阶级的破烂被简单地否定了。今天便应该继承和发展五四的传统，除了重新提出它们之外，更应该对它们作进一步具体的分析、细致的研究和理论的建设。对待中国传统中的一切，也应如此。不能只是停留在五四时期的激情的呐喊或五四以后革命时期的抽象的否定上。目前已经基本赢得较长期的和平环境，国家的富强（现代化）虽然仍是中国人的首要课题，但启蒙与救亡的关系毕竟可以不同于军事形势下和革命时期中，今天已不应再是强调统帅意志和绝对服从的战争年月，而是社会主义民主提上迫切日程的建设时代。重视个体的权益和要求，重视个性的自由、独立、平等，发挥个体的自动性、创造性，使之不再只是某种驯服的工具和被动的螺钉，并进而彻底消解传统在这方面的强大惰性，在今天比在近代任何时期，更加紧要。国外一些学者认为中国有个人主义的传统，其实这种个人主义特征是消极的，最多是不合作的批判现实态度，它以庄、禅为代表。中国传统中缺少那种积极进取的个体主义，如一切依靠个体自己的独立奋斗、冒险精神，等等。民主问题也如此。中国的传统民主，是“为民做主”，而不是人民做主；是清官、好皇帝去“贵民”，而不是民本身自贵。直到今天，也仍然经常看到这种不应有的思想混淆。把人民做主当成为民做主，这就混淆了古代和近代。近代的自由民主，正如马克思主义一样，是在大工业生产基地上逐渐成熟的成果，它与中国传统并不相侔，而是自西方输入的。但输入之后如何结合中国固有的重民的集体观念加以发展，是值得从理论和实践上重视的，但首先不能把二者混淆起来，要看到它们在根本性质上并不相同。

西方自由主义的大量文献[①]表明，自由、民主都不是无限制的随心所欲，也并不是什么非常好的理想事物。它们本质上是对人、己权限的一种明确限定和法律规范。严复当年译约翰·穆勒的《自由论》为《群己权界论》，是颇有道理的。民主、自由的特点正在于防止最坏的情境发生，如军事独裁、法西斯主义、无政府状况、“肃反扩大化”等等。因之，其中关键一环便是众多法律、规约、条例的严密制定和严格执行。就民主说，几十年中国革命的政治甚至军事生活中，也并非没有民主协商、集体讨论以及群众路线等优良办法和传统；但它们并没能以规范化的法律形式固定下来，推及社会和全国，长期稳定不变。相反，在战争环境、革命情势下所形成，由个别或少数人制定、掌握、施行的灵活性很大、变异度甚高的所谓“方针政策”，带来了许多对人民民主的曲解和损失。就自由说，中国传统中有无严格规定的、宽泛的无限制的自由，缺乏有法律有限制的自由，所以常常是强

---

① 现代可参考 K.Popper、F.A.Hayek 等人论著。

凌弱、众欺寡、上压下，同时又是“一盘散沙”或“一袋马铃薯”式的互不相干的“自由”。这不是真正的自由，它只能导致少数人专制和无政府状态。只有建立严格的法制，明确分散各种权力，使之相互牵制，彼此监督，以彻底结束“和尚打伞，无法无天”或党委高于宪法、党纪代替国法之类，才能实现近代的具体的社会主义民主和自由。这不是靠思想教育，不是靠什么正心修身，而是靠制定法律和执行法律，才能达到的。这方面，西方资本社会积累了数百年经验的一些政法理论及实践，如三权分立、司法独立、议会制度等等，应该视作人类的共同财富，是值得借鉴的。想以道德说教解决思想问题来替代政法体制上的进步和改革，不符合唯物史观的基本原理。

第二个层面是文化心理结构的方面。五四新文化运动的巨大功绩正在于它从深处震撼了、影响了中国人的这个层面。今天还应该继承这个震撼。还有许多事情要做，任务还很艰巨。例如，中国人似乎很重团体，国家、民族常常被置诸首位，但传统道德要求却是“内圣”之学，即强调个体的正心诚意修身齐家。西方似乎把个体的权利、尊严作为基础，但它的道德要求倒恰恰着重于社会利益和公共法规。中国的这种“内圣”之学对个人提出的标准是做圣贤的道德最高要求，其普遍可行性甚少。西方对个体提出的则是做一个遵循法律的合格公民的社会最低要求，其普遍可行性却大得多。从中西文化形态的这些比较中，便可看出，以人性本善的理论为基础的儒家孔孟的伦理主义，已完全不能适应以契约为特征的近代社会的政法体制。它曲高和寡造成的虚伪，变成了历史前进的阻力。现代社会不能靠道德而只有靠法律来要求和规范个体的行为。因此真正吸收和消化西方现代某些东西，来进一步改造学校教育、社会观念和民俗风尚，以使传统的文化心理结构也进行转换性的创造，便是一个巨大课题。之所以巨大，正是因为这种创造既必须与传统相冲突（如历史主义与伦理主义的矛盾），又必须与传统相接承（吸收伦理主义中的优良东西）。五四以来到今天，以文学在这方面做得最好；从五四到今天，人们通过以白话文为形式的中国现代新文学（也包括电影、歌曲和某些美术作品），在扫除封建陈垢刷新民族心灵上，起了重要作用。而这种扫除和刷新又自然承续了中国传统中的积极成分。例如新文学中爱国主义感情和批判现实主义精神与关心国事民瘼、以天下为己任的士大夫历史传统便不能说毫无关系。但它又确乎是在对传统中封建主义内容的否定和批判中，来承接这传统心理，这就正是对传统进行转换的创造。

总起来看，历史的解释者自身应站在现时代的基地上意识到自身的历史性，突破陈旧传统的束缚，搬进来或创造出新的语言、词汇、概念、思维模式、表达方法、怀疑精神、批判态度，来“重新估定一切价值”，只有这样，才可能真正去继承、解释、批判和发展传统。

可以举一些例子。例如，对待传统中占有突出位置的所谓“孝”道，便不能再是如五四时期那样简单地骂倒，更不能是盲目地提倡，而是应分析传统孝道产生的社会经济政治基础（农业小生产、家长制下人格的依附性）。今天的亲子关系当然不同，这是在经济、政治完全独立，彼此平等的基础上的稠密人际的情感态度。从而它不能再是传统的“父父子子”，也不是重复五四时期的“我不再认你做父亲，我们都是朋友，互相平等”，而是既在朋友平等基础上，又仍然认做父亲，即有不完全等同于朋友的情感态度和相互关系。敬老亦然。它不应再是天经地义式的“论资排辈”的规范、秩序、制度或习惯，而只能是一种纯感情上的自愿尊敬和亲密。思维方式也如此，简单地斥责中国传统思维的模糊笼统、一切以“差不多”为满足，固然不能有真正的转换性创造，盲目地推崇所谓“东方神秘主义”，更休想转换传统。只有在学习、吸收、输入西方严格的逻辑分析和严密推理的思维方式（这并不难做到，中国人能极有成效地学习现代自然科学；中国传统的实用理性不但与它不矛盾，而且可以极大地助成它）基础上，来重视中国传统中的创造直观的思维特点，这才可能有助于科学和人文，才可能有助于传统思维方式的转换性的创造，而不失去其原有的优点。就情感态度说，酗酒发疯，大搞同性恋，大概并无足取；而传统那种种拘守礼法，行不由径，恐怕也不行。重要的是在树立现代个体人格的前提下，不是以理（社会）压情，也不是一味纵情破理，而是使理融化在情感中。只有这样，传统才能有转换的创造，并在这过程中得到承继和发扬。这也就是我在《中国古代思想史论》中所解释的“西体中用”即中国式的社会主义现代化道路。

*　　*　　*

陈独秀在1915年和1916年创刊发行《新青年》，吹响了五四运动的启蒙号角，毛泽东曾高声赞誉过陈独秀说：“他是五四运动的总司令，整个运动实际上是他领导的。”[①]直到晚年，陈独秀从国民党监狱内出来独居四川江津时，也仍在集中思索民主问题。今年是1986年，离1916年整七十年，离“文化大革命”开始时二十年，离“四人帮”垮台也已十年，愿以此文来纪念这些重要的年头和这位了不起的“总司令”。

（原载《走向未来》1986年创刊号）

① 转引自彭明书第526页。

记中国现代三次学术论战

一　二十年代科玄论战

一切都得从五四讲起。中国现代史好些基本问题都得追溯到五四，在思想文化、意识形态领域内，尤其如此。

五四新文化运动最明显的成功和确定不移的果实是白话文的胜利。尽管有林纾、胡先骕等人的反对，但它势如破竹，锐不可挡，席卷全国，上取得教育部的承认与肯定，下获有广大学生和青年的拥护、支持。尽管直到 1949 年以前，某些官方文告、政论以及某些人仍用文言，但毕竟已属部分现象，白话文的统治地位不可摇动。

书面语言的变革不只是文学形式问题，它在强有力地动摇着传统的文化—心理结构。

“傅斯年为了说明文言文的僵化没落，说了一句外行话。他认为中国人思考用白话，表达时才翻译成文言。因而遭到吴宓的嘲笑。可是论证文言文不但是表达工具，而且可以是思维工具，那更说明文言文对中国文学发展的巨大障碍。鲁迅强调文言文语法不精密，说明中国人思维不严密；周作人指出古汉语的晦涩，养成国民笼统的心理；胡适提出研究中国文学套语体现出来的民族心理；钱玄同、刘半农则从汉语的非拼音化倾向探讨中国文化的特质……这一系列见解，不见得都十分准确，但体现一种总的倾向：五四作家是把语言跟思维联系在一起来考虑的，这使得他们有可能超越一般的语言文字改革专家，而直接影响整个民族精神的发展”①。

五四新文化运动提倡白话文反对旧道德的启蒙方面，就这样延续地表现为某种对自己民族文化、心理的追寻和鞭挞，表现为某种科学主义的追求，即要求或企图把西方的近代科学作为一种基本精神、基本态度、基本方法，来改造中国人，来注入到中国民族的文化心理中。

正是在这样的背景下，1923 年爆发了“科玄论战”。

1923 年 2 月北京大学教授张君劢在清华作了题为《人生观》的讲演，发表在《清华周刊》272 期。张强调科学不能解决人生观的问题：“第一，科学为客观的，人生观为主观的”；“第二，科学为论理的方法所支配，而人生观则起于直觉”；“第三，科学可以以分析方法下手，而人生观为综合的”；“第四，科学为因果律所支配，而人生观为自由意志的”；“第五，科学起于对象之相同现象，而人生观起于人格的单一性。”②

张认为有关“人生观”的是“精神与物质”、“男女之爱”、“个人与社会”、“国家与世界”这样一些具体问题。关于第一个问题，张说：

---

① 陈平原、钱理群、黄子平：《艺术思维》，《读书》1986 年第 2 期，第 76—77 页。
② 《人生观》，《科学与人生观》，第 4—8 页，亚东图书馆，1923 年，上海。

> 所谓精神与物质者：科学之为用，专注于向外……朝作夕辍，人生如机械然，精神上之慰安所在，则不可得而知也。……一国偏重工商，是否为正当的人生观，是否为正当的文化，在欧洲人观之，已成大疑问矣。……对于物质文明，不胜务外逐物之感。①

因此，“人生观既无客观标准，故惟有返求诸己”。即“人生观”不能由外在的物质文明、不能由科学所决定或规定。

同年4月，地质学家丁文江（丁在君）发表《玄学与科学》（北京《努力周报》48—49期），激烈批评“玄学鬼附在张君劢的身上”，强调同意胡适的意见：“……今日最大的责任与需要，是把科学方法应用到人生问题上去。”他说：

> 科学不但无所谓向外，而且是教育同修养最好的工具。因为天天求真理，时时想破除成见，不但使学科学的人有求真理的能力，而且有爱真理的诚心。无论遇见什么事，都能平心静气去勇于研究，从复杂中求简单，从紊乱中求秩序，拿论理来训练他的意想……了然于宇宙生物心理种种的关系，才能够知道生活的乐趣……②

张君劢对此批评作了长文答辩。一时，思想学术界名流梁启超、胡适、吴稚晖、张东荪、林宰平、王星拱、唐钺、任叔永、孙伏园、朱经农、陆志韦、范寿康等人在《努力周报》、

① 《人生观》，《科学与人生观》，第10—11页，亚东图书馆，1923年，上海。
② 丁文江：《玄学与科学》，第20—21、22、26页。

《时事新报》、《学灯》副刊上纷纷发表文章，参加讨论。同年11月上海亚东图书馆编辑出版了《科学与人生观》一书上、下册，收集了29篇论战文章，由陈独秀、胡适作序。12月上海泰东图书局出版了内容相同的《人生观的论战》文集①，由张君劢作序。至此，“六个月的时间，二十五万字皇皇大文”②的科玄论战大体结束。同年年底及次年，《中国青年》、《新青年》曾发表邓中夏、瞿秋白、陈独秀等评论文章，代表了当时共产党人的看法。

这次论战涉及问题颇多，例如科学的社会效果（欧战是否应由科学负责）、物质文明与精神文明（如何定义此二者及二者之关系）、科学与价值（二者有无关系或何种关系）、科学与哲学（二者如何限定、二者的来源、异同、范围）、传统与现代等等。其中好些还正是今天“文化热”讨论中经常涌现的问题和论点；这次论战提出问题的敏锐度和讨论问题的深度，在某些地方也并不比六十年后的今天逊色，其论争焦点（能否有科学的人生观、应该建立什么样的人生观）便是至今并未解决的问题。当代世界哲学中的科学主义与人本主义的分途也展示出这一点。

本文不拟描述这一论争的各个方面，只想抄摘一些论战材料，来看看这一论战在当时兴起所反衬出来的中国文化心理结构中的某些问题。

双方的哲学依据并无任何独创可言。张君劢、张东荪等人传达的是欧洲大陆的柏格森、倭铿、杜里舒以及康德的先验主义；胡

---

① 此文集比《科学与人生观》少收王星拱一文，多收屠孝实一文，其余各篇均同。

② 胡适：《科学与人生观》序，第16页。

适、丁文江[①]等人则是马赫、孔德以及英美经验主义、实证主义。双方所争论的生物学（达尔文学说）、心理学、生计学（经济学）是否科学，它们有否客观的因果律可求，已由八十年的事实证实了科学派的胜利。但这却没能证明科学可以解决人生观问题。有如维特根斯坦所说，一切科学问题都可能得到解答，但人生之没有解答却依然如故。所以玄学派所提出的命题又至今仍有其生命力。

梁启超当时说："人生问题，有大部分是可以而且必要用科学方法来解决的，有小部分——或者还是最重要的部分，是超科学的。""不能说理知包括尽人类生活的全内容……生活的原动力就是情感……就是爱和美，……绝对的超科学。"[②]

张君劢当年肯定物理学是科学，但对生物学、心理学是否科学表示怀疑，更否认社会历史领域能属于科学。他说：

> "生物学家以细胞为基本概念，然细胞之本质为何，非生物学家所能解释也。推之生物之来源、心理与身体之关系科学家无法解释，正与此同"[③]，"心理状态变迁之速，故绝对无可量度，无因果可求"[④]。"若夫人生所以变迁之故，则出于纯粹心理，故为自由的。伸言之，历史之新陈代谢，皆人类之自由行为，故无因果可言"[⑤]。总之，在身、

① "丁文江每次发表文章前，对一些重要争论点，都与胡适商量过，所以胡适仍是这场论争的重要角色"（耿云志：《胡适研究论稿》，第393页，四川人民出版社，1985年，成都），尽管胡适在这次论争过程中只写了篇短文。

② 梁启超：《人生观与科学》，《科学与人生观》，第4、8—9页。

③ 张君劢：《再论人生观与科学并答于在君》，同上书，第19、59、67页。

④ 同上。

⑤ 同上。

心、社会、历史领域，科学的因果无用无效，所以，不可能有科学的人生观。

与此相对立，丁文江、唐钺、王星拱等人则强调：

“一切心理现象都是有因的，这话可信的程度同‘一切物质现象都是有因的’那句话的可信的程度相等”①。“我再举一个郑重的例。自从德夫利士（Devries）重新发现曼德尔（Mendel）公例之后，若是我们拿一种黄皮的玉蜀黍和白皮的杂种，新生出来的玉蜀黍上面有几粒是黄皮的，几粒是白皮的，都可以预先算得出来”②。“我以为美是可以分析的”，“美不是超乎理智的东西，美感是随着理智的进步而变化的”③。“总之，高等动物之智慧活动不过是生物活动中之最复杂者，和低等动物之不能活动，并无根本的区别，用不着归功于灵魂。生物活动也不过是天然活动中之一部分，和无机界之活动也没有根本的区别，也用不着归功于生命力。所以凡用以研究无机物质的物理化学也可以应用于生物问题，用以研究生物的生物学也可以应用于人生问题”④。“科学是凭借因果（Causality）和齐一（Uniformity）两个原理而构造起来的。人生问题无论为生命之观念或生活之态度，都逃不出这个原理的金刚圈，所以科学可以解决人生问题”⑤。

---

① 唐钺：《心理现象与因果律》，《科学与人生观》，第13—14页。
② 丁文江：《玄学与科学答张君劢》，《科学与人生观》，第15页。
③ 唐钺：《一个痴人的说梦》，《科学与人生观》，第3、5页。
④ 王星拱：《科学与人生观》，同上书，第12—13页。
⑤ 同上书，第16页。

科学派以决定论和还原论反对玄学派的自由意志论和心物二元论。前者相信科学的对象及威力无限，世上一切事物均可用科学解决，因此要求建立“科学的人生观”。而所谓科学，首先就是自然科学家用之有效的那些科学方法，那种科学态度、科学精神。概括起来，“科学的目的是要摒除个人主观成见……求人人所能共认的真理。”①“依科学态度而整理思想，构造意见，以至于身体力行，可以叫做科学的人生观。”②

后者却坚持“经验界之知识为因果的，人生之进化为自由的”，“求现时代之特征之一，吾必名之曰新玄学时代。此新玄学之特点，曰人生之自由自在，不受机械律之支配。”③“物和心的问题，好些人自以为要解决他，始终没有解决”，“就是科学家，往往有非科学的理想”，“不能划一，无从分析，甚至超出感觉的种种心的作用，科学对于这种地方还有什么权威?”④因之，心理、社会和人生无法还原为科学问题，无法用决定论和因果律来解释和规定。

对科学派来说，为什么要批评“玄学鬼”，提倡科学的人生观呢？这是因为“一班的青年上了他的当，对于宗教、社会、政治、道德一切问题，真以为不受论理方法支配，真正没有是非真伪，只须拿他的所谓主观的、综合的、自由意志的人生观来解决他。果然如此，我们的社会是要成一种什么社会?”⑤“君劢反对富强，说‘在寡均贫安之状态下，当必另有他法可想’，中国现

① 丁文江：《玄学与科学》，《科学与人生观》，第20页。
② 王星拱：《科学与人生观》，同上书，第3页。
③ 张君劢：《再论人生观与科学并答丁在君》，《科学与人生观》，第64页。
④ 林宰平：《读丁在君先生的玄学与科学》，同上书，第13、35页。
⑤ 丁文江：《玄学与科学》，第18页。

在寡到什么程度，贫到什么田地，君劢研究过没有？那一年北方遭旱灾，没有饭吃的人有二千万人，卖儿女的也有，吃人肉的也有。这种贫安得了么？……这种寡均得了么？”①

对玄学派来说，为什么要反对科学的人生观呢？这是因为：“我所欲言者非科学本身问题，乃科学的结果。西欧之物质文明是科学上最大的成绩。……物质有限，人欲无穷。谓如此而可为国家之安计，为人类幸福计，吾不信焉。”②“吾国自海通以来，物质上以炮利船坚为政策，精神上以科学万能为信仰，以时考之，亦可谓物极将返矣”，“科学以对待、以因果为本义……学生脑中装满了此种学说，视己身为因果网所缠绕，几忘人生在宇宙间独往独来之价值”。“应将管子之言而颠倒之，曰：知礼节而后衣食足，知荣辱而后仓廪实，吾之所以欲提倡宋学者，其微意在此”③。

可见，尽管双方在什么是科学、什么是科学的因果律、内容、材料等等问题上争论不休，其真正的核心却在：现时代的中国人（特别是青年一代）应该有什么样的人生观才有助于国家富强社会稳定？这场看来是科学与哲学的关系等纯学术问题的论战，从根本上却是两种社会思想的对立。它具有着思想史的意义。

如本书上篇所已指出，清朝专制政体和有关的传统观念、旧有价值的崩溃或动摇，使五四时期的知识群的注意中心由前代的船坚炮利（物质工具）和“鼎革之际”的改良、革命（政治体

① 丁文江：《玄学与科学答张君劢》，同上书，第45页。
② 张君劢：《科学之评价》，同上书，第6—7页。
③ 张君劢：《再论人生观与科学并答丁在君》，《科学与人生观》，第66、72、95页。

制）转移到思想文化上来。数千年“修齐治平”和“天地君亲师”的传统信仰和标准规范不再能维系人们，知识者在寻求着新的人生信仰、生活依据和精神支柱。这其实是中国近代知识分子一直在进行着和具有着的心态模式，它也正是实用理性的传统心理在近现代的延续实现：用理性追求一种信仰以指导人生和现实活动。康有为早年曾自己构造出一个宇宙观来作为现实行动的依据；严复搬来了天演论的进化观，为广大青年知识者所欢迎；谭嗣同、章太炎企图用佛学唯识宗来建造哲学形而上学。但所有这些都被当时的中心课题——实际的革命或改革行动所淹没和压倒。也正是由于改革实践的失败，五四才把思想文化问题提到改造社会决定中国前途的首位，把建立或具有什么样的生活态度、人生理想作为要解决的根本问题。从而，不是宇宙论，不是认识论，不是科学的本质、内容、范围，也不是真正的哲学形而上学，而是具体的人生观成了时代的焦点、学术的主题，成了人们（特别是青年一代）寻找、追寻以便确定或引导自己的生活道路的现实指针。它形象地反映在当时的新文学中，也理论地表现在这次论战上。所以，科学派强调科学方法、态度、精神，强调“科学的人生观”，实际上具有建立信仰的意义。陈独秀早在1916年便大声疾呼：“……欲建设西洋式之新国家，组织西洋式之新社会，以求适今世之生存”，必须建立“平等人权之新信仰……”①胡适在论战后期为《科学与人生观》一书作序中也明确提出：“叫人知道，‘为了全种万世而生活’就是宗教”，“我们信仰的科学的人生观将来靠教育与宣传的功效……要使今日少数

① 陈独秀：《宪法与礼教》，《新青年》2卷3号（1916年11月）。

人的信仰变成将是大多数人的信仰。”[①]海外有研究者在论科玄论争时也指出：“胡适这些科学主义的夸张观念带着一种准宗教的音调，他似乎企图构建一种科学的自然主义的宗教。”[②]科学派以所谓科学方法、态度、精神作为信仰，认为它能解决一切身心、社会和人生观诸问题。玄学派则企图回到宋明理学（“宋学”）和现代西方柏格森、倭铿的形而上学中去追求和建立信仰以指导人生。

C.Geertz 曾指出，当社会和政治危机伴随着原有文化根基失落时，便迫切需要意识形态[③]。意识形态不是科学，而是包括着某种要求支配人们观念和行动的信仰。所以，科玄论战的真实内涵并不真正在对科学的认识、评价或科学方法的讲求探讨，而主要仍在争辩建立何种意识形态的观念或信仰。是用科学还是用形而上学来指导人生和社会？所以这次学术讨论，思想意义大于学术意义，思想影响大于学术成果，它实质上仍然是某种意识形态之争。科学派实际上是主张科学来成为意识形态，玄学派则主张非科学的形而上学来作为意识形态。因而这是一场信仰科学主义的决定论还是信仰自由意志的形而上学的争论。它的确是一场关于“人生观”的争论，这种人生观的争论又是与选择何种社会改造方案联系在一起的。尽管论战中似乎争辩了那么多的科学哲学和宇宙观、认识论问题，但真正的重点和要害并不在那里。

如果纯从学术角度看，玄学派所提出的问题和所作的某

---

① 《科学与人生观》序，第24、27页。

② Lin Yu-sheng, *The Origin and Implications of Modern Chinese Scientism in Early Republican China*: A case study——The Debate on “Science vs. Meta-physics in 1923”, 1984，台北。

③ 参看 C.Geertz *The Interpretation of Cultures* 第8章。

些（只是某些）基本论断，例如认为科学并不能解决人生问题，价值判断与事实判断有根本区别，心理、生物特别是历史、社会领域与无机世界的因果领域有性质的不同，以及对非理性因素的重视和强调等等，比起科学派虽乐观却简单的决定论的论点论证要远为深刻，它更符合于二十世纪的思潮。

但是，这场论战却很明显地是以“玄学鬼”被人唾骂，广大知识青年支持或同情科学派而告终。科学的、理性的人生观更符合当时变革中国社会的需要，更符合向往未来、追求进步的人们的要求。承认身、心、社会、国家、历史均有可确定可预测的决定论和因果律，从而可以用以反省过去，预想未来，这种科学主义的精神、态度、方法，更适合于当时中国年轻人的选择。不愿再“返求诸已”回到修心养性的“宋学”，也不能漫无把握不着边际地空喊“意志自由”、“直觉综合”；处在个体命运与社会前途休戚相关的危机时代，倾向于信仰一种有规律可循、有因果可寻从而可以具体指导自己行动的宇宙—历史—人生观，是容易理解的事。十八、十九世纪西方近代的科学及其精神和方法，对落后的中国，还是新鲜的和先进的东西，人们欢欣鼓舞地去接受它，是很自然的。同时，这在某种意义上恰恰又是中国传统哲学精神在现代的展现，是以人（人生）为中心的“究天人之际，通古今之变”，将“天道”（宇宙普遍规律，现在是科学）与“人道”（社会人生道路即人生观）联结沟通起来的传统思维—行为模式的现代翻版仍然是传统的“实用理性”在现代的延续，即人们更愿意去选择企望解决现实社会问题的理性（现在是科学），来作为信仰和准则以指导生活。

可见，尽管争论双方都承认事实判断（科学）与价值判断（人生观）不应混为一谈，林宰平说：“科学的本身，他原没有什么好坏的问题。”[①]唐钺说：“我们论事实的时候，不能羼入价值问题。”[②]但事实上，这两者的混同却正是讨论的主题和特色。特别是科学派强调建立科学的人生观，想用科学来支配或适用于人生，并把它当做一个事实兼价值判断，就更是如此。所以一向比较敏锐的梁启超曾说：“人生观的统一，非惟不可能，而且不必要。非惟不必要，而且有害。要把人生观统一，结果岂不是‘别黑白而定于一尊’，不许异己者跳梁反侧？”[③]科学派的回答却是：“人生观虽不能统一，但是人生观由于遗传与教育而定这一个原理是统一的。若能将各人的遗传与教育明白的知道了，他的人生观也可以一索而得。”[④]科学派强调人生观以及一切精神文明都可以通过科学分析得到说明和了解，都可以作出因果律的决定论的“科学”解释，这就预告着以一种建立在科学的宇宙观、历史观基础上的决定论的“科学的人生观”来作为信仰指导人们生活、行动的可能。而这，后来不就正是马克思主义么？人们后来接受马克思主义的世界观、历史观来作为人生的向导，不也正符合“科学派”的主张么？这，大概是出乎“科学派”的意料的。因为他们大都是反对马克思主义的。然而，历史的逻辑却必然导致这种思维的逻辑。当时历史的逻辑是“救亡”，是反抗侵略，寻求国家富强、社会解放。“玄学派”强调的是个体自由、意志自由、个性独立，比较起来，后者的重要性迫切性显然远逊于前者。而救亡课题是更容易接受一种有客观规律可寻

① 林宰平：《读丁在君先生的玄学与科学》，《科学与人生观》，第38页。
② 唐钺：《一个痴人的说梦》，同上书，第2页。
③ 梁启超：《人生观与科学》，同上书，第7页。
④ 王星拱：《科学与人生观》，同上书，第16页。

的“科学”解释和指导的。

于是“救亡”又一次压倒了一切，个体自由得谦逊地牺牲自己以从属于集体，国家富强毕竟是更重要的事情。胡适在讨论中便尖锐地指出过：

> 欧洲的科学已经到了根深蒂固的地位，不怕玄学鬼来攻击了。几个反动的哲学家，平素饱餍了科学的滋味，偶尔对科学发几句牢骚话，就像富贵人家吃厌了鱼肉……一到中国，便不同了，中国此时还不曾享着科学的赐福，更谈不上科学带来的“灾难”。我们试睁开眼看看：这遍地的乩坛道院，这遍地的仙方鬼照相，这样不发达的交通，这样不发达的实业——我们哪里配排斥科学？①

从落后的中国需要科学，胡适便推出中国人需要“科学的人生观”，在学术上，这种推理并不符合逻辑，但在当时却是完全合理的。但“科学的人生观”是什么，胡适认为这次争论并未讨论，是一个“共同的错误”。从而，这里便生发出一个问题：如何可能用物理、生物甚至心理等科学因果律和决定论来解释种种不同的人生观，从而判断和建立“正确的”、“科学的人生观”呢？

显然，科学派于此无能为力。他们不可能用自然科学包括达尔文的进化论来解释人生观。胡适提出来的所谓“新人生观”的十项要点，也并不能真正证明它为何是“科学”的？即他们不能用因果律和决定论来说明解释各种人生观之所由来和“科学人生

① 《科学与人生观》序，第7页。

观”之所依据。到底如何才能解说人类社会的行为、道德、理想和“人生观”呢？

于是，已经接受了马克思主义唯物史观的陈独秀出场了。在他看来，丁文江、胡适等人的科学派由于并没有或未能解释“科学何以能支配人生观”，从而他们对玄学派的批评便只能是“以五十步笑百步”。陈指出，只说“科学的人生观”如何完满美好，并不能解决问题；更重要的是，只有科学地具体解释为玄学派强调的“良知”、“直觉”、“自由意志”，也仍有其具体的历史社会的根源，即这些反决定论的、非理性的东西也仍遵循着科学的因果规律，即“需客观上对于一切超科学的人生观加以科学的解释”，才能“说明科学对于一切人生观之威权”。这样，才能真正树立起科学的权威和科学的人生观的权威，这样才能彻底战胜玄学派。“方能使玄学鬼无路可走”①。这个“科学”，在陈独秀看来，当然就不是自然科学，也不是一般的科学精神、态度、方法，而只能是马克思主义的唯物史观。陈独秀说：

> 什么先天的形式，什么良心，什么直觉，什么自由意志，一概都是生活状况不同的各时代各民族之社会的暗示所铸而成！一个人生在印度婆罗门家，自然不愿意杀人；他若生在非洲酋长家，自然以多杀为无上荣誉；一个女子生在中国阀阅之家，自然以贞节为她的义务；她若生在意大利，会以多获面首夸示其群；西洋人见中国人赤膊对女子则骇然，中国人见西洋人用字纸揩粪则惊讶；匈奴可汗父死遂妻其母，满人初入中国不知汉人礼俗，皇太后再嫁其夫弟而不以

---

① 《科学人生观》，第36页。

为耻；中国人以厚葬其亲为孝，而蛮族有委亲尸于山野以被鸟兽所噬为荣幸者；欧美妇女每当稠人广众吻其所亲，而以为人妾为奇耻大辱，中国妇女每以得为贵人之妾为荣幸，而当众接吻虽娼妓亦羞为之。……

我们相信只有客观的物质原因可以变动社会，可以解释历史，可以支配人生观，这便是“唯物的历史观”。我们现在要请问丁在君先生和胡适之先生：相信“唯物的历史观”为完全真理呢？还是相信唯物以外像张君劢等类人所主张的唯心观也能够超科学而存在？①

胡适、丁文江鼓吹“科学的人生观”，陈独秀进一步要用“唯物的历史观”来作为基础建立科学的人生观。因为这种历史观不仅能用因果律、决定论解释一切的人生观、价值论，解释为“玄学鬼”宣扬不已的“直觉”、“自由”，而且还正是建立“科学的人生观”的依据。它一方面证明了“科学之威权是万能的”，另方面又证明人生观可以是“科学”的。在这里，事实判断（科学）与价值判断（人生观）也就完全混溶在一起了。所以，在论战中，马克思主义者是支持科学派反对玄学派的。当时邓中夏指出：

科学方法派大概都是学过科学的，他们的态度，第一步是怀疑，第二步是实证（拿证据来）；他们的主张，是自然科学的宇宙观，机械论的人生观，进化论的历史观，社会化的道德观（皆见胡适之上海大学演讲辞）……唯物史观派，他们亦根据科学，亦应用科学方法，与上一派原无二致。所

① 《科学人生观》序，第9—11页。

不同者，只是他们相信物质变动（老实说，经济变动），则人类思想都要跟着变动，这是他们比上一派尤为有识尤为彻底的所在。……总括起来，东方文化派是假新的，非科学的；科学方法派和唯物史观派是真新的，科学的。现在中国思想界的形势，后两派是结成联合战线，一致向前一派进攻、痛击。①

中国现代思想的历史逻辑似乎是，张君劢等“玄学派”在二十年代便提倡“新宋学”，强调“返求诸己”、内心修养等等，展现了“现代新儒家”的方向路线；而相信“科学派”的青年人则容易走向马克思主义。“玄学派”这条线上的是熊十力、梁漱溟、冯友兰、牟宗三②。“科学派”这条线则由陈独秀、瞿秋白等人替代了胡适、丁文江③。而用历史唯物主义解释人生观，正是为了指导人们去参与、去进行改造社会的革命行动，去具体安排自己的人生道路。马克思主义者把这场思想学术论战与阶级政治斗争的关联越发拉近了。邓中夏说：

东方文化派可以说代表农业手工业的封建思想（或称宗法思想），科学方法派可说是代表新式工业的资产阶级思想，唯物史观派可说是代表新式工业的无产阶级思想；这些思想都不是偶然发生的，……劳资两阶级尚有携手联合向封建阶级进攻的必要，换过来说，就是代表劳资两阶级思想的

① 邓中夏：《中国现在的思想界》，1923 年 11 月 24 日《中国青年》第 6 期。
② 参看本书《略论现代新儒家》。
③ 参看本书《试谈马克思主义在中国》、《漫说“西体中用”》。

科学方法派和唯物史观派尚有携手联合向代表封建思想的东方文化派进攻的必要。①

科玄论战之后，马克思主义在青年中得到更广泛的传播，而五四时期“赛先生”（科学）在这里和以后日益成了马克思主义唯物主义的代称；或者说，马克思主义日益作为科学为人们所理解、接受和信仰。意识形态（共产主义）与科学（唯物史观）成了一个东西。马克思主义作为意识形态与科学的融合，唯物史观以决定论的历史必然的因果关系来建立对未来共产主义社会的伟大理想，都非常适应于中国知识分子的实用理性的传统心态和传统精神②。马克思主义在五四运动中和以后不久，便迅速被人们特别是年轻一代所欢迎。它取代了上代人所崇奉、信仰的进化论。

人们在接受马克思主义以后，就立即运用起它来③，很快取得了许多成功。在学术领域中也如此。这一点在相距不到十年的下一场学术论战中便极清楚地展现出来了。

二 三十年代中国社会性质论战

如果说，紧接着五四的二十年代初期的科玄论战还是春天里的风雨，尽管雨狂风骤，却依然明媚宜人的话，那么，三十年代初期的中国社会性质问题的论战，却已是炎炎夏日的暴风雨了。那严峻的无情的批判音调比起科玄论战时的学者朋友间温情脉脉

① 邓中夏：《中国现在的思想界》，1923 年 11 月 24 日《中国青年》第 6 期。

② 参看本书《试谈马克思主义在中国》、《漫说“西体中用”》。

③ 参看本书《试谈马克思主义在中国》。

的讨论，简直是换了人间。也的确是换了人间，人间正在进行着你死我活的阶级搏斗。

1927年大革命失败后，共产党领导的红军仍在作战，并开始建立苏维埃政权。从莫斯科的共产国际到中国共产党的中央，有关方针、路线、政策、战略，有关革命的性质、对象、任务、动力，有过多次激烈争论。托洛茨基与斯大林、布哈林，陈独秀与瞿秋白、李立三、蔡和森……这种论争远远超出思想学术的范围，主要是场政治斗争。

正是在这个背景下，二十年代底三十年代初掀起了中国究竟是什么社会的激烈的学术争论。参加论战的有以陶希圣为代表的"新生命派"（以《新生命》杂志为代表基地）；有以《新思潮》杂志为基地的中共主力如王学文、潘东周、吴黎平的"新思潮派"；有托派阵地的《动力》派如严灵峰、任曙等人；还有其他一些自称不属于任何一派的讨论文章。这些讨论延续数年（大体约自1929年至1934年），发表文章约一百四十余篇，出版书籍三十余种①。参加讨论发表文章的有数十人，绝大部分是当时年轻一代的知识分子。其规模、内容、影响大大超过了科玄论战。

本文也不拟对这一论战作专题的细致研究，不拟涉及论战的多方面的内容和情况。仍只想作一点资料摘抄，从现代思想史的角度省视一下论战的实际主题及其方式。

主题集中在中国当时社会究竟是资本主义社会还是封建社会这一焦点上。不管是托陈派还是陶希圣派，强调的是中国社会的资本主义性质、因素和发展趋势。《新思潮》派则反复论证中国

① 参看高军编《中国社会性质问题论战（资料选辑）》，人民出版社，1984年，北京，以下简称《选辑》。

社会的封建性。有如当时有人概括的：

> 现在讨论的，就在封建关系和资本主义制度在中国经济中究竟谁占优势？他们发展的程度和性质，究竟是怎样？[①]

陶希圣是研究中国思想史和中国经济史的专家。他提出中国封建制度早已瓦解，地主阶级（通过士大夫）虽仍是中国社会的支配势力，但由于商业资本主义的向来发达（“周的末年，……商业资本主义已发达起来”[②]），“商人资本却成了中国经济的重心”[③]。“中国农民问题是资本问题的一面”[④]，“我认为中国农业是以资本为中心的，虽然有封建剥削的存在，不能因此就断定中国的社会形式是封建制度”[⑤]，“因此，中国社会是金融商业资本之下的地主阶级支配的社会，而不是封建制度的社会”[⑥]。

与陶希圣强调中国土生土长的商业资本主义从而中国近代社会与古代并无重大变化[⑦]不同，严灵峰、任曙等人强调的是近代中国社会在帝国主义的侵略下，已经成为资本主义社会：

> 中国社会经济结构虽是复杂，但资本主义的生产方法

① 伯虎：《中国经济的性质》，见《选辑》，第486页。

② 陶希圣：《中国社会的史的分析》，第32页。

③ 陶希圣：《中国之商人资本及地主与农民》，见《选辑》，第93、114页。

④ 同上。

⑤ 陶希圣：《中国社会经济之现在》，第4页。

⑥ 陶希圣：《中国之商人资本及地主与农民》，见《选辑》，第115页。

⑦ 陶希圣：“最奇怪的就是虽然和西洋通商将近百年，政治上经济上受了很大影响，而中国的社会的经济的构造，依然没有根本改变。”《中国社会的史的分析》，第32页。

和生产关系是居领导（亦即支配）的地位；整个社会的再生产行程要依赖于资本主义生产方式的经济部门之再行程的。中国社会内部主要的统治者是资产阶级，……换言之，中国目前是个资本主义社会。①

中国毫无疑义的是资本主义关系占领导的地位。②

在土地占有的关系上很普遍地是以货币购买土地的新式地主占绝对优越的地位，……而农民向这种地主出卖和租佃土地多半带有"自愿"的性质。……他们对于农民的剥削，不外把地租当做投资的利润和利息来看待的……其本质不外占取农民的剩余价值罢了……充分地表现了农业经济的生产很广泛地都是为市场而生产，也就是说农业生产都普遍的建立在商品生产的基础上的。③

结论：即中国资本主义也发展到了代替封建经济而支配中国经济生活的地步。④

与上述相反，《新思潮》派强调中国社会的封建性质：

所谓十八行省或二十一行省地方，多数乡村间，尤其内地的行省的多数乡村间的所谓农村经济的，大体仍是以自给自足为原则，农家自己需要的物质的生活资料由自家生产自家消费……商品生产无论其在农村与都市，都只是单纯商品

---

① 严灵峰：《中国经济问题研究》序言，见《选辑》，第8页。

② 严灵峰：《中国是资本主义的经济还是封建制度的经济?》，见《选辑》，第360页。

③ 严灵峰：《再论中国经济问题》，见《选辑》，第391—392页。

④ 任曙：《中国经济研究绪论》，见《选辑》，第455页。

的生产，前资本主义生产方式的，尤其是封建的半封建的生产方式的生产。……①

至于资本主义经济，资本家的生产方式，除去沿海大都市或少数地方外，我们在广大的中国土地中，很难看见。②

三种纳租形式中，最普遍的为产物纳租形式。中国大部分土地，都是采用这种形式……地主对佃农的剥削……至少也要占百分之四五十……佃农甚至把全部产物征纳地租还不够，可是地主有巨大的政治权力及多种压迫手段来强制佃农偿付。

总之，在封建剥削制之下，农民因"经济以外的压制"，强迫地需把全部剩余产品甚至超过这数量以上的部分，交纳于地主，并受许多附加的剥削。③

用超经济的压迫，以榨取剩余劳动。凡维护此种剥削方法的制度便是封建制度。④

从这里，引出的结论当然是："所以土地革命是数万万农民群众的切身的急迫的要求，是中国革命目前阶段上的中心问题，是中国资产阶级民主革命的关键。"⑤

但对于作出中国是资本主义社会性质结论的人来说，中国革命便主要革资产阶级或资本主义的命。"中国资产阶级的民主革

---

① 王昂（王学文）：《中国资本主义在中国经济中的地位其发展及其前途》，见《选辑》，第187、188、191、257页。

② 同上。

③ 同上。

④ 吴黎平：《中国土地问题》，见《选辑》，第239、240、243页。

⑤ 丘旭：《中国的社会到底是什么社会——陶希圣错误意见的批评》，见《选辑》，第121页。

命之完成，应走俄国十月革命的道路。中国的资产阶级，在城市及乡村中都与帝国主义经济及现在的土地关系有很密切的不可分离的联系……无产阶级没有与他们合作的可能。……无产阶级在取得政权的第二日即应进行没收中外银行及大工厂工业，打破私有财产制”①，“大可以作非资本主义的革命运动，追随先进的欧洲以驰驱于打倒资产阶级的战线之上”②。

论战中另一个与此密切联系、至关紧要的问题是帝国主义。正如论战各方都承认中国社会仍有“封建残余”，只是对这种“残余”所占地位估计很不一样，从而对社会性质的见地大相径庭一样，论战各方也都承认帝国主义的殖民经济已渗入中国以及中国农村，但对它的作用估计却很不相同。其中关键一点在于，帝国主义的入侵是阻碍中国民族资本主义的发展，还是在客观上刺激着或促进中国走向资本主义。

“中国本国的工业，不仅是由帝国主义所引起，而且是受帝国主义所支配。……帝国主义伟大的财政资本势力，却支配了中国经济，而且阻止中国资本主义的发展”③。“中国民族资本决没有发展的可能”④。因此，结论便是，要区别对待帝国主义与民族资本，主要要反对帝国主义。

但论战对方却认为，“中国自辛亥以来，没有一个军阀不勾结帝国主义，然而中国资本主义经济不断地向前发展，不但帝国主义的工业发展，即民族资产阶级工业也是发展”，“资本输出的

---

① 陈独秀等：《我们的政治意见书》，见《选辑》，第91页。
② 任曙：《中国经济研究绪论》，见《选辑》，第455页。
③ 伯虎：《中国经济的性质》，见《选辑》，第495—496页。
④ 杜鲁人：《中国经济读本》，见《选辑》，第855页。

结果，使许多后进国也踏进了国际资本主义的领域，确定了工业发展的根本诸条件。”[①]从而，结论便是无产阶级要反国内外一切资产阶级，即既反帝又反资。“无论中外资本主义，洋土资产阶级……应加以同一的看待，无所用其区别”[②]。

对于帝国主义与封建主义的关系，一方认为，“帝国主义在中国经过买办（或者不经过），利用地主、商人、高利贷者对中国农民实行封建式的剥削，同这些乡村中的封建势力结成同盟，拥护他们的统治，同他们共同宰割中国的民众”[③]；另方却认为“帝国主义本身是代表高度的资本主义势力，他对于封建的经济制度完全处于不可调和的矛盾地位。……在资本主义发展过程之中，封建势力只是起了消极的抵抗作用，而日趋于衰落”[④]。从而前者主张把反帝与反封建联系起来，后者却主要强调反帝反资。

很明显，这场论战具有尖锐的政治性质和政治内容，并直接为各自的政治纲领政治斗争服务，显示着极其强烈的党性，然而又仍然能够保持了一定高度的学术性和科学性。尽管论战中各方都有许多充满感情爱恶的抨击斥责，但仍然尽可能通过严格的逻辑推论和各种经验材料及统计数字来作出维护或攻击。论战各方对中国经济的许多方面、因素、成分作了相当具体的揭示和描述，并把这些材料提到马克思主义的理论高度来讨论。所谓“理论联系实际”的特征，在这次论战中很突出，学术讨论（科学）

① 严灵峰：《再论中国经济问题》，见《选辑》，第373、404页。
② 孙倬章：《中国经济的分析》，见《选辑》，第614页。
③ 刘梦云：《中国经济之性质问题的研究》，见《选辑》，第559页。
④ 严灵峰：《再论中国经济问题》，见《选辑》，第403页。

的现实目的性（意识形态和政治）异常明确。正如一位讨论者所说："……美国顾问当研究中国铁路经济的时候，他注意的是：中国铁路有多少，怎样不敷应用，从哪一城市到哪一省必需铁路，这许多铁路需要若干时间与若干金钱，订什么合同便可以得着这些金钱等等。而我们研究中国铁路经济的时候便是要注意：中国这些铁路是谁人的，负债多少，怎样收回铁路的主权，什么是帝国主义及中国军阀对铁路发展的障碍，怎样才能取消这些障碍，等等。"①

非常自觉地把科学研究、学术探讨与政治任务联系起来，非常自觉地着眼于生产关系又特别是所有权与政治的联系等等，而不是重视生产力的研究……这些都相当典型地呈现了当时人文学科的思想学术界左翼思潮的特征。"救亡"在三十年代初愈趋急迫，日本帝国主义侵占东三省后正虎视眈眈地窥伺华北，一切闲情逸致和悠散的时刻，一切学院派的"纯正"科学和"无利害关系"的学术探讨，在家国危亡之际，似乎都有玩物丧志之嫌。正因为整个局势的这种状况，有着一整套完备理论又能切实行动的马克思主义不仅没有因1927年共产党的失败而淹没退缩，刚好相反，它在青年一代中反而更加热烈地被接受、被传播、被欢迎。反射到思想学术领域，从历史学、经济学、哲学到文学艺术，马克思主义的影响和声势从二十年代末到三十年代，愈益扩大。这次论战也正是在这样一种思想背景下展开的。所以，论战各方，即使不属于中共或托派，甚至是共产党的反对者，都大体接受了马克思主义基本学说，并以之作为论证的理论依据。包括胡秋原、方亦如等人也如此。论战中各方共同使用如"帝国主

① 潘东周：《中国国民经济的改造问题》，见《选辑》，第308页。

义”、“封建制度”、“阶级关系”、“商品经济”等概念、词汇也基本上属于或遵循着马克思主义理论学说的范围。

可见，马克思主义在中国的传播，不仅表现在红军的现实斗争领域，而且也的确呈现在思想文化领域中。如果说，在科玄论战中，陈独秀还在呼喊要用唯物史观来解释人生问题和树立“物质一元论”亦即唯物史观的“科学人生观”，要求把信仰建立在马克思主义基础之上，在同辈学人中还相当孤立，那么，这次社会性质论战中，年轻一代却已把马克思主义作为他们的信念，并用它来解释有关“社会”、“人生”——被当年张君劢认为不可能用科学于其上的“生计学”（经济学）和历史学问题了。

论战中的各方显然以中国共产党《新思潮》派的论点论证最符合当时中国的现实。中国社会基本上建立在农村经济的基地上，而农村基本上仍是封建的土地制度即以地主对农民的超经济的地租剥削为主体；帝国主义开始侵蚀但并未瓦解更未消灭广大农村的自然经济；中国是那么大的国家，农村地域如此广阔，帝国主义和资本主义的经济影响和渗透毕竟还局限在沿海和大中城市的周围农村，远没有取得全部统治或主宰、支配地位。所以，半封建半殖民的社会性质的再次科学（学术）地被肯定①，从而反帝反封建的革命任务也就明确无疑了。这确乎是马克思主义原理结合中国当年实际的创造性的理论产物，也是这场论战的特大收获。这收获不仅是学术的，而且同时是意识形态性的。因为这一理论收获为当年苏区的土地革命和工农红军的存在发展，提供了科学论据，反过来也从上述革命实践中验证了这理论的真理性质。它为日后的中国革命奠定了“科学”的理论基础和信念

---

① 二十年代中共政策文件中已肯定了中国的这种社会性质及革命内容。

依据。

从中国现代革命思想看，五四运动后期，陈独秀、蔡和森提出建立共产党高扬救亡行动于思想启蒙之上，是第一个思想史的重要契机；而这次论战明确社会性质革命任务则是这一契机的继续发展，是纳启蒙于救亡轨道的现代思想史的第二个里程。如果说，科玄论战是号召人们建立“科学的人生观”以指导生活和有益于社会，那么这次论战却把这“人生观”更加具体化、革命化，即人们应为土地革命、为反帝反封建而生活而斗争了。“救亡”、“革命”的主题的音响在这里是更加急切强大了。它将支配、主宰一切。

几乎与这次论战平行，在历史学领域，郭沫若 1930 年发表了《中国古代社会研究》一书，开始了马克思主义在中国历史学界的胜利进军。二十年代享誉中国风行不歇的梁启超的历史研究法从此被挤到次要位置。用唯物史观来研究、解说中国古代历史和思想史的论著迅速不断涌现。相比于学院派（也就是胡适等“科学派”）的微观考据和细致研究的著作，它们显得很粗糙简陋。但它们在整体宏观把握上，在提出理论解释上，在主题的深入分析上，却显示了无可辩驳的吸引力和优胜处。其中像吕振羽的《史前期中国社会研究》以及后来的侯外庐的《中国古典社会史论》、《中国古代思想学说史》等等，便是在当时学术界别开生面、颇有水平的开创性著作。侯外庐晚年回忆说：

> 大革命失败以后，革命处于低潮时期，马克思主义者为了探索革命的前途，解决中国向何处去的问题，开始了对中国社会性质问题的研究。……理论界对中国现阶段究竟是资本主义社会、封建社会还是半殖民地半封建社会的问题展开

> 了争论。既然要争论这样一个涉及中国国情的问题，就不能不回过头去了解几千年来的中国历史。于是问题又从现实转向历史，引起了大规模的中国社会史论战。
>
> 这场论战范围很广，持续时间很长，争论的问题很多。我记得，大家争得最热闹的问题有这样几个：一是亚细亚生产方式问题；二是中国历史是否经过奴隶制阶段问题；三是何谓“封建社会”以及中国封建社会的历史断限和特征问题；四是所谓“商业资本主义社会”问题……经过论战，有些问题解决了，有些问题并没有得到比较一致的认识，至今仍在争论。①

所谓“至今”，是指八十年代的今天，关于“亚细亚生产方式”，关于古史分期（即中国历史是否经过奴隶制阶段、中国封建社会的历史断限和特征）目前仍在争论。只是现在的争论已经完全脱去当年论争的政治色彩和意识形态的意义，而成为纯学术的了。

在当年，这种纯学术却没有或不能存在。古史讨论也与讨论者的政治立场、背景，与现实政治斗争连在一起，而具有非学术性的意义。

本文不拟对古史分期讨论作具体介绍，而只想指出上述由时代所给予它的这一思想史的特征罢了。

也正因为此，尽管由于讨论者态度的严肃基本保证了这些讨论的学术水平和科学性质，但又毕竟不能不使这一性质和水平受到局限和影响。不但因为由于它们没有真正获得独立的“无利害

① 侯外庐：《韧的追求》，第222页，三联书店，1985年，北京。

关系”的学术（科学）地位，从而经常成为政治结论的从属物，而且也极容易以不公平或主观情感来抹杀和忽视了论敌中的合理成分和因素。就以《新思潮》派的论敌来说，陶希圣的商业资本主义说是完全错误的，它不符合中国的历史和现实，但他强调了商业资本在中国社会的长久的活跃传统，强调了士大夫阶级在中国地主社会中的极为重要的统治地位和统治功能，却显然是值得重视，需要进一步加以分析研究，而不能一笔抹杀的①。又例如严灵峰、任曙等人否认中国社会占统治地位的封建性，极大地夸张了资本主义在中国经济中的地位和作用，显然是极其荒谬、错误和有害的，它完全不符合中国的现实。但他们强调帝国主义不是阻碍民族资本的发展，而是在客观上促进中国的资本主义化，强调即使在军阀和国民党统治下民族资本主义仍将不断发展，却又是不容忽视的。相反，过分集中于论证土地革命，忽视资本主义因素（包括资本主义文化和知识分子群）在中国社会中的先进位置和不断增长，把一切论证集中在作为革命动力的农民身上，轻略了农民群体的落后性、封建性，以及因反对帝国主义而论证一切外国投资为经济侵略，都在理论上和实践上带来了缺陷。虽然这一切在当时的情况是正常的、完全可以理解的，但后来并未加以认真总结，以至在现实情况完全改变后，仍然肯定和“发扬”这种缺陷，这就在实践上和理论上带来了很大的弊病。同时，因为论敌在政治上的彻底错误和失败从而否定其学术上的一

① 中国数千年以自给自足的自然经济为基础，同时，商业（商品经济）也非常发达，特别是北宋以来，国内市场相当可观。这便是中国经济史上的重要问题，研究它对了解中国社会至关重要。陶希圣创办《食货》等在这方面做了一些很有价值的学术工作。

切，也阻碍了学术讨论和研究的正常开展，以至连当年这种激烈的学术讨论也不可能存在了。例如历史的五阶段论（原始社会、奴隶社会、封建社会、资本社会、共产社会——也是通过这次论战和中国古史争论在思想学术界被接受和传播的，直到近几年，才有微弱的异议呼声。这个公式之长期不容许怀疑，也正是因为它被政治的强光笼罩着。因为当年托派有人不承认中国古代有奴隶制阶段，于是任何否认中国奴隶制的学术观点便似乎是政治上的别有用心。亚细亚生产方式问题，也有类似的遭遇。也正因为这种种原因，一些学术上的基本科学要求，包括主要概念的严格含义分析（如“封建主义”、“奴隶制度”、“支配”、“领导”等词汇的确定意义）便做得很不够。例如所谓“半封建半殖民地”的“半”，究竟是什么意义，如何规定，有多少数量统计材料来作为根据，便从来没有进一步的研究、阐明，并且由于以后成为不容怀疑的政治结论，也就似乎不需要科学证明了。这些，显然并不符合科学精神，并不利于科学发展。但由于革命战争中意识形态在当时的重要性远远超过了科学，于是科学逐渐成了意识形态的恭顺仆从，甚至有时成为牺牲品。解放前后数十年，社会科学（经济学、法律学、政治学）较之人文学科（文、史、哲）远欠发达，作出的成果最少，也与此有关。社会科学的落后标志着也作用于中国现代史的进程特点，而这，恰恰又是传统的实用理性的再次表现。强调理论、知识、智慧为现实事务服务，一向缺乏并反对“为科学而科学、为艺术而艺术”的独立意识，本就是中国人的传统文化心理，这无疑在现代接受和造成上述状态中，也起了重要作用。

三　四十年代文艺民族形式论战

这里要谈的所谓第三次论战，很少有人论议，因为它并未形成如上述两次那样规模的论战局面。但在这个问题上的意见分歧和争论，由于富有深意和影响久远，需要特别把它提出来。

要谈的主要是表现在胡风的《论民族形式问题》一书中的论争。这本书大概是胡风著作中最有理论成就的一种。它的特点就在坚决维护五四的启蒙传统，反对简单地服从于救亡斗争；强调应把启蒙注入救亡之中，使救亡具有民主性的新的时代特征和世界性水平。尽管提出是在文艺领域，却具有广泛的思想文化意义。

胡风在书中批评了许多人，从郭沫若到周扬，从潘梓年、艾思奇、胡绳到光未然、何其芳、张庚，等等。其主要批评目标，则以向林冰（赵纪彬）为对手。书中摘引了向的许多论断。

胡风所要反对的是向林冰以"民间形式"为创造中国文艺的民族形式的"中心源泉"论。胡所摘引的向文如下：

> 新的民族形式的创造，不以民间形式的批判的运用为起点，不从旧形式的内在的自己否定中来发现新形式的萌芽，这完全是纯主观性的腾云驾雾的文艺发展中的空想主义路线……
>
> 民间形式……如果和革命的思想结合起来，则是有力的革命武器。因此，我们便看见了由低级形态向高级形态转化的具体化的具体路径及前者与后者的关联性。这就是说，民间形式的批判的运用，是创造民族形式的起点；而民族形

式的完成，则是运用民间形式的归宿；换言之，现实主义者应该在民间形式中发现民族形式的中心源泉。①

胡风是坚决反对这种论断的。他强调指出，“民间形式”作为传统民间文艺的形式，不能作为新的文艺的民族形式所据以革新、发展的基础或起点，民族形式的创造只有适应于当代中国民族的现实斗争的内容时才涌现出来，“民间形式”在这里又能起借鉴或“帮助”的作用。胡风说：

> 特定主义形式的崩溃就远远地落在产生它的特定社会存在的崩溃后面。如果文艺创作是为了真实地反映现实生活，并不能抛掉这原则去意识地发展某一固有形式。那么，文艺的发展就不是用“形式本身固有的”内的辩证法平行地去对应存在的发展，而要采用“跳的路线”（向林冰语）。新的文艺要求和先它存在的形式截然异质的突起的“飞跃”……
>
> ……新的文艺运动就有在世界观、内容一般的斗争之外，还得和作为形式本身的旧形式作斗争的必要，尤其是当旧的势力装出一个好像只反对新的形式，并不反对新的内容似的面孔的时候。②

更具体一点说，就是向林冰等人强调：流行在民间的传统形式，如章回体小说、旧戏、民歌等等不但可以“旧瓶装新酒”，

---

① 胡风：《论民族形式问题》，见《胡风评论集》，第221—222页，人民文学出版社，1984年，北京。

② 同上书，第227—228、229页。

成为新文艺的民族形式，而且它们本身还正是中国新文学一脉相承的民族传统：

> 今日所谓旧形式与五四时代的所谓旧形式，并非一物，当五四新文学革命时候所否定的旧形式，是“选学妖孽”、“桐城谬种”，其作为新形式而提倡者，如《水浒传》、《西游记》、《红楼梦》、《儒林外史》、《三国演义》等章回小说以及作为民俗学、格言学、历史学资料而搜集的，如歌谣、谚语、土腔、小调、民间传说等，正是今日“旧瓶装新酒”的通俗读物创作上所要应用的“旧形式”。①

胡风还列举了一些认为“五四运动以来的新文学是旧文学的正当的发展”（何其芳），“把章回小说改造成了更自由更经济的现代小说体裁，从旧白话诗词蜕化出了自由诗”（周扬），以及认为五四新文艺“割断了历史的优秀传统，割断了人民大众的联系”等论点，而加以反对。胡风坚决反对“民间文艺为中国文学的正宗”（向林冰）②的说法，认为五四新文艺在实践和理论上“不但和古文相对立，而且也和民间文艺相对立”③，不能仅仅看在同样使用“白话”这样一种纯粹外在形式上。“因为，所谓‘白话’，不过是构成文艺形式的基本材料，当没有通过创作者的一定的观点、看法之前，只能是自然状态的言语，一旦和创作者的一定的观点看法、五四精神的民主的科学的立场结合了以

---

① 胡风：《论民族形式问题》，见《胡风评论集》，第232页。
② 同上。
③ 同上。

后，就必然要成为一种新形式了”[1]。

这就是说，只有在“民主”与“科学”的五四精神的“观点看法”相结合后的白话，才涌现出新的民族形式。这种结合不是“旧瓶装新酒”，不是直接继承或运用固有的民间形式或民族形式，而是搬进来了西方（胡风用的是“国际”一词）文艺的内容和形式的结果。胡风强调的是，“使国际的东西变成民族的东西，后者被贯穿在前者里面”。“国际革命文艺形式之应该被接受，民间形式之不能被机械地搬用”[2]，成为他的主要论点。

总起来说，胡风认为应该内容（现阶段的现实斗争和革命性质）决定形式，而这内容，从五四以来，却是现代的、“国际的”。因此，文艺形式便不能是简单搬用和强调传统的或民间的“民族形式”：

> 民族形式不能是独立发展的形式，而是反映了民族现实的新民主主义内容所要求的、所包含的形式。……它的实际的过程也非得通过五四的革命文艺传统，把这个传统当做基础不可……把这个本质的方法上的内容看做“在中国文艺传统的发展上”的“异民族（!）的外来影响”（光未然），只能是“中学为体，西学为用”主义的再演。
>
> ……
>
> 民间形式的中心源泉论或旧瓶新酒主义本质上是反抗现实主义的，因为它违反了“内容决定形式”的原则，把艺术的构造看成了外部的机械结构，使它变成了毫无有机内容

① 胡风：《论民族形式问题》，见《胡风评论集》，第232页。

② 同上书，第258—261页。

> 的东西，使形式（体裁）转成了实体。①

这就是说，应该继承五四新文艺的传统，不仅在内容上，而且在形式上。因为五四新文艺的形式恰恰正是掌握了科学与民主的时代精神，即充满了新内容的民族形式。胡风明显地是在反对各种认为五四新文艺“欧化”、“西化”、“脱离群众”等等论点论调。

本来，即使今日，在广大的农村和农民大众特别是中老年人中，对“杨家将”、“水浒传”、“三国演义”的熟悉、喜爱和欣赏，恐怕也远远超过了鲁迅、巴金、茅盾。就是在广大中老年知识群中，对京剧、国画、旧体诗词的兴味也可能高于歌剧、西画、新诗、交响乐。今天还如此，更何况四十年前？所以，胡风要维护五四文艺传统，看来似乎是一件简单明了的事，其实却未必然。在实际中从而在理论上，所遇到的阻力异常强大。直到今天，不是还有这个问题吗？五四时期已经接受了的某些观念、思想、道德规范、行为准则以及审美趣味，不是在今天还被人们批评指责为资产阶级吗？被人们习以为常而加以赞扬肯定的多半不正是传统的东西吗？特别是躲在列宁关于一个民族有两种文化的理论框架中，反对外来文化，大捧民间文艺，不是至今还可见么？……

那么，究竟如何看待传统的民间文艺呢？向林冰认为：

> 民间文艺既不是纯粹的封建意识形态，又不是纯粹的大众的前进意识形态，而是在自己的内部存在着两个对立的

① 胡风：《论民族形式问题》，见《胡风评论集》，第258—261页。

> 契机或两个可能的前途的矛盾的统一物。民间文艺的出现是封建社会自己矛盾的产物，民间文艺在抬头是封建社会自己炸裂的指标。总之，他是封建文艺的对立物。①

当然，如胡风所摘引，向林冰以及其他强调民间形式的诸论者也都承认、揭示甚至强调民间文艺有其落后面、阴暗面，如宿命论的大团圆、维护封建权威、歌颂封建道德、缺乏战斗性革命性等等，但基本都肯定了民间文艺的形式本身，如故事化、情节化等等。胡风却认为，就连这种文艺的外在形式本身，也烙上了封建社会的内容印记。他说：

> ……这种“故事化”正是由于……封建的认识方法（对于历史和人的认识方法）的观念性结果：“叙述一件事物，必先照事物的原有顺序，依次叙述……而且每件事实，都要有因有果，有首有尾……如新形式中的突然而来戛然而止的笔法，是绝无仅有的”，这种“直叙法”也正是在封建农村的社会基础上所形成的认识方法的限界，看人从生看到死，看事从发生到结束，宿命论或因果报应的思想就是它的根源。②

甚至包括语言。“……叠字格、重句格、双关语看成了至宝，说这些……‘是中国语言文字的特殊性之特殊的发展’，‘运用这样的语言，是会使文章增加民族性和艺术性的’，他不懂，

---

① 胡风：《论民族形式问题》，见《胡风评论集》，第238页。

② 同上书，第242、265、270页。

这样的语言正是封建生活情调的反映”①。因之，胡风主张，“我们所要求的‘欧化’，正是新生的‘民族’语言的成分，能够而且应该成为创造民族形式的活的语言的性格之一。”②

那么又如何看待人民大众的“喜见乐闻”呢？

向林冰说：

> 喜见乐闻应以习见常闻为基础。……当我们以自己作风上自己气派上的民间形式为中国作风与中国气派的民族形式的中心源泉的场合，是意味着文艺脱离大众的偏向的彻底克服……彻首彻尾在习见常闻与喜见乐闻的统一形式之下，配合着以大众为主体的抗战建国的政治实践的发展，创造出大众文艺的民族形式来。③

向林冰等人认为五四新文学和“五四以来的新兴文艺形式”脱离广大群众，“未能普遍地走入大众”，“完全变成了少数近代化知识分子的专利品”，“所以在创造民族形式的起点上，只应置于副次的地位”④。

胡风则强调人民大众的“喜见乐闻”和“习见常闻”应该是“生活存在里的隐藏着甚至是原来常常被大众自己拒绝的、战斗的欲求。前者必须服从后者。进步的文艺所评价的、所要求的、所应高扬的，正是后者而不是前者。对于大众的欣赏力，应

---

① 《论民族形式问题》，见《胡风评论集》，第242、265、270页。
② 同上。
③ 同上书，第248页。
④ 同上书，第249、250、251、252、254页。

该服从反映生活真理的原则。”①“只看见‘农民占绝对多数’，就以为它会在文艺创造上‘起着决定的作用’，因而向自然生长的民间形式或农民的欣赏力纳表投降，……绝对无从完成什么重要的任务”②。

一个强调大众化、通俗化，强调文艺形式要适应广大农民的“习见常闻”和“喜见乐闻”；一个强调“习见常闻”或“喜见乐闻”也必须建筑在新时代（抗日民族解放战争）内容的需要和欲求上。从而前者把“民间形式”作为源泉，而置五四新文艺形式于“副次”地位；后者则强调五四新文艺从内容到形式都是正宗，民间文艺及形式只能起“帮助”的次要作用，“不能同意把民族形式还原为大众化或通俗化”③。

分歧是明显而尖锐的。也如胡风所说，这次关于民族形式问题的讨论，“不是一个单纯的形式问题”④，实质上是关系到整个“新民主主义文化”的具体发展途径。胡风强调的是应从现实斗争的内容出发来与大众结合，“为提高大众的认识能力而斗争”。

胡风从其所了解和坚持的鲁迅传统，一贯强调文艺不但要与敌人作斗争，而且也要不断揭发中国“国民性”的弱点和病态，即揭出人民群众中的“精神奴役的创伤”。他的整个理论的重点的确是“启蒙”，是“化大众”，而不是“大众化”。由此出发，他对“民间形式”采取了忽略、排斥以至虚无主义态度，对中国文艺的历史传统，也有类似的态度或倾向。他过分强调“内容决

① 《论民族形式问题》，见《胡风评论集》，第249、250、251、252、254页。

② 同上。

③ 同上书，第274、276页。

④ 同上。

定形式”，抹杀了形式本身所具有的相对独立的性质，作出中国文艺传统的“故事化”形式本身也有其封建主义“宿命论或因果报应”的根源之类的论断。对通俗化、大众化、习见常闻或喜见乐闻，采取了轻视的态度。

但是，从整体说，胡风确是五四新文艺传统的捍卫者，是着重于继续吸收外来文化的营养包括欧化语言和形式，结合中国现实社会斗争来创造民族文艺及其形式的代表。他注意“启蒙”，注意暴露“国民性”，注意文艺的形式也必须具有新的时代的性质和特征。他无疑在理论上是更为正确的一方。

但关键却在于当时中国的政治斗争形势。解放区在迅速地扩大，八路军新四军的力量飞速加强，中共领导下的广大农民和农村在开始进行着翻天覆地的变化。如何进一步动员、组织、领导农民进行斗争，成了整个中国革命的关键。从而，文艺如何走出知识分子的圈子，自觉地直接地为广大农民、士兵及他们的干部服务，便成了当时焦点所在。要领导、提高他们，就首先有如何适应他们（包括适应他们的文化水平和欣赏习惯）的巨大问题。从民歌、快报、说书到旧戏、章回小说，“民间形式”本身在这里具有了某种远非文艺本身（特别是非审美本身）所必然要求的社会功能、文化效应和政治价值。从当时的政治角度看，要进行革命的宣传和鼓励，“旧瓶装新酒”和通俗化、大众化便是十分重要甚至是首要问题。

只有在这具体的历史背景下，才可能理解胡风所反对或批评的对方，为何绝大多数是中国共产党的文艺家、理论家，才可能理解胡风所希图维护的五四新文艺传统及其“启蒙”精神再一次必须为“救亡”主题所战胜，也才可能理解毛泽东《在延安文艺座谈会上的讲话》的历史性的意义和地位。

毛的讲话在1942年，是胡著初版发表后一年半。显然延安也有类似的论争。据后来一些人的回忆，当年由上海等大中城市去延安的知识分子所带去的高级文艺，包括托尔斯泰、契诃夫、易卜生等等，根本不受包括红军战士、干部在内的广大农民大众的欢迎，不适合他们的理解、口味、兴趣和欣赏习惯。文艺究竟要创作些什么，如何创作和为什么创作……成为当时的尖锐问题。于是，终于有座谈会的召开，有毛的讲话和结论。这个讲话一锤定音，从此成了中国革命文艺的理论经典。

毛的讲话可说实际是这次论战的结论。尽管目标并不一定是胡风，也远远不只是论"民族形式"，但其精神实质和基本倾向，却与胡风恰好是对立面。

毛指出讨论文艺工作必须从当时抗日现实斗争的实际出发，所以他首先是以一个政治家的立场，从领导革命、指挥社会现实斗争的全局角度出发，来规范和要求文艺的内容和形式的。讲话的"引言"中首先提出文化和文艺的目的性，明确规定革命文艺是"团结自己、战胜敌人"的"文化的军队"，有着与"拿枪的军队"同样的目的和功能。从而提出了"文艺工作者的立场问题，态度问题，工作对象问题，工作问题和学习问题"。文艺"为什么人"是中心主题。"为什么人的问题，是一个根本的问题，原则的问题。"毛泽东指出，当时的革命文艺工作者"都有某种程度的轻视工农兵、脱离群众的倾向"。毛批评一些文艺工作者，"不爱他们（指工农兵）的感情，不爱他们的姿态，不爱他们的萌芽状态的文艺（墙报、壁画、民歌、民间故事等）……"毛说，"在教育工农兵的任务之前，就先有一个学习工农兵的任务。提高的问题更是如此。……只能是从工农兵群众的基础上去提高……"

> 现在工农兵面前的问题，是他们正在和敌人作残酷的流血斗争……迫切要求得到他们所急需的和容易接受的文化知识和文艺作品，去提高他们的斗争热情和胜利信心，加强他们的团结，便于他们同心同德地去和敌人作斗争。对于他们，第一步需要还不是“锦上添花”，而是“雪中送炭”。……

毛也讲了提高的必要和重要，但指出毕竟“普及工作的任务更为迫切”。显然，这都不是从文艺特别不是从审美出发，而完全是从政治需要出发，从当前的军事、政治斗争要求出发。所以毛接着强调了文艺的功利性、政治标准第一，批评了“人性论”、“人类之爱”、“暴露”人民大众的黑暗等等观点。

这是站在比文艺本身规律“更高”一层的社会政治角度来谈文艺。之所以说“更高”，是因为就当时的社会现实和人民生活说，无论如何，有比文艺更根本更重要更紧迫的任务和工作。这就是“救亡”——赶走日本帝国主义。一切“启蒙”也必须服从和服务于这个头号主题。因此，文艺应该为此服务而别无目的，便很自然地提了出来；并以此为标准，结合解放区斗争的实际，必然要求文艺为工农兵及其干部服务，要求文艺工作者“深入现实斗争”、“改造世界观”、“学习马列主义”来“歌颂人民”、“团结人民”、“打击敌人”。“对于人民，这个人类世界历史的创造者，为什么不应该歌颂呢”？

胡风并不也没有反对这些。但是，既然如此，就不能够有任何忽略、轻视、贬低工农兵大众所“习见常闻”、“喜见乐闻”的传统文艺形式和民间形式，就不能强调去揭示人民群众的“精神奴役的创伤”，而是要发掘、揭示人民大众创造历史、奋勇斗争的“本质”力量，并通过他们所喜见乐闻的形式表达出来，为他们所接受所欢迎，才能起上述革命功利性的战斗作用。

比起来，胡风虽然强调现实主义，强调生活、斗争，强调从内容出发，但他多半是从文艺自身特殊规律（包括审美规律在内）来谈论的。因此在毛的讲话面前，便显得远为单薄、迂阔、空洞而不切于事情了。胡风这些理论，如“精神奴役创伤”论、“反民间形式”论在当时紧张的政治、军事斗争形势下，并不为很多人所重视；除了在小圈子内，基本上没有发生什么重要作用或影响。

毛的讲话则统治了中国现代文艺实践和理论三四十年。截至前几年，还几乎一字未可更易。所以，建国以来的三十年，强调民间形式和传统形式，便成为占统治地位的理论。毛自己便具体说过新诗应以传统的旧诗和民歌为基础。以至有人以为凡“民族形式”就是指某些具体的传统形式和民间形式，就是大屋顶、故事化、格律诗、民族唱法、民间舞蹈。戏曲、国画、旧体诗词、传统手工艺空前繁荣，盛极一时。与此相映对，油画、自由体诗歌、国际美声唱法、交响乐、爵士音乐、芭蕾、现代派造型艺术和文学……却处在或排斥、或轻视、或贬低、或相形见绌的位置。五十年代初演出《和平鸽》舞蹈时，便有“大腿满台跑，工农兵受不了”的批评，同时也就有对所谓“小资产阶级思想”的批判。这一切都与四十年代开始流行的“中国化”的理论主张与上述“民间形式”问题的讨论，是有直接间接的联系的。强调与工农兵的一致和结合，包括对民间形式以及传统的高度评价，构成了这个“中国化”的有机组成部分。它随着中国革命的胜利而日益巩固化、定型化和偶像化，并一直延续了下来，以至今天我们对待西方文化的某些态度和观念，比之五四和三十年代，似乎还要保守。

历史就是这样的残酷无情，总要以牺牲来换取前进。中国革命的道路既然是农民为主体的土地革命，一切就得服从于它，并为此服从而付出代价。值得注意的倒是，传统实用理性的文化心理构架使广大知识群安然地接受了和付出了这一代价。

*　　　　*　　　　*

抄录三次论战的一些资料是为了从思想文化角度看看五四课题的延续。三次论战倒恰好包括了哲学（科玄）、历史（中国现代和古代社会性质）和文艺（民族形式）等基本人文领域。从以上材料，可以看出，上篇中提出的“救亡”主题压倒“启蒙”主题在思想文化学术领域内的一些具体过程和情况。与这三次学术论战大体平行或略先，中国的革命知识分子由二十年代寻找和建立唯物史观的“科学的人生观”，到三十年代明确以反帝反封建为任务，到四十年代与工农兵相结合，人生观和人生道路是一步步地具体化和深化了。这三次论战倒恰好象征性地在学术上反映了这条人生的道路和心灵的历程。这条人生道路的确取得了巨大的成功，也付出了深重的代价，其中便包括付出没能自由地、及时地在学术上继续深入思考和讨论这些问题的代价。这三次论战的基本主题或相关问题，如科学是否或如何作为人生观，中国古代和现代社会性质究竟如何，它将往何处去，以及如何对待“民间形式”，如何对待传统与外来文化，如何正确理解与工农相结合等等，仍然是人们所面临所考虑所争论的问题。因[illegible]在今天完全崭新的条件下，如果能获得对历史和现实的清醒[illegible]我意识，认识它的成就和缺陷，也许能使五四的交响乐章重新[illegible]重新开展为全新的雄伟乐曲。这，不正是我们走向明天所应[illegible]真思考的思想史的课题么?!

（原载《走向未来》1986 年第 2 期）

胡适　陈独秀　鲁迅

五四是一个群星明灿、人才喷涌的时期，许多人在历史上留下了名字，不仅在当时而且在以后还有持久影响的也不少。其中，胡适、陈独秀、鲁迅，无疑是屈指先数的前三名。

一　提倡白话文与新范式

胡适以26岁的青年，在《新青年》首倡白话文学，同年归国任北京大学教授，积极参加和领导了当时新文化启蒙运动，“暴得大名”并终身显赫。

1916年他从美国寄回的《文学改良刍议》所提出的八项主张是：“（一）须言之有物；（二）不模仿古人；（三）须讲求文法；（四）不作无病之呻吟；（五）务去滥调套语；（六）不用典；（七）不讲对仗；（八）不避俗字俗语。”这个非常平淡的“八不主义”，却居然成为五四时期掀起巨浪狂风的白话文运动的第一炮。

胡适当然不止于提出“八不”，而且也在一片嘲讽讥笑中努力提倡了白话诗的创作。他自己率先“尝试”，不顾成败，尽管作品的确很不成功[1]，却毕竟带了头。接着便涌现了康白情、沈尹默、俞平伯、冰心、郭沫若等第一批新诗作者。

所以，胡适是开风气者。开风气者经常自己并不成功，肤浅浮泛，却具有思想史上的意义。胡适当时给白话文运动的思想理论依据便是一种相当浮浅的“历史的”观念：

“一言以蔽之，一时代有一时代之文学。……古人已造就古人之文学，今人当造就今人之文学。……观古今文学变迁之趋势，以为白话之文学种子已伏于唐人之小诗短词。……自宋以来，虽见摒于古文家，而终一线相承，至今不绝”[2]。这大概便是他后来写《白话文学史》的张本，即为白话文学找一个传统的基础和依据。但是，形势超过意想，现实的要求比历史的依据更有力量。一年之后，胡适便提出“要替中国创造一种国语的文学”。明确要以能“表情达意”即表达现在人们的思想情感的白话文学，来与“死文字”的文言文学相对立相对抗：

> 我并不曾说凡是用白话做的书都是有价值有生命的。我说的是，用死了的文言决不能做出有生命有价值的文学来。为什么死文字不能产生活文学呢？……一切语言文学，作用在于达意表情，达意达得妙，表情表得好，便是文学。那些用死文言的人，有了意思，却须把这意思翻成几千年前的典故；有了感情，却须把这感情译为几千年的文言。……

---

① 如他自己多次征引以为“可称得我自己的新诗进化的最高一步”的如“热极了／更没有一点风／那又轻又细的马樱花须／动也不动一动”《胡适文存·尝试集再版自序》1 集，卷 1，第 288 页。

② 《胡适文存·历史的文学观念论》1 集，卷 1，第 48 页。

> 请问这样做文章如何能达意表情呢？既不能达意，又不能表情，哪里还有文学呢？①

到1919年，胡适总结白话文的胜利时，便更加明确了文字形式与文学内容的辩证关系，由“八不”的形式改革进到“新精神”的内容联系：

> 文学革命的运动，不论古今中外，大概都是从“文的形式”一方面下手，大概都是先要求语言文字文体等方面的大解放。欧洲三百年前各国国语的文学起来代替拉丁文学时，是语言文字的大解放；十八世纪法国嚣俄、英国华次活等人所提倡的文学改革，是诗的语言文字的解放；近几十年来西洋诗界的革命，是语言文字和文体的解放。这一次中国文学的革命运动，也是先要求语言文字和文体的解放。新文学的语言是白话文，新文学的文体是自由的，是不拘格律的。初看起来，这都是“文的形式”一方面的问题，算不得重要，却不知形式和内容有密切的关系。形式上的束缚，使精神不能自由发展，使良好的内容不能充分表现。若想有一种新内容和新精神，不能不先打破那些束缚精神的枷锁镣铐……②

胡适反驳了那些故意贬低白话文运动的论调，那些论调认为这只是形式改革，即不过是文言改白话，文学革命重要的是内容，等等。胡适说：

---

① 《胡适文存·建设的文学革命论》1集，卷1，第82页。

② 《胡适文存·谈新诗》1集，卷1，第233—234页。

……说文学革命决不是形式上的革命，决不是文言、白话的问题，等别人问他们所主张的革命大道是什么，他们可回答不出了。……我们认定文字是文学的基础，故文学革命的第一步就是文字问题的解决……先要做到文字体裁的大解放，方才可以用新思想新精神的运输品。①

这比较清晰地讲出了形式变革和形式解放的巨大意义。白话文运动带来的确乎远不只是文学形式甚至也不只是文学新精神的问题，它反映和标志着中国现代的民族觉醒。的确有如欧洲书面语言从拉丁文解放出来而发展成各国文字一样，五四时期的白话文运动把书面语言从少数人垄断下的陈陈相因的局面下解放出来，成为能迅速反映和代表广大人民说理抒情的有力工具。所以，立刻就受到了广大学生、青年和知识界多数人的拥护、赞同和支持。白话文被激情地接受和热烈地传播开来，它一往无前，势如破竹，一切腐旧势力均无可抵挡，即使由留学欧美深通西文的教授学者出马阻挡，也无济于事。1919 年一年之中就有四百种白话报刊如雨后春笋似地出现，1920 年北京的教育部终于决定中小学开始使用白话的语文教材。过了几年，当上教育总长的章士钊也不得不承认“天下悦胡君之言而响之者众”！“举国趋之若狂”②，以致痛斥当时青年们“以适之为大帝，绩溪为上京，遂乃一味于《胡适文存》中求文章义法，于《尝试集》中求诗歌律令，目无旁骛，笔不暂停，以致酿成今日的底他它吗呢吧咧之

---

① 《胡适文存 · 尝试集自序》1 集，卷 1，第 284 页。

② 章士钊：《评新文字运动》，见张若英编《中国新文字运动史资料》，第 237 页，光明书店，1934 年，上海。

文变。”[1]

这表明胡适在当时风靡中国的情况。以《胡适文存》为例，初版于1921年，八年之中印行十二版，四万七千部，1930年又重排第十三版。《尝试集》1920年出版，两年之内，增订四版。胡适还翻译了好些短篇小说，情文并茂，也一直畅销。章士钊把“的底他它吗呢吧咧之文变”归罪胡适，其实不知道这是当时整个局势才使白话文运动能发展得这样迅速和顺利。胡适曾指出过陈独秀在提倡白话文运动中的重要作用。但更重要的是，当时整个新文化启蒙运动和爱国救亡运动携手同行的时代新内容，需要白话文作为它的必要形式。白话文作为工具和武器，极大地加速了启蒙新文化运动的宣传鼓动力量和社会影响局面，也极大地帮助了学生爱国救亡运动与民众的大联合。当时大量的具有政治性质的宣传鼓动文章便如此。青年一代有了这个文字形式的新武器和使用这种武器的范例，于是大家大胆破旧，勇于创新，达意表情，痛抒胸臆[2]。正是当时中国的这种政治形势和思想文化形势，使五四的白话文运动不像晚清小说和白话文那样影响很小，更没有如严复所预测的那样，将如“春鸟秋蝉”，“自鸣自息”，无人响应。中国近现代历史以政治为核心和车轮的特征，即使在文学形式的变迁上也起了主宰作用。没有五四学生运动，白话文不会如此迅速地取得决定性的胜利；而没有白话文运动，五四也不会有那样的规模、声势和影响；它们相辅相成地造成了现代史的新序幕。但是，在这个以喜剧形式出现的戏剧中，实际却蕴藏

---

① 章士钊：《评新文字运动》，见张若英编《中国新文字运动史资料》，第229页。

② 参看本书《启蒙与救亡的双重变奏》。

着无可逃脱的深刻悲剧：形式没有取得应有的现代独立性。胡适曾想分开启蒙与救亡，这不但根本没办到和办不到，而且也说明他并不了解白话文运动及其倡导者自己之所以能在思想史上拥有如此地位的真实历史原因。历史向来就这样嘲弄着人们。

胡适在中国现代思想史上的第二个主要贡献，是给当时学术界以破旧创新的空前冲击。这主要是他 1919 年 2 月出版的《中国哲学史大纲》上卷和以《红楼梦考证》为代表作的一系列历史考证和研究论著文章。

哲学是时代的精华，哲学史是民族的魂灵。尽管胡适在旧学根柢、新（西）学知识、思想深度、理论突破等各方面都属中等水平，并不高明，甚至还远逊其同辈、先辈、后辈中的好些人[①]，但他却又是出来打头炮的。胡适的《中国哲学史大纲》第一次突破了千百年来中国传统的历史和思想史的原有观念、标准、规范和通则，成为一次范式性（Paradigm）的变革[②]。但这种范式性的变革，与其说是学术性的，毋宁说是思想性的。因为在真正学术意义上，有如金岳霖所说，胡适的书好像是“一个研究中国思想的美国人”写的，“兼论中西学说的时候，就不免牵强附会”[③]，在学术上并没有真正新的开创，并没有建立能为后人继续扩展开拓的理论范式或基本范例，甚至这本书很快便已不堪卒读。但是，在思想变革上，在与当时政治休戚相关的思想意义上，它却

---

① 中国现代曾出现王国维、陈寅恪等史学巨匠以及如顾颉刚、汤用彤、钱穆、金岳霖等等，在学术上，都非胡适所能比拟。但他们在思想史上的地位却远不能与胡适相比。这就是思想史与学术史的区别。

② 参阅余英时《中国近代思想史上的胡适》，联经出版事业公司，1984 年。此书强调了胡适所作出的学术上的范式变革。

③ 金岳霖：《冯友兰中国哲学史审查报告》。

与白话文运动在文学形式上所发动的冲击一样，的确起了典范的意义和前驱的作用。所以，经历了六十年的风风雨雨，今天这一点仍然被承认着：

> 五四前夕，胡适出版了《中国哲学史大纲》（上卷），这本书得到了当时提倡新文化的进步人士蔡元培的赏识，随后又得到社会上的广泛重视……胡适打破了封建学者不敢触及的禁区，即经学。“经”是圣贤垂训的典籍，封建社会的一切成员，只能宣传它，解释它，信奉它，不能怀疑它，不准议论它，更不能批判它。尧、舜、禹、汤、文、武、周公、孔子都是圣人，只能膜拜，不能非议，这是封建社会的总规矩（西方中世纪对《圣经》也是如此）。据当时人的印象，读了胡适的《中国哲学史大纲》，使人耳目一新。……当时人认为“新”的地方，主要在于它不同于封建时代哲学史书代圣贤立言，为经传作注解，而敢于打破封建时代沿袭下来的不准议论古代圣贤的禁例。他把孔丘和其他哲学家摆在同样的地位，供人们评论，这是一个大变革。①

胡适后来曾总结此书，其中两条是：一是从老、孔讲起，一是将孔子与诸子平列。正是这两点从思想上，而不一定在学术上，对当时起了震撼的作用。纯从学术讲，老、孔前的思想包括周公“制礼作乐”的研究考证（如王国维在《殷周制度论》）便仍然重要；但从思想上，甩开尧舜禹汤文武周公，在当时思想文化界却的确是一件惊天动地的事。而这种思想又是通过学术，通

① 任继愈：《学习中国哲学史的三十年》，《哲学研究》1979 年第 9 期。

过大学讲堂上传达出来的，便具有某种“科学”的形式。尽管胡适这本书在今天已完全过时，远不及王国维那些古董更有学术价值，但它所具有的上述思想史的价值，却是王国维等人的著作所没有的。胡适在这里，正如梁启超在晚清一样。梁的思想极不深刻，也毫无创见，但他在晚清宣传了输入了西方资本主义的新空气，使人们思想得到了极大的启发和解放。胡适把这种新空气具体地吹进了学术殿堂。于是，紧接着跟上来了一批学人。

梁启超老将一马当先，支持胡适。他跟在比自己小二十岁的胡适之后，不仅作白话文，而且积极参与这种胡适称之为“整理国故”的新的学术活动，发表、出版了许多学术著作，与胡适进行广泛的学术讨论，梁启超由晚清的著名政治家、宣传家，成为二十年代有广泛影响的学术人物。

当然，受胡适直接指导和影响、崛然兴起的是年轻一代，特别是以顾颉刚为代表的“疑古派”的历史研究工作。顾在《古史辨》自序中回忆他在胡适上述中国哲学史的讲堂上所受到的思想震动：“这一改把我们一班人充满着三皇五帝的脑筋骤然作一个重大的打击，骇得一堂中舌挢而不能下。许多同学都不以为然，只因班中没有激烈分子，还没有闹风潮。我听了几堂，听出一个道理来了。对同学说，他虽然没有伯弢（即陈汉章）先生读书多，但在裁断上是足以自立的。”①

1921年，胡适给顾颉刚信说：“大概我的古史观是：现在先把古史缩短二三千年，从诗三百篇做起，将来等到金石学、考古学发达上了轨道以后，然后用地底下掘出的史料，慢慢地拉长东周以前的古史。至于东周以下的史料，亦须严密评判，‘宁疑古

---

①《古史辨》第1册，第36页，朴社，1926年，北京。

而失之，不可信古而失之’。”[①]

在史书成千上万、资料极端丰富的中国，要开始新的近代科学研究，首先采取怀疑的态度和方法，来仔细甄审材料，并以地下的实物与文献来印证，这在当时不但是崭新的见解，而且也不失平稳的学术态度。但是，在当时，这种态度，其思想意义却大于学术意义。激进的钱玄同曾主张废姓，他强调“研究国学的第一步便是弃伪”[②]，这主要就是要对千百年来被看做神圣典籍的“六经”发动攻击：“我以为推倒‘群经’比疑伪‘诸子’尤为重要”[③]，因为，“‘经’则自来为学者所尊崇，无论讲什么，都要征引它，信仰它。”[④]并且，即使“六经”中不全伪，我们也“不能因其为真书，就来一味的相信它”[⑤]。“以前的人们总受着许多旧东西的束缚……时时要奔赴腕下，驱之不肯去，所以无论发挥怎样的新思想，而结果总不免有一部分做了前人的话匣子”[⑥]。可见，学术的“疑古”是为了思想的解放。学术与意识形态在现代中国一开始不但纠缠在一起，而且后者总是要求和驱使前者服务和服从自己。

顾颉刚正是在胡适、钱玄同等人的这种思想引导下来搞古史辨伪工作的。他说：“要是不遇见孟真（傅斯年）和胡适之先生，不逢到《新青年》的思想革命的鼓吹，……要是适之、玄同两先生不提起我的编集辨伪材料的兴趣，奖励我的大胆假设，我

---

① 胡适：《自述古史观书》，《古史辨》第1册，第22—23页。
② 《古史辨》第1册，第52、103页。
③ 同上。
④ 同上书，第41页。
⑤ 同上书，第232页。
⑥ 同上。

对于研究古史的进行也不会这般的快速。”①

《古史辨》成绩斐然，在七大册中提出了一大堆中国古代史的重要问题，这是学术成就，并不只是意识形态的工作。尽管许多具体结论、观念今天都已过时，但它毕竟替中国现代史学脱开旧模式旧观念打下了基础。尽管以后不一定再疑古再辨伪了，但那近代学院式的细密考订的科学精神、实证态度和微观方法，却日益丰富发展了。它的学术的和意识形态的双重影响，一直延续到以郭沫若为代表的马克思主义史学逐步进入史坛之后。

胡适在中国现代思想史的第三个但并不成功的贡献，是他企图在哲学上介绍和提倡一种认为能普遍适用的方法论，这就是杜威的实用主义。胡适对杜威哲学并不很了解，他所提出并且影响最大的，是他从内容到形式都予以中国化的“实验主义”。这实验主义又以他概括的所谓“十字真言”（“大胆的假设；小心的求证”）为最通俗、最著名：

> 实验主义只是一种方法，只是研究问题的方法。他的方法是：细心搜求事实，大胆提出假设，再细心求实证。②

胡适认为这种方法，清儒考据学家便已具有：

> ……我想上文举例很可以使读者懂得清代学者的治学方法了。他们用的方法，总括起来，只是两点：(1) 大胆的

---

① 《古史辨》第1册，第80页。

② 《胡适文存·我的歧路》2集，卷3，第99页。

假设；（2）小心的求证。假设不大胆，不能有新发明；证据不充足，不能使人信仰。①

胡适虽然竭力介绍了一些杜威的真理论、思维术等等，但真正在中国学术界留下了思想痕迹的，却仍是他这简要的“十字真言”。甚至包括熊十力在内，也认为：“在五四运动前后，适之先生提倡科学方法，此甚紧要。”②

那么，这个方法到底给中国学术界留下了些什么呢？是否对自然科学家从丁文江到杨振宁有所影响呢？似乎还没有人认真研究过。对同时代巨匠王国维、陈寅恪的关系，也并不很清楚。杜威对中国教育界的影响则另有途径，并非来自胡适。胡适的学术影响主要在文史领域。在这个领域，胡适自己以及所谓“胡适派”的许多人的工作，却多半表现为一些细枝末节的考证、翻案、辨伪等等。例如胡适写的《井田辨》、《尔汝篇》、《吾我篇》，给王莽翻案、给李觏立案、疑屈原、崇费密等等，当然还有那著名的《红楼梦考证》开一代新红学。但就总体来说，胡适以及“胡适派”的学者们对中国通史、断代史，或思想史、哲学史，都少有具有概括意义的宏观论点、论证或论著。这倒正如胡适自己所标榜的：

实验主义注重在具体的事实与问题，故不承认根本的解决。他只承认那一点一滴做到的进步……③

---

① 《胡适文存·清代学者的治学方法》卷2，第575页。

② 《十力语要初续》。

③ 《胡适文存》。

胡适不仅在政治上拒绝和反对谈“主义”、谈“根本解决”，而且在学术上也如此。他之所以永远不能完成他的《中国哲学史》，而花几十年去搞《水经注》的小考证，都反映了、代表了、呈现了他的这种方法论[①]，而且这不止是方法论，同时是他的世界观和个性特点。梁启超在《清代学术概论》中把胡适说成“亦用清儒方法治学”，是乾嘉汉学的尾声，也就不奇怪了。从而，这里的所谓“新方法”、“科学方法”，如果真作为方法看，也就并不怎么新了。

胡适是既决心当学者，自称“已在中国哲学史的研究上寻着我的终身事业”[②]，但又“是一个注意政治的人”[③]。《胡适文存》2集里便有一大本是政治短论。胡自称是“我的歧路”。其实这也是中国近现代知识分子、特别是搞文科的知识分子所普遍遭遇到的“歧路”。一些人如陈独秀、李大钊专心去搞政治了，就是一些纯学者教授如鲁迅、周作人、闻一多、朱自清、傅斯年等人，也不得不多多少少地卷入政治，只是各人选择的政治立场和政治态度不相同罢了。

中国现代两军对垒的尖锐的阶级斗争和民族危机，迫使即使是学术界的上层知识者也无法保持其超然和独立。这当然给整个中国现代学术思想，从文艺到历史和哲学，都打上了各种特殊的痕迹。人物更是如此。

胡适在政治上或政治思想上毫无可言。他的政治见解、主张和观念都极其浅薄（如所谓“五鬼——贫穷、疾病、愚昧、贪

---

① 余英时在上引书中论证了胡适不能作宏观概括的特点，可参考。

② 《胡适文存·我的歧路》2集，卷3，第95页。

③ 同上。

污、扰乱闹中华”之类)、无聊和渺小到可以不予理会。惟一值得注意的是，胡适由一个主张西方民主的自由主义者，为何会最终走向了蒋介石的独裁政权。在整个二十年代，胡适是比较明朗地反对北洋军阀政府的。1923 年毛泽东把胡适划为“非革命的民主派”；1925 年瞿秋白认为“从五四运动前后直到如今，胡适之总算还是社会上公认的民治主义者”；1929 年胡适还著文批评国民党的统治，如《人权与约法》、《我们什么时候才有宪法》等都强调人权、法律、自由，并曾遭到国民党的文字围攻和文章查禁。但从三十年代起，胡适却迅速地倒向蒋政权，在“攘外必先安内”(剿共）等立场上与蒋基本一致，甚至不惜与蔡元培、宋庆龄等人的民权保障同盟相决裂，而这一切又仍然是在强调“法律”等自由主义口号下进行的。所以，如瞿秋白所嘲讽：“文化班头博士衔，人权抛却说王权，朝廷自古多屠戮，此理今从实验传。”[①]胡适在青年中于是迅速失去地位和影响，日益成为官方或半官方的学者了。

自由主义的民主派不是向左就是向右。他们在中国政治舞台上（甚至某种程度在学术舞台上）始终没能扮演一个独立的角色，作出自己的独立演出。这是中国现代的特点，也是它的悲剧。

二　革命战士

与胡适相比，陈独秀在中国现代史（不只是现代思想史）上的地位重要得多，他的历史作用也大得多。然而，他的遭遇和待

---

① 鲁迅：《伪自由书·王道诗话》。

遇却不幸得多。在国民党统治时期，他的名字因为是“共党头目”而遭扼杀查禁；在1949年后，因为他是“右倾机会主义者”和“托派”，又遭彻底冷遇。其实，如果没有陈独秀创办《新青年》，没有陈独秀那么早地积极搞建党活动，即使中国现代史的面貌可能不会大变，但恐怕也将有许多的不同。

与胡适一生基本上是学者不同，陈独秀一生是革命家和政治活动家。他的主要兴趣是在政治，是在“挽救祖国，唤起人民”。从“康党”到“革党”，从办《甲寅》到办《新青年》，从领导五四到领导五卅到大革命，他总是站在时代和斗争的主流和急流中①，尽管他最后被急流冲刷到岸边，但他仍然在思考着流速和方向。

所以，如果说胡适在五四新文化运动中企图以文字形式的革新来闯开新路的话，那么，陈独秀则以思想内容的主题为大炮，猛烈轰炸着旧营垒。主要是他而不是胡适，以其勇猛坚决的态度和明确急进的思想，率领着千军万马夺取了胜利。仅就文学方面说，有如胡适自己所论述：“第一篇胡适的《文学改良刍议》还是很和平的讨论，……他的历史癖太深，故不配做革命的事业。文学革命的进行，最重要的急先锋是他的朋友陈独秀。……陈独秀的特别性质是他的一往直前的定力。……(胡）态度太和平了，若照他这个态度做去，文学革命至少还须经过十年的讨论与尝试。但陈独秀的勇气恰好补救了这个太持重的缺点……当日若没

---

① 1903年陈组织“安徽爱国会”、1904年办《安徽俗话报》、1905年组织成立“岳王会”秘密革命组织、1912年任安徽都督秘书长、1913年反袁、1914年与章士钊办《甲寅》杂志、五卅时“成天忙着到工厂演讲写文章，……深入工运前亲自战斗和指挥”，尽管其中也有颓唐、有失误（如曾对袁世凯有过幻想，如托派活动），但就整体来说是积极向前的。

有陈独秀‘必不容反对者有讨论之余地’的精神，文学革命的运动决不能引起那样大的注意。”①这所谓“不容反对者有讨论之余地之精神”，指的就是陈独秀那种不是要求进行学术商讨而是要求打倒传统的革命劲头。紧接着胡适《文学改良刍议》，陈独秀发表了著名的《文学革命论》：

> 余甘冒全国学究之敌，高张“文学革命军”大旗，……旗上大书特书吾革命军三大主义：曰推倒雕琢的阿谀的贵族文学，建设平易的抒情的国民文学；曰推倒陈腐的铺张的古典文学，建设新鲜的立诚的写实文学；曰推倒迂晦的艰涩的山林文学，建设明了的通俗的社会文学。②

陈独秀把文学形式的变革创新，与题材内容的变革创新紧紧连在一起，与改造国民性和“革新政治”紧紧连在一起，从根本上突破了胡适的“八不主义”。陈独秀是从政治角度来看待这次文学革新的，所以此文一开头便开章明义：

> ……政治界虽经三次革命，而黑暗未尝稍减……盘踞吾人精神界根深蒂固之伦理道德文学艺术诸端，莫不黑幕层张，垢污深积……此单独政治革命所以于吾之社会，不生若何变化，不收若何效果也……
>
> 今日吾国文学，悉承前代之敝……其形体则陈陈相因，有肉无骨，有形无神，乃装饰品而非实用品；其内容则目光

① 《胡适文存·五十年来之文学》2集，卷2，第194—198页。

② 《文学革命论》，《独秀文存》1，第136页，亚东图书馆，1922年。

不越帝王权贵神仙鬼怪及其个人之穷通利达。所谓宇宙所谓人生所谓社会，举非其构思所及，……此种文学盖与吾阿谀夸张、虚伪迂阔之国民性，互为因果。今欲革新政治，势不得不革新盘踞于运用此政治界精神界之文学。①

所以尽管在创办《新青年》时，陈独秀曾声称："改造青年的思想，辅导青年之修养，为本志之天职，批评时政，非其旨也"②，但实际陈独秀是一直关注政治的，只是这政治是国民政治，而不是"政党政治"，即是唤醒人民参与政治，而不是当时少数人把握控制的国会中的党派政治。在陈看来，中国需要有一种新的民主政治。

宪政实施有二要素，一曰庶政公诸舆论，一曰人民尊重自由，否则虽由优秀政党掌握政权，号称政党政治则可，号称立宪政治则犹未可，以其与多数国民无交涉也。③

必须要广大人民真正参与政治，而不是通由代言人的政党来安排，因此就需要启蒙。陈独秀当时之所以集全力于伦理、于文学、于"最后觉悟之觉悟"，其原因和理由均在此。与文学革命并行而略先的"伦理道德革命"之以"打倒孔家店"为旗号（1916年11月《新青年》开始发表了一系列全面批孔的文章），直接的和根本的原因也在此：

---

① 《文学革命论》，《独秀文存》1，第137—139页。
② 《新青年·通信》1卷1号。
③ 《独秀文存》4，第12页。

若夫别尊卑，重阶级，主张人治，反对民权之思想之学说，实为制造专制帝王之根本原因。吾国思想界不将此根本恶因铲除净尽，则有因必有果，无数废共和复帝制之袁世凯，当然接踵应运而生，毫不足怪。①

分明挂了共和招牌，而国会议员居然大声疾呼，定要尊重孔教。按孔教的教义，乃是教人忠君、孝父、从夫。无论政治、伦理，都不外这种重阶级尊卑的三纲主义。……

分明挂了共和招牌，而学士小人，对于颂扬功德、铺张官殿田猎的汉赋和那思君、明道的韩文、杜诗，还是照旧推崇。偶然有人提倡近代通俗的国民文学，就是被人笑骂……

这腐旧思想布满国中，所以我们要诚心巩固共和国体，非将这班反对共和的伦理、文学等等旧思想，完全洗刷得干干净净不可。否则不但共和政治不能进行，就是这块共和招牌也是挂不住的。②

这也就是陈独秀当年的逻辑："欲图根本之救亡，所需乎国民性质行为之改善"③；"一国之民精神上物质上如此堕落，即人不伐我，亦有何颜面有何权利生存于世界"④。所以要集全力来批传统，批孔批儒，"建设必先之以破坏"⑤。在陈独秀批孔批儒反传统中，有两点值得注意。一是陈独秀反对把原始儒学（孔孟）与后世儒学（宋明理学）截然划开，把罪恶归诸后者，而认

---

① 《袁世凯复活》，《独秀文存》4，第127—128页。

② 《旧思想与国体问题》，《独秀文存》4，第150—151页。

③ 《我之爱国主义》，同上书，第87、88页。

④ 同上。

⑤ 《独秀文存》4，第55页。

为两者实一脉相承，这样就彻底堵住了尊孔者的辩护：

> 足下分汉宋儒者以及今之孔教孔道诸会之孔教，与真正孔学之教为二，且谓孔教为后人所坏。愚今所欲问者：汉唐以来诸儒，何以不依傍道、法、杨、墨，人亦不以道、法、杨、墨称之？何以独与孔子为缘而复败坏之也？……今之尊孔者多丑诋宋儒，犹之足下谓孔教为后人所坏……孔门文史，由汉儒传之；孔门伦理道德，由宋儒传之，此事彰著，不可谓诬。①
>
> ……顾实君谓宋以后之孔教，为君权化之伪孔教；原始孔教为民间化之真孔教。三纲五常属于伪孔教范畴。取司马迁之说，以四教（文、行、忠、信），四绝（毋意、毋必、毋固、毋我），三慎（斋、战、疾）为原始孔教之真孔教范畴……愚以为三纲说不徒宋儒所伪造，且应为孔教之根本教义，何以言之？儒教之精华曰礼。礼者何？……曲礼曰，夫礼者所以定亲疏，决嫌疑，别同异，明是非也。又曰，君臣上下，父子兄弟，非礼不定。礼运曰，礼者，君之大柄也。……是皆礼之精义，尊卑贵贱之所由分，即三纲之说之所由起也……不必讳为原始礼教之所无。②

第二点是，陈独秀强调指出了孔教儒学中的民本主义与近代西方的民主主义是根本不同的两回事：

---

① 《独秀文存》4，第 25 页。

② 《宪政与孔教》，《独秀文存》1，第 107—110 页。

夫西洋之民主主义乃以人民为主体……所谓民视民听、民贵君轻，所谓民为邦本，皆以君主之社稷——即君主祖遗之家产为本位，此等仁民、爱民、为民之民本主义，皆自根本上取消国民之人格而与以人民为主体，由民本主义之民主政治，绝非一物。……以古时之民本主义为现代之民主主义，是所谓蒙马以虎皮耳。①

所谓大道之行，天下为公，乃指君主禅让而言；与民主共和，绝非一物。②

现代生活以经济为之命脉，而个人独立之义乃经济学生产之大则，其影响遂及于伦理学，故现代伦理学上之个人人格独立，与经济学上之个人财产独立，互相证明，其说遂至不可动摇。而社会风纪、物质文明，因此大进。中土儒者，以纲常立教，为人子为人妻者，既失个人独立之人格，复无个人独立之财产，父兄畜其子弟……子弟养其父兄……此甚非个人独立之道也。康先生（指康有为）……谓……个人独立主义，孔子早已有之，此言真如梦呓。③

有趣的是，所有这两点在今天仍有其意义。七十年过去了，海内外仍有好些论者硬要把中国古典的“为民做主”的民本主义混同为近代西方“人民做主”的民主主义，把原始儒学与后世儒学、把“道统”与“政统”、私学与官学……截然划开。当然这两者是有区别的，但它们的共同点，它们所凭借生长的共同土壤

---

① 《再质问〈东方杂志〉记者》，《独秀文存》2，第328—329页。

② 《独秀文存》4，第39页。

③ 《孔子之道与现代生活》，《独秀文存》1，第117页。

和基本性质却是主要的方面。肯定和继承、吸取传统中包括孔门儒学中的某些东西，这是不成问题的[①]，但当时甚至今天，更重要的是，应该着重指出建立在宗法封建社会基地上的孔学儒家在中国走向现代化中巨大的阻碍作用。陈独秀当年正是这样，他以“新旧之间绝无调和两存之余地”[②]的勇猛精神，坚决地指出“本志诋孔，以为宗法社会之道德，不适于现代生活”，从各个方面论证了儒学不适应现代的社会、家庭和学术[③]。陈独秀用

① 包括当年反孔高潮中的陈独秀也曾再三说：“所谓君道臣节名教纲常，不过儒家之主要部分，而亦非其全体。”（《独秀文存》2，第329页）“孔学优点，仆未尝不服膺。”（《独秀文存》4，第38页）“记者非谓孔教一无可取……”（《独秀文存》4，第48页）“记者之非孔，非谓其温良恭俭让信义廉耻诸德及忠恕之道不足取，士若私淑孔子立身行己忠恕有耻，固不失为一乡之善士，记者敢不敬其为人?”等等。

② 《独秀文存》4，第48页。

③ 如：“吾国大家族合居制度，根据于儒家孔教之伦理见解，倘欲建设新式的小家庭，则亲去其子为不慈，子去其亲为不孝，兄去其弟为不友，弟去其兄为不恭，此种伦理见解倘不破坏，新式的小家庭势难生存于社会酷评之下”（《独秀文存》4，第55页）。“中国学术不发达之最大原因，莫如学者自身不知学术独立之神圣。譬如文学自有其独立之价值也，而文学家自身不承认之，必欲攀附六经，妄称文以载道，代圣贤立言，以自贬抑。史学亦自有其独立之价值也，而史学家自身不承认之，必欲攀附春秋，着眼大义名分，甘以史学为伦理学之附属品。音乐亦自有其独立之价值也，而音乐家自身不承认之，必欲攀附圣功王道，甘以音乐学为政治学之附属品……”（《独秀文存》3，第58页）。“忠、孝、贞操三样，却是中国固有的旧道德，中国的礼教（祭祀教孝、男女防闲是礼教的大精神）、纲常、风俗、政治、法律，都是从这三样道德演绎出来的，中国人的虚伪（丧礼最甚）、利己、缺乏公共心、平等观，就是这三样旧道德助长成功的。中国人分裂的生活（男女最甚）偏枯的现象（君对于臣的绝对权、政府官吏对于人民的绝对权、父母对于子女的绝对权、夫对于妻男对于女的绝对权、主人对于奴婢的绝对权）一方无理压制，一方盲目服从的社会，也都是这三样道德教训出来的，中国历史上现社会上种种悲惨不安的状态，也都是这三样道德在那里作怪”（《调和论之旧道德》，《独秀文存》4，第71页）。

从西方搬来的“人权”、“进化”和“社会主义”[①]来作为反传统的武器，并号召建立起新时代的人生观。这人生观有如他所概括的：

> （一）人生在世，个人是生灭无常的，社会是真实存在的。
>
> （二）社会的文明幸福，是个人造成的，也是个人应该享受的。
>
> （三）社会是个人集成的。除去个人，便没有社会；所以个人的意义和快乐，是应该尊重的。
>
> （四）社会是个人的总寿命，社会解散，个人死后便没有连续的记忆和知觉，所以社会的组织和秩序，是应该尊重的。
>
> （五）执行意态，满足欲望（自食色以至道德名誉，都是欲望）是个人生存的根本理由，始终不变的（此处可以说“天不变，道亦不变”）。
>
> （一）一切宗教、法律、道德、政治，不过是维持社会不得已的方法，非个人乐生的原意，可以随着时势变更的。
>
> （二）人生幸福，是人生自身出力造成的，非是上帝所赐，也不是听其自然所能成就的。若是上帝所赐，何以厚于今人而薄于古人？若是听其自然所能成就，何以世界各民族的幸福不能够一样呢？
>
> （三）个人之在社会，好像细胞之在人身；生灭无常，新陈代谢，本是理所当然，丝毫不是恐怖。
>
> （四）要享幸福，莫怕痛苦。现在个人的痛苦，有时可

---

① 见《法兰西人与近世文明》，《独秀文存》1，第11—12页。

以造成未来个人的幸福。有主义的战争所流的血往往洗去人类或民族的污点。极大的瘟疫，往往促成科学的发达。

总而言之：人生在世究竟为的什么？究竟应该怎样？我敢说道：个人生存的时候，当努力造成幸福，享受幸福，并且留在社会上，后来的个人也将能享受，递相授受，以至无穷。①

这是何等理性、乐观、平易、清晰，这是标准的十八、十九世纪的启蒙思潮。它的确集中地全面地表达了五四时期中国进步知识分子群所寻求的宇宙观和人生观，即西方近代的理性主义、乐观主义和怀疑精神，以生活进步和个人幸福为基础的社会改革便是所追求的目标。胡适以自由主义的姿态，陈独秀以急进民主主义的姿态表述了这一要求和理想。他们并未像鲁迅那样，深刻地感染和表述了二十世纪更深刻的思绪心潮（详下）。但在五四，陈、胡却更有代表性。就是鲁迅，他在《呐喊》中的好些小说、《热风》中的许多杂感，也是在陈独秀这种思想“将令”下的创作。陈独秀就以这样的世界观人生观发动、领导和传播了新文化运动。

不过，就在上述陈独秀的思想中，便也可看到救亡（政治）与启蒙这个潜藏着的矛盾。陈独秀是为救亡、为政治、为彻底改造国家而高喊启蒙，极力反孔。启蒙与反孔必须以西方近代个人主义为武器、为理论、为基础。因此，当他列举“人权说”（资产阶级个人主义）与“社会主义”（阶级的或国家的集体主义），作为理论依据时，他没有也不可能发现二者之间、特别这二者在

① 《人生真义》，《独秀文存》1，第184页。

中国追求实现时所必然产生的矛盾。这是《救亡与启蒙的双重变奏》一文中所讲过的问题。

陈独秀在其同代人中的另一特征，是在组织、行动上的突出贡献[①]和与青年一代密切联系，同步前进。他迅速地继李大钊[②]之后接受了马克思列宁主义。他追求理论上的彻底性和实践性，使他在接受、宣传和捍卫马克思列宁主义、批判各种无政府主义、社会改良主义以及社会民主党时，表现出是一位勇冠三军、不愧群雄之首的真正战士。而这，却又仍然是他那毫不衰退的政治激情和一贯顽强的个性表现。

本文不拟评述陈独秀作为马克思列宁主义者的后半生。需要指出的是，自陈独秀全面接受了唯物史观、剩余价值论、建党理论、无产阶级专政论以后，便告别了他过去崇奉的“德谟克拉西”。他再三强调西方民主是“资产阶级的专政”：

> 他们（指“修正主义”）天天跪在资产阶级特权专政下歌功颂德，一听说劳动阶级专政，马上就抬出德谟克拉西来抵制，德谟克拉西倒成了资产阶级护身符了。我敢说：若不经过阶级战争，若不经过劳动阶级占领权力阶级地位的时代，德谟克拉西必然是资产阶级的专有物，也就是资产阶级永远把持政权抵制劳动阶级的机器。[③]

---

① 陈独秀促成了胡适《文学改良刍议》的写作和发表，他拉来了吴虞、刘半农等批孔健将，他鼓励催促着鲁迅写小说：“这里我必须纪念陈独秀先生，他是催促我做小说最着力的一个”（鲁迅：《南腔北调集 · 我怎样做起小说来》）。

② 李大钊较之陈、胡，思想更深刻，但当时影响却远不及。当在另文中论述。

③ 《谈政治》，《独秀文存》3，第 555 页。

民主主义是什么？乃是资产阶级在从前拿他来打倒封建制度的武器，在现在拿来欺骗世人把持政权的诡计。……资本和劳动两阶级未消灭以前，他两阶级的感情利害全然不同，从哪里去找全民意？①

自此以后，陈独秀与欧美自由主义民主主义告别，迈开了一条艰难、漫长、曲折和痛苦的革命道路。建党、总书记、五卅、北伐、武汉时期、开除党籍、托派、监狱、出狱、贫病交加死于江津。

不容讳言，陈作为政治领袖，在中国不可能成功。他远远缺乏与中国社会极其复杂的各个阶级、阶层打交道的丰富经验，也缺乏中国政治需要的灵活性极强的各式策略和权术，更缺乏具有人身依附特征的实力基础（如军队、干部）。正因为中国不是资本主义的近代社会，中国没有近代民主制度和民主观念，在实践上成功的中国政治领袖不是靠演说、靠文章、靠选票，而是靠实力、权术、政治上的“得人心”、组织上的“三教九流”和五湖四海。这位书生气颇重的教授是注定要失败的。并且，在政治纲领上，陈独秀也确有严重错误。这主要是忽视了农民作为中国革命主力的地位（所以反对苏区和红军），认为中国革命既然是资产阶级革命，便应由国民党（代表资产阶级）去领导和完成，这便从理论上取消了自己。以后他又夸大了中国社会的资本主义性质，继续否认中共的革命路线。

中共领导的革命的胜利似乎证明了陈独秀在理论上和实践上的“错误”。如果陈独秀在抗战时期还说“现在乱哄哄的时代，

---

① 《民主党与共产党》，《独秀文存》3，第110页。

谁有过谁无过还在未定之天”，“回党工作固我所愿，惟悔改之事确难从命”，拒不承认错误；那么，是非对错，不久之后便被认为是非常清楚的了。

但是，历史并不如此简单，相反，值得特别注意的是，他晚年由斯大林肃反扩大化事件再次思考了民主问题，提出了他的“最后见解”：

> 苏联实行无产阶级专政，专政到反动派，我举双手赞成。但专政到人民，甚至专政到党内，难道是马克思、列宁始料所及吗？此无他，贱视民主故也。①
>
> 十月后的苏俄，明明是独裁制产生了斯大林……十月以来，轻率的把民主制与资产阶级的统治一同推翻……②

似乎经过了一个否定之否定，又回到五四时期的“德漠克拉西”。其实这些并不是“托派思想”③，特别经过“文化大革命”后，更不应该再去责备陈独秀的这些思考了。此外，陈独秀当时把国民党政权看做资本主义的政权，否认中国当时是半封建半殖

① 转引自《试论陈独秀与托派的关系》，《历史研究》1981 年第 6 期。

② 同上。

③ 陈独秀出狱后的一些基本事实：“胡适拉他去美国，他不为所动；后又劝他参加国防参议会，他又拒绝。张国焘叛党后，要陈再组织一个伪字号的共产党，他不予理睬；蒋介石派朱家骅找陈，要陈组织一个‘新共党’，并答应供给十万元经费，他坚决不干，蒋又派人劝陈当劳动部长，他断然拒绝，并斥蒋是‘异想天开’，还说他与蒋‘不共戴天’。高语罕见了一下蒋介石，陈骂他是‘无耻之徒’，就连谭平山先生要他组织第三党，他也无意于此。他又派罗汉与中国共产党联系，表示他要去延安，他本人也与党的领导人发生接触，这些确乎都是事实”（任振河：《论陈独秀出狱后的托派问题》，《党史研究》1985 年第 1 期）。

民地社会，尽管有错误[①]，但如果联系今天的台湾（基本上是资本主义社会）看，也是可以进一步作不同探讨的学术问题。

总之，陈独秀是一位有热血有良知的急进民主主义者和马克思主义者。尽管他在政治上的彻底失败以至被人们故意遗忘，但历史将公正地证明他的历史地位和思想影响。

毛泽东从早年到后来曾多次肯定陈独秀。1919 年 7 月，毛在《陈独秀之被捕及营救》一文中高声呼喊“我祝君至坚至高的精神万岁”，“陈君万岁”。在与斯诺谈话中，一再讲“他影响上比任何人更大”[②]。在《七大工作方针》中，毛也再次讲到，“斯大林在一篇演说里把列宁、普列汉诺夫放在一起，联共党史也说到他（指普）。关于陈独秀，将来修党史的时候，还是要讲到他”[③]等等，等等。

这已经足够说明问题了。

三　提倡启蒙　超越启蒙

比较起胡适和陈独秀以及其他五四时期的风云人物来，鲁迅是完全不同的人物。和陈独秀一样，鲁迅参加过辛亥革命；和胡适一样，鲁迅搞过专门的学术研究；但是他仍迥然不同于他们。在中国近代思想史上，只有他才是真正深刻的。他在发掘古典传统和现代心灵的惊人深度上，几乎前无古人，后少来者。

鲁迅自度过其热情昂奋的青年期之后，在辛亥前便有点消

① 参看本书《记中国现代三次学术论战》。

② 《西行漫记》，第 133、135 页。

③ 转引自王洪模《关于陈独秀一生活动的评价》，《中国社会科学》1985 年第 5 期。

沉，辛亥后更是如此。即使在五四时期，他也不是那么积极。他的名气不仅远在陈、胡而且也在他的弟弟周作人之下，以至当时喜欢访贤问道的毛泽东在拜往京华名人时，却偏偏把他给遗漏了。

鲁迅尽管自1918年起在《新青年》发表了《狂人日记》等一系列小说、随感，猛烈地抨击着旧道德旧文学，但他所呐喊的所鼓吹的所反对的，如果从思想角度说，尽管深度远超众人，但在基本思想、主张上，却与当时他的朋友和战友们大体相同，并没有什么独特之处。

鲁迅真正日益激动和积极起来，是他二十年代卷入女师大风潮，目击刘和珍被杀，以后被章士钊罢官，跟“正人君子”笔战，以及和许广平的恋爱，这使他由北京而厦门而广州而上海，现实生活和政治斗争使他由孤独者一步步走上马克思主义左派的道路。但是，鲁迅后期基本上并没有成功的小说，他的力扛九鼎叱咤千军的著名杂文，尽管在狠揭烂疮的思想深度和嬉笑怒骂的文学风采上，始终是鹤立鸡群、无与伦比，但在思想实质和根本理论上，与当时瞿秋白、冯雪峰等人也基本相同，也并无特殊。

然而，鲁迅却始终是那样独特地闪烁着光辉，至今仍然有着强大的吸引力，原因在哪里呢？除了他对旧中国和传统文化的鞭挞入里沁人心脾外，我以为最值得注意的是，鲁迅一贯具有的孤独和悲凉所展示的现代内涵和人生意义。关于鲁迅，人们已经写得够多了，本文作者十年前也发表过一篇①。因此这里只想继续论胡、陈之后补充一小点。胡适说过：“世界上最强有力的人就是那个最孤立的人”，但自称为“不可救药的乐观主义者”的浮

① 《略论鲁迅思想的发展》，见拙作《中国近代思想史论》。

浅的胡适并不理解这句话。只有鲁迅，才真正身体力行地窥见了、探求了、呈现了这种强有力的孤独。

这当然与他早期接受尼采哲学作为人生观有关。贬视庸俗，抨击传统，勇猛入世，呼唤超人，不但是鲁迅一生不断揭露和痛斥国民性麻木的思想武器（从《示众》到《铲共大观》、《太平歌诀》），而且也是他的孤独和悲凉的生活依据（从《孤独者》到《铸剑》到晚年的一些心境）。鲁迅那种背负因袭重担，肩住黑暗闸门所具有的极其深刻沉重的社会历史内容的孤独悲凉，已经有好些论著反复讲过了。本文觉得重要的是，这种孤独悲凉感由于与他对整个人生荒谬的形上感受中的孤独、悲凉纠缠融合在一起，才更使它具有了那强有力的深刻度和生命力。鲁迅也因此而成为中国近现代真正最先获有现代意识的思想家和文学家。

尼采说，上帝死了。陀斯妥耶夫斯基说，如果没有上帝，便什么事情都可以干了。并且上帝死了，也就没有什么事情必然发生，一切都是偶然的。总之，是没有什么客观规律、法则、伦理、道德可以遵循了。个体已经从所有这些束缚中解脱出来醒觉出来。于是，面对着的便是一个充满了偶然从而荒谬的世界，所深切感受的，只是自己感性真实的此刻生存，和自己必将走向死亡。

> ……我常觉到一种轻微的紧怯，宛然目睹了“死”的袭来，但同时也深切地感着“生”的存在。
>
> ……也许有人死伤了吧，然而天下却似乎更显得太平。窗外的白杨树的嫩叶，在日光下发乌金光；榆叶梅也比昨日开得更烂漫……①

---

① 《野草·一觉》。

托尔斯泰《战争与和平》描述过安德烈死亡前对天空等大自然的生的感受，左拉《溃灭》也有类似的描写，其中似乎都有某种宗教意绪，某种对永恒宁静的本体赞颂，然而鲁迅这里却是意识到“死”时所感受到的“生”的光彩，仍然是中国式的刚健情调。正因为这，鲁迅才蔑视那“超然无事地逍遥”，而热爱那“被风沙打击得粗暴”的青年们的“人的魂灵”：“我爱这些流血和隐痛的魂灵，因为他使我觉得是在人间，是在人间活着。”①

这是鲁迅在比较高昂的情绪中（1926年4月）写的。在《野草》的这些抒情散文中，多次描写到死。在这里，展示了鲁迅这个“生”的魂灵总是在对“死亡”的意识中，在对人生极大的悲观中，加深了存在的“强力意志”（Will to power）②。

> ……窥见死尸，胸腹具破，中无心肝。而脸上却绝不显哀乐之状，但蒙蒙如烟然。
>
> ……
>
> ……抉心自食，欲知本味。创痛酷烈，本味何能知？……
>
> ……痛定之后，徐徐食之。然其心已陈旧，本味又何由知？……③

这不正是向“绝不显哀乐之状，但蒙蒙如烟然”的活着的死亡去追问本体么？但本体（也即是“本味”）是不可知的，如果

---

① 《野草·一觉》。
② 旧译“权力意志”，此从周国平译，或译“冲力意志”亦可。
③ 《野草·墓碣文》。

创痛酷烈的人生搏斗不是“本味”，那“痛定之后”的人生已经陈腐麻木，更不会是“本味”了。于是只能“于浩歌狂热之际中寒，于天上看见深渊，于一切眼中看见无所有，于无所希望中得救”①。于是，“这是死火，有炎炎的形，但毫不动摇，全体冰结，像珊瑚林……使这冰谷，成红珊瑚色”②。

这里遭遇的远不是个体的死亡意识，而且是那死亡似的人生冰谷。生的火焰在这冰谷里冻僵、死灭，却并不甘心，它使红影无数映照在这昔日冰冷的死谷之中……

> ……我的心也曾充满过血腥的歌声，血和铁，火焰和毒，恢复和报仇，而忽而这些都空虚了，但有时故意地填以没奈何的自欺的希望。希望，希望，用这希望的盾，抗拒那空虚中的暗夜的袭来，虽然盾后面也依然是空虚中的暗夜……
>
> ……悲哉死也，然而更可悲的是他的诗至今没有死。
>
> 但是，可惨的人生！……
>
> 我只得由我来肉搏这空虚的暗夜了……但暗夜又在哪里呢？现在没有星，没有月光以至笑的渺茫和爱的翔舞……竟至于并且没有真的暗夜。
>
> 绝望之为虚妄，正与希望相同。③

多么惨淡深重的悲哀，连可以搏斗的对象（“暗夜”）和可

---

① 《野草·墓碣文》。
② 《野草·死火》。
③ 《野草·希望》。

以为之搏斗的“身外的青春”（“星”、“月光”、“笑的渺茫和爱的翔舞”），也可以至于没有。那么，人还值得活么？人生道路和生存意义究竟何在呢？于是：

> 我不过一个影，要别你而沉没在黑暗里了。然而黑暗又会吞并我，然而光明又会使我消失。然而，我不愿彷徨于明暗之间，我不如在黑暗里沉没。
>
> 然而我终于彷徨于明暗之间，我不知道是黄昏还是黎明。我姑且举灰黑的手装作喝干一杯酒，我将在不知道时候的时候独自远行。
>
> ……
>
> 我独自远行，不但没有你，并且再没有别的影在黑暗里。只有我被黑暗淹没，那世界会属于我自己。①

一切都值得怀疑，一切都可能虚妄，一切都并无意义和价值，连绝望本身也虚妄得好笑……但人却还得活着，还得彷徨于明暗是非之间。于是我奋然前进，孤独地前行，没有伙伴，没有歌哭，面对惨淡的人生，向死亡突进。

所以，鲁迅喜欢安德列耶夫，喜欢迦尔洵，也喜欢厨川白村。鲁迅对世界的荒谬、怪诞、阴冷感，对死和生的强烈感受是那样的锐敏和深刻，不仅使鲁迅在创作和欣赏的文艺特色和审美兴味（例如对绘画）上，有着明显的现代特征，既不同于郭沫若那种浮泛叫喊、自我扩张的浪漫主义，也不同于茅盾那种刻意描绘却同样浮浅的写实主义，而且也使鲁迅终其一生的孤独和悲

---

① 《野草·影的告别》。

凉，具有形而上学的哲理意味。可惜加缪晚生，否则加缪将西绪弗斯（Sisyphus）徒劳无益却必须不停歇的劳动（向山上推石头，石头刚推到山顶就滚下来，又重新开始向上推）比作人生，大概是会得到鲁迅欣赏的吧？鲁迅虽悲观却仍然愤激，虽无所希冀却仍奋力前行。但正因为有这种深刻的形上人生感受，使鲁迅的爱爱憎憎，使鲁迅的现实战斗便具有格外的深沉力量。鲁迅的悲观主义比陈独秀、胡适的乐观主义更有韧性的生命强力。

事实上，这里有两种不同的因素或方面的融合，构成了鲁迅独有的孤独和悲怆（悲凉）。一个方面是形上的人生意义的感受和寻求，鲁迅认真钻研过佛学，鲁迅从尼采到安德列耶夫的现代西方文艺中感受到现代意识，可能还包括日本文学所表达的人生悲哀无托的影响，都使鲁迅的孤独与悲凉具有某种超越的哲理意味。另方面，由于日益卷入实际的战斗历程，与旧文化战，与旧势力战，与章士钊、杨荫榆、陈西滢战，与创造社、太阳社、新月派战，与“革命阵营里的蛀虫战”，与“四条汉子”战……他所感受、承担和认识的现实的黑暗、苦难的深重、战斗的艰难、前景的渺茫、道路的漫长、人民大众的不觉醒、恶势力的虚伪凶残以及他屡次被革命者和一些青年所误解、反对和攻击，受着“来自同一阵营”的冷枪暗箭……都使他感到孤独和悲怆。这是一种具有非常具体的社会历史内容的孤独与悲怆。

然而，正是这两者结合交融才构成了鲁迅的个性特色。因为有后一方面，鲁迅才不会走向纯粹个人主义的超人幻想，才不是那种纯粹个人的失落感、荒谬感、无聊厌倦和脱离现实。因为有前一方面，鲁迅才没有陷入肤浅的“人道主义”、“集体主义”以及科学主义、理性主义中，而忘却对个体“此在”的深沉把握。鲁迅后期的政治色彩异常确定鲜明，几乎压倒其他一切，但他却并没有完全政治化。鲁迅是伟大的启蒙者，他不停地向各种陈旧传统作韧性的长期的尖锐斗争；但同时却又超越了启蒙，他有着对人生意义的超越寻求。他早年所说“向上之民，欲离是有限相对之现世，以超无限绝对之至上”①的精神、观念并未完全消失，尽管他不再认为“迷信可存”，宗教当兴。鲁迅是启蒙者又超越了启蒙，这就使他的启蒙比陈、胡具有更深沉的力量、激情和智慧。

有如一些研究者所注意，鲁迅热爱某些鬼魂。夏济安曾说：

> 鲁迅无疑背负着某些鬼魂，……甚至隐藏着一种秘密的爱恋。他对目连戏鬼魂形象的态度就是一种偏爱。很少有作家能以这样大的热忱来讨论这些令人毛骨悚然的主题……
>
> 目连戏中最突出的形象是无常和女吊。他们吓人的外貌在鲁迅一生中都保持着魅力。……表现了更深一层的含意：死的美和恐怖，透过浓厚的白粉胭脂的假面，窥探着生命的奥秘。鲁迅并未完成对这一奥秘更深的探究，他谈得更多的是对社会罪恶愤怒的抗议。然而，使他区别于他的同时代人的，正是他承认这种秘密，而且从不否认它的威力，他甚至可以被生活中存在的这种黑暗的威力所镇魇。他同情那些脱离了他们的社会环境而处于孤独时刻的个人。②

这可能说得有点过分，但鲁迅的特点却确乎在于：他把具有具体现实内容的对“社会罪恶愤怒的抗议”，与具有超越社会的形上人生孤独感融合在一起。鲁迅当时还没有，后来他也不知道

---

① 《集外集拾遗·破恶声论》。

② 《国外鲁迅研究论集》，第375、378页，北京大学出版社，1983年，北京。

欧洲的存在主义思潮。但即使知道了，他也仍然不会是现代存在主义者。鲁迅毕竟置根在中国社会的现实土地上，对“社会罪恶愤怒的抗议”和人道主义的历史使命感，要远远大于个体存在的意义寻求。个体的那种现代的荒谬、畏惧、烦厌、孤独，在民族危亡、搏斗剧烈的环境和时刻中，毕竟不能占据中心地位。鲁迅刚强忠挚、爱憎鲜明，基本上和实质上是积极入世的人格个性，无疑也是使鲁迅的形上感受具有着现实战斗内容的重要因素①。

但鲁迅即使在激烈的战斗中也仍时时抚摸着生和死，惊心目睹着生命的逝去和灭亡的终将来临。鲁迅不像周作人，用麻醉和麻木来抵挡和掩盖深刻的悲观，用苦茶和隐士的自我解嘲来解脱人生。鲁迅恰恰相反，以愈战愈强的勇士情怀来纪念着这生和死，赞颂着这生和死。所以，鲁迅不仅歌唱复仇的女吊，赞叹“哪怕你铜墙铁壁，哪怕你皇亲国戚”的无常，而且早就歌颂“死火”、暗影、死尸和北方的飞雪：

> 在无边的旷野上，在凛冽的天宇下，闪闪地旋转升腾着的是雨的精魂……
>
> 是的，那是孤独的雪，是死掉的雨，是雨的精魂。②

鲁迅在自己著作的题记里，也总记下这是他生命的掷去所赢来的坟墓：

> 现在是一年的尽头的深夜，深得这夜将尽了。我的生

---

① 参看拙作《略论鲁迅思想的发展》。

② 《野草·雪》。

命，至少一部分的生命，已经耗费在写这些无聊的东西中，而我所获得的，乃是我自己灵魂的荒凉和粗糙。但是，我并不惧惮这些，也不想遮盖这些，而且实在有些爱他们了，因为这是我辗转而生活于风沙中的斑痕。①

这总算是生活的一部分的痕迹。所以，虽然明知道过去已经过去，神魂是无法追蹑的，但总不能那么决绝，还想将糟粕收敛起来，造成一座小小的新坟，一面是埋藏，一面也是留恋。至于不远的踏成平地，那是不想管，也无从管了。②

我是很确切地知道一个终点，就是：坟。然而这是大家都知道的，无须谁指引。问题是在从此到那的道路。③

正因为“一面是埋藏，一面也是留恋”；正因为死亡之后会希望有“坟”，即使不久它也将被踏平；也正因为“问题是在从此到那的道路”；所以，生命和死亡于鲁迅便不完全同于现代派。鲁迅把温暖和爱恋仍然留给了人间，即使写于“颓唐”中的《野草》诸篇，仍然洒泻着生命的力量。《希望》、《死火》、《墓碣文》、《过客》、《影的告别》，在惨痛和死灭中仍有奋起；而《秋夜》、《风筝》、《雪》、《腊叶》、《淡淡的血痕》，在冷峻中便藏着极大的和暖、情爱和温柔。鲁迅在这里显然不同于卡夫卡、萨特以及陀斯妥耶夫斯基，他更温暖，他的人间味更强。他不是那永远折磨着人的残酷的上帝。鲁迅把他的情感化为本体，放在他的创作中，留给了人间。

---

① 《华盖集·题记》。

② 《坟·题记》。

③ 《坟·写在坟后面》。

也许，这仍然是儒家“知其不可而为之”，“惟其义尽，所以仁至”的传统？也许这就是“中国的脊梁”，“民族魂”？它毕竟不同于加缪的西绪弗斯的无谓劳动。但鲁迅已经把传统精神置放在现代意识的洗礼下深化了，升华了，具有了超越的形上光彩。

所以，鲁迅的孤独和悲凉才有这强大的力量。

把体验着生和死、背负着一切苦难和黑暗、面对着历史的废墟和荒坟的情感心理，化为形上本体，它就将哺育着人间。他也就是人的主体性，他也就是那“使造物者也羞惭”的人间的猛士。

> 叛逆的猛士出于人间；他屹立着，洞见一切已改和现有的废墟和荒坟，记得一切深广和久远的苦痛，正视一切重叠淤积的凝血，深知一切已死，方生，将生和未生。他看透了造化的把戏；他将要起来使人类苏生，或者使人类灭尽，这些造物主的良民们。
>
> 造物主，怯弱者，羞惭了，于是伏藏。天地在猛士的眼中于是变色。①

这就是现代人的“参天地，赞化育”。这是一种尼采和中国传统精神的奇异的融合。这是人的主体性的超人式的昂扬，这也就是艺术所呈现的巨大的心理本体。

鲁迅思想和文学的潜在力量就在这里。

如果比较一下，胡适、陈独秀、鲁迅便明显地区分出三种迥

---

① 《野草·淡淡的血痕中》。

然不同的个性、三个不同的侧面和三层不同的境界。

胡适是温文尔雅的学者。他宁静、清晰、平和，然而软弱。他的兴趣是在学术，认为考证一个古字和发现一颗新星具有同样价值。从待人处世到政治倾向，他都尽量照顾周全，平稳妥当。他相信并主张自由主义，提倡“好人政府”，但在中国现代的条件下，却不得不最终依附在独裁政权下。他创作了《终身大事》，歌颂自由恋爱，但在中国的条件下，他却不能也不愿与母亲包办的旧式婚姻决裂，而宁可自己忍受一生。“又向蛮方作寒食，强持卮酒对梨花”，他满足在由成功所带来的小康舒适的人生境地中①。

陈独秀则不然，他是意志刚烈的革命家，勇敢、坚决、顽强，但是肤浅。他当了一生的反对派。反满、反袁、反北洋军阀、反国民党蒋介石到反共产党。陈独秀有比较彻底的理论兴趣和概括能力，密切关怀着国事民瘼，积极行动。但他由思想领袖变而为政治领袖，既是中国现代必然会有的历史误会，也是他个人的悲惨命运安排。“衣带渐宽终不悔，为伊消得人憔悴”，陈独秀一生处在革命的人生境界中。

鲁迅与陈、胡迥然不同。鲁迅是深沉锐敏的文学家。他的思想充满了爱憎强烈的情感色彩和活生生的现实气息，他的情感充满了思想的力量和哲理的深意。他的作品比起陈、胡来，显然具有远为强大长久的生命力。陈、胡的思想和作品（包括思想的、政治的、文艺的和学术的），今天已基本过时而不需重读了，但

---

① 直到晚年与铃木大拙（Suzuki）关于禅宗的辩论中，也表现出自始至终胡未脱离他的科学主义、理性主义，而不能像鲁迅那样有更深刻的非理性的形上感受和观念。

鲁迅却至今仍可以激动着人们。“前不见古人，后不见来者”，鲁迅的孤独、悲凉的人生境界也是超越和伟大的。

胡适、陈独秀、鲁迅都开创了思想范式（Paradigm），从而都指导、决定和影响了很大一批人。胡适在学术领域内，陈独秀在革命领域内，鲁迅在文学领域内，都各有一大批承继者、追随者、景仰者。他们作为先驱在现代思想史上留下了不可磨灭的痕记。

（原载《福建论坛》1987年第2期）

青年毛泽东

不管你是爱是恨，是赞扬还是批判，毛泽东比任何其他人物在中国现代留下了远为庞大的身影。这身影覆盖了、主宰了、支配了数亿人和几代人的生活、命运和悲欢[①]，他将是长久被人反复研究的对象。由于许多主客观条件，本文只拟摘抄一些成为马克思主义者以前的青年毛泽东的某些思想资料，作为研究探讨的准备，并着重于青年毛泽东思想的某些特征。这些特征似乎在其一生的活动和思想中都留下了或浓或淡的痕记。

一 “动”、“斗”的宇宙—人生观

已经有好些传记性的青年毛泽东的思想研究，特别是关于哲学思想方面的著作[②]。哲学，确乎是毛泽东从早岁到晚年一直非

---

① 与中国近现代一些政治大人物如孙中山、袁世凯、蒋介石有所不同，毛主要是以其通过政治树立的思想权威作了这种主宰和支配，所以具有重要的思想史的位置。

② 如湖南哲学社会科学研究所哲学研究室的《毛泽东早期哲学思想研究》，湖南人民出版社，1980 年；汪澍白、张慎恒：《毛泽东早期哲学思想探源》，中国社会科学出版社，1983 年；金邦秋：《毛泽东早期哲学思想及其世界观转变》，《复旦学报》1985 年第 1 期，等等。

常感兴趣和非常关注的方面。早在1917年，他便大力强调“非普及哲学不可”：“今日变法……如议会、宪法、总统、内阁、军事、实业、教育，一切皆枝节也。……枝节必有本源……夫本源者，宇宙之真理”（《与黎邵西书》1917年8月23日）。宇宙真理才是“大本大源”，这“大本大源”也就是“思想道德”，所以，“必先研究哲学伦理学”，“从哲学伦理学入手，改造哲学，改造伦理学，根本上变换全国之思想……则沛乎不可御矣”（同上）。毛青年时期便致力于哲学，他所理解的哲学是指对宇宙、人生的总的观点、看法，这种观点、看法既是“天道”（哲学）也是“人道”（伦理学）①。他的这种哲学世界观从根本上支配了他的一生的行为、事业和他的其他的思想、观念和理论。他这个哲学世界观的一些基本特征正是在其青年时期开始涌现或形成的。其中，有几个因素或特征很值得注意。

第一，毛所理解的哲学是一切事物的“大本大源”，这“大本大源”也就是“宇宙真理”。从毛青年时期的《讲堂录》（1914—1915）、《伦理学原理批语》（1917—1918）或《体育之研究》（1919）等来看，“动”、“斗”是毛的这个“宇宙真理”中的核心观念：

> 人者，动物也，则动尚矣。……动以营生也，此浅言之也；动以卫国也，此大言之也；皆非本义。动也者，盖养乎吾生、乐乎吾心而已。……愚拙之见，天地盖惟有动而已。（《体育之研究》，《新青年》1917年4月）

① 可见毛并未脱出中国传统哲学和文化心理积淀的根本特色（“天道”与“人道”是同一个“道”），参看拙作《中国古代思想史论》。

这就是说，“动”是天地身心的本性，并非为某种外在的目的（“营生”“卫国”）而服务的。因此，“豪杰之士发展其所得于天之本性，伸张其本性中至伟至大之力，因以成其为豪杰焉。本性以外的一切外铄之事，如制裁、束缚之类，彼者以其本性中至大之动力排除之。此种之动力，乃至坚至真之实体，为成全其人格之源……”（《伦理学原理批语》）

“动”是“豪杰之士”的“人格之源”，一切外在的束缚、阻碍，都将被和应被这“动”的“本性”所排除、摧毁。正因为认定“动”是宇宙本体和人格本性，所以一方面注意任何现象、事物、对象的变化性、相对性和二重性；另方面强调自我主体的活动性、斗争性。

> 凡宇宙一切之差别，皆不过其发显之方面不同，与吾人观察及适应之方面有异而已，其本质只是一个形状也。如阴阳、上下、大小、高卑、彼此、人已、好恶、正反、洁污、美丑、明暗、胜负之类皆是。吾人各种精神生活即以此差别相构成之，无此差别相即不能构成历史生活进化者，差别陈迭之状况也。有差别而后有言语有思虑，无差别即不能有也。（《体育之研究》）
>
> 治乱迭乘，平和与战伐相寻者，自然之例也。伊古以来，一治即有一乱。吾人恒厌乱而望治，殊不知乱亦历史生活之一过程，自亦有其实际生活之价值。吾人揽史时，恒赞叹战国之时，刘项相争之时，汉武与匈奴竞争之时，三国竞争之时，事态百变，人才辈出，令人喜读。至若承平之代，则殊厌恶之，非好乱也，安逸宁静之境不能长处，非人生之所堪；而变化倏忽乃人生所喜也。（同上）

可见，毛泽东对动乱、差异、对立、冲突持完全肯定的态度，自青年时期即如此。当《伦理学原理》原文说及："……无抵抗则无动力，无障碍则无幸福"时，毛泽东批曰："至真之理，至彻之言"，并批：

> 大抵抗对于有大势力者，其必要乃亦如普遍抵抗之对于普通人。如西大陆新地之对于科伦布，洪水之对于禹，欧洲各邦群起而围巴黎之对于拿破仑之战胜也。（《伦理学原理批语》）
>
> 河出潼关，因有太华抵抗，而水力盖增其奔猛；风回三峡，因有巫山之隔，而风力盖增其怒号。（同上）

而对原书所云"人类势力之增，与外界抵抗之减其效本同"，却批道：

> 此不然。盖人类势力增加，外界之抵抗力益增加，有大势力者又有大抵抗在前也。（同上）

强调运动、对立、冲突、斗争，以此作为宇宙规律，强调斗争不会因任何缘故而削减，它将永恒存在，所以是普遍规律。而这种普遍规律与前段引文中所说"吾人观察及适应之方面有异"有密切关系，即是说，这种种运动、斗争实际上又是由自我而设定、而觉察、而实现的。尽管没有任何系统的论证和完整的表达，青年毛的这一思想却相当清晰和强烈。

> 山河大地，一无可据，而可恃惟我（贵我）。（《讲堂录》）

吾从前固主无我论，以为只有宇宙，今知其不然，盖我即宇宙也。若除去我，即无宇宙；各我集合，而成宇宙。而各我又以我而存，苟无我，何有各我哉！是故，宇宙可尊者，惟我也；可畏者，惟我也；可服从者，惟我也。我以外无可尊，有之亦由我推之，我以外无可畏，有之亦由我推之，我以外无可服从，有之亦由我推之也。（同上）

所以，在强调“动”的两方面（宇宙及自我）中，主体人格方面又是其思想中更重要更核心的部分。对宇宙运动、斗争的说明是为了论证人格主体的运动、斗争，宇宙观是为人生观服务的。对毛来说，宇宙观即人生观，人生观即宇宙观，二者是一回事。

贵我，勇斗，“与天奋斗，其乐无穷！与地奋斗，其乐无穷！与人奋斗，其乐无穷！”[①]以不断运动、顽强奋斗、克服“抵抗”、实现自我为人生快乐，是青年毛泽东的思想和行为的主要特征。这是他经过深思熟虑的自觉意识和理论主张，也是他身体力行、锤炼意志的行动指南，并日益构成他的个性人格特点[②]。这里，最值得注意的是，毛讲的这种“动”，首先是体魄性的活动，即个体的客观身体活动，而不是心动，不是心灵性、精神性、思辨性的活动：

欲文明其精神，先自野蛮其体魄，苟野蛮其体魄矣，则

① 转引自汪澍白、张慎恒：《毛泽东早期哲学思想探源》，第 82 页。

② Lucian Pye，*Mao Tse-Tung*：*The Man in the Leader* 以毛幼年与父母的关系、事件来解说毛，提供了一些有趣的发现；但没着重注意到毛的性格形成有自觉意识这一面，从而显得片面。

文明之精神随之。……体全则而知识之事以全。(《体育之研究》)

我现在很想做工，……我现在颇感觉专门用口用脑的生活是苦极了的生活，我想我总要有一个时期专用体力去做工就好。(1920年11月26日给罗荣熙信①)

身体弱就只有读书人。要矫正这弊病……个人方面须养成工读并行的习惯，至少也要养成读书和游戏并行的习惯。(1920年11月26日给罗家瓒信②)

我所愿做的工作：一教书，一新闻记者。……现觉专用脑力的工作很苦，想学一宗用体力的工作，如打袜子、制面包之类……(《新民学会会务报告第2号》1921年夏刊③)

……

这不但与五四运动以后毛极力赞赏和热心倡导"工读主义"即一面劳动一面读书有关，恐怕与毛在以后一直强调知识分子参加生产劳动以及所谓"走五七道路"、青年学生到工厂农村去"学工、学农"等等，也不无关系。毛在青年时期就痛切认为："中学及中学以上宜三育并重，今人则多偏于智，……吾国学制，课程多如牛毛，……观其意，教者若特此繁重之课以困学生，蹂躏其身而残贼其生……"(《体育之研究》)"弟对于学校，甚多不满之处"(《与黎邵西书》，1917年8月23日)，"我一生恨极了学校，所以我决定不再入学校"(《与黎邵西书》，1920年6

① 见《新民学会资料》，第72页，人民出版社，1980年，北京。
② 同上书，第120页。
③ 同上书，第39页。

月7日)。毛主张“颜习斋、李刚主文而兼武，与勇士角而胜焉。故其言曰，文武缺一可乎？顾炎武，南人也，好居于北，不喜乘船而喜乘马，此数古人者，皆可师者也”(《体育之研究》)，从而主张“另立自修学社，半工半读”(《与黎邵西书》)。

在强调运动、斗争、相对性和自我精神、意志等等方面，毛的思想与当时许多人大体相同，与中西好些哲学家相比，也无何特殊之处，并且连某些语言也脱胎于谭嗣同的《仁学》。但是，特别着重体魄活动这一点，却在思想特征和理论倾向上，与许多人包括谭嗣同在内有了重要的区别。谭嗣同虽然也重体魄，有武艺，谭曾自称“弱娴技击，身手尚便；长弄弧矢，尤乐驰骤”，但在思想和理论上，谭与中国儒学传统的哲学家基本一样，并没有把它放在重要位置上。在这方面，毛与强调“力”、“强”、体力“劳动”的墨家和颜元哲学倒有更多的相同处[①]。这一点，很可能与毛出身农家，少年参加过较长时间的体力劳动有关：“从小就参加一些田间劳动。待到泽东停学，就要他整天劳动，学习扶犁、掌耙、抛粮、下种的全套功夫。泽东从小劳动踏实……总是抢重活干”[②]，“他跟毛春成一起去推土车子，推得和毛春成的速度差不多。但由于气力不够，下坡的时候却翻了车。他爬起来又装满一车，继续往前推，毛春成一再劝止，他都不听”[③]。这固然表现了毛从小不认输的倔强个性，更重要的是，这种“不服输”的个性可能正由于通过体力活动的锤炼才变成顽强的意志。对毛来说，体力劳动和体力活动已经成为不可缺少的

---

① 参看拙作《中国古代思想史论·墨家初探本》。

② 汪澍白、张慎恒：《毛泽东早期哲学思想探源》，第9页。

③ 同上。

生存需要，以致使他具有不从事体力活动即极不愉快的身心感觉。这一点，很不简单，值得重视。毛青年时代坚持游泳至老不变的著名事迹，就不仅是自觉磨炼体力、意志的问题，而且还表现了要求在这种体力、意志的展现中，来获得最高的人生快乐和审美享受。在这里，体力的舒发、意志的实现、人生的真谛、审美的快乐是融为一体了。“自信人生二百年，会当击水三千里”（毛诗），不复是读书人一般的豪言壮语、漂亮文辞，而是具有着体力活动的实在根基，凝聚着意志成果和审美愉快的思想表述和自我志向。

这是毛的思想、性格与许多知识分子和青年学生有显著区别的一点。

毛使运动、斗争成了他的身心存在的第一需要。

二 “贵我”的“道德律”

青年毛的思想特征构成中，第二个突出因素是独特的“主观的道德律”。毛一开始就是把“思想道德”相提并论的。在前引强调哲学的那篇书信中，毛就认为，“夫思想主人之心，道德范人之行，二者不洁，遍地皆污，盖二者之势力无在不为所弥漫也”。所以，“宇宙的真理”、“动”“斗”观念又是与道德行为紧密联在一起的。与建立宇宙观并行，青年毛提出了自己做“圣贤”并“彼时天下皆为圣贤”（同上书信）的道德律。

本来，以“圣贤”理想作为追求目标，是中国传统对知识者所积淀的意识和无意识，青年毛在这里的特征，是建筑在上述体魄自强基础上的所谓“贵我”的道德自律。毛强调道德律不能来源于、服从于或建立在任何客观外在的规定或事物上，而必须建立在个体（“我”）的基础上：

道德非必待人而有，待人而有者，客观之道德律；独立所有者，主观之道德律也。吾人欲自尽其性，自完其心，自有最可宝贵之道德律。世界固有人有物，然皆因我而有也。我眼一闭，固不见物也，故客观之道德律亦系主观之道德律，而即使世界上只有我一人，亦不能因无损于人，而不尽吾之性，完吾之心，仍必尽之完之。此等处非以为人也，乃以为己也。（《伦理学原理批语》）

所以，道德并不来自社会、历史等任何外在标准、规范或律令，而只来自个体主观：

个人有无上之价值，有百般之价值，使无个人（或个体）则无宇宙，故谓个人之价值大于宇宙之价值可也。（《伦理学原理批语》）

个人的“无上之价值”何在呢？就在“实现自我”。毛说：“人类之目的在实现自我而已。实现自我者，即充分发达自己身体及精神之能力至于最高之谓”（《伦理学原理批语》）。例如，他之反对自杀，不是别的理由，而是因为自杀不符合“自己的体魄及精神及其努力发展到至高地位而没有一毫歉疚”（《非自杀》，长沙《大公报》，1919 年 11 月 23 日）的缘故，所以“与其自杀而死，宁奋斗被杀而亡。奋斗之目的，不存在‘欲人杀我’，而存在‘庶几有人格的得生’。”（同上）

总之，“实现自我”即人生最高目标，也即是道德的自律。

为此目标可被杀而绝不自杀，因为自杀就与这目标本身发生矛盾了。因此：

> 或谓人在历史中负有继往开来之责者，吾不信也，吾惟发展吾之一身，使吾内而思维外而行事皆达正鹄。吾死之后置吾身于历史之中，使后人见之皆知吾确然有以自完。(《伦理学原理批语》)
>
> 吾则以为吾人惟有对于自己之义务，无期于他人之义务也。凡吾思想之所及者，吾皆有实行之义务。即凡吾所知者，吾皆有行之义务，此义务为吾精神中自然发生者，偿债，践约，及勿偷盗，勿作伪，虽系与他人关系之事，而亦系吾欲如此者也。所谓对于自己之义务者，不外一语，即充分发达自己身体及精神之能力而已。至济人之急，成人之美，与夫履危蹈险，舍身以拯人，亦并不在义务以上，盖吾欲如此方足以安吾之心……忧人危难之事即所以慰吾心，而充分发展吾人精神之能力也。(同上)

要“实现自我”，要“意志自由”，便必须磨练自己，动心忍性，劳其筋骨，饥其体肤，空乏其身，这种自我的规范锻炼，也就是自己给自己规定的道德律令。可见，这种所谓道德律令和人生境界，在青年毛泽东，并不同于传统理学讲的以“孔颜乐处”为标准的精神境界或心灵快乐，而毋宁是一种包含着体魄物质性内容在内的个体力量、意志、行为、活动的完满实现。这就是青年毛泽东在《伦理学原理批语》中大讲特讲的“冲动”、“动力”：

此种之动力，乃是至坚至真之实体，为成全其人格之源，即此书所谓冲动，所谓性癖也……此纯出其自计，决非服从外来之道德律与义务感情。大凡英雄豪杰之行其自己也，发其动力奋发，砥砺推韬，一往无前，其强如大风之难于长在，如色者性欲发动而寻其情人，决无有能阻回之者，……泡尔生谓大人君子非能以义务感情实现，由活泼泼地感情之冲动而陶铸之，岂不然哉！岂不然哉！（按吾之意与孟子所论浩然之气及大丈夫两章之意大略相同）

盖意志本原于冲动，意志者中之良心何独不然。……要之，二者原为一物，……吾人之良心固未有不以食欲性欲之事为然者也，……良心不过加以节制而已，并非反对它，其节制正所以完成冲动之本职也，故良心与冲动理应一致。

对泡尔生所说的“冲动与生活，犹悬钟之于机械，决非理性所能代，何则？理性者无运动者也”，毛批曰：“旨哉言乎”（同上）。对泡尔生所说“义务者不起于一人内界之意志，而实由外界以无上权威胁成之，明矣”，则批曰：“此处吾有疑义”（同上）。

可以看出，毛注重和强调的“主观的道德律”并不同于康德的道德自律，也不同于传统儒家无论是程、朱或陆、王的“天理”或“本心”。不同于康德在于，毛的“主观道德律”不承认去服从或执行任何外在的客观的“绝对命令”；不同于程朱在于，毛的“主观道德律”不是什么宇宙的“义理”、“理则”；不同于陆王在于，毛的“主观道德律”中理性的良知与感性的食、色是合为一体的“冲动”，两者不是对立的，而毋宁更是相辅相成的。这种所谓“道德律”似乎是一种感性的物质体魄力量。所以比较起来，毛又更接近于陆王一些，他并没有逃出时代所赋予的中国近现代思想这一总特色①。总之，他把“道德律”当做一种完全由自己做主的感性的意志力量，具有直接现实的品格，主要不是在反省中、思辨中、修养中，而是应在行为中、活动中、功业中呈现出来。并认为这种力量如同自然本能（食、色）那样强有力，把道德的意志力量与食欲、性欲的强大本能力量相提并论，认为“二者原为一物”，都是“冲动”或“动力”，并且肯定这种“冲动”“决非理性所能代”。这是相当奇特和自相矛盾的。但是，生物本能欲望与人的意志力量究竟是何种关系？二者的同异何在？是相反相成还是彼此斗争？以及这种个体主义的“实现自我”为何会是“道德”？即自我“动力”的所谓“适宜”、“得当”的标准何在？等等根本问题，毛并未真正研究或深入考虑。他毕竟不是在搞哲学体系，而且他的思想也还远未成熟。

但有两点似乎很明显，一是这种“贵我”思想以及所谓“主观道德律”，正说明在当时整个价值观念和道德标准崩溃时代，已经没有可以作为依据、遵循的客观规范准则，所以毛才有“山河大地，一无可据，而恃者惟我”的思想；其二是，这种“贵我”的人生观及伦理学又正好在新时代体现了“舍我其谁”的英雄主义的传统观念。毛的这种“主观道德律”充满了传统的强烈的英雄主义特征。这种英雄主义包括下层《水浒》、《三国》的豪杰，也包括《孟子》里的圣贤、“大丈夫”。而毛所追求和锤炼的意志、道德、修养、“自律”，他所理解和理想的“圣贤”，实际是对充满雄心壮志的“豪杰之士”的要求：“未有圣贤而不豪杰者也”（《讲堂录》），“帝王一代帝王，圣贤百代帝王”（《伦理学

① 参看拙作《中国古代思想史论 · 宋明理学片论》第三部分。

原理批语》)，即集圣贤豪杰（帝王）于一身的人格理想。

毛在指出道德自律有与食、色本能相关联和具冲力共性的同时，着重道德必须建立在自觉意识之上："道德之实行固赖感情与意志，而其前，必于此将实行之道德有判然之意识，而后此行为乃为自动的。若盲目之道德，固毫无价值也"(《伦理学原理批语》)。毛在组织《新民学会》等团体活动时，强调"研究底下，须增修养"。他手订的"会章"在"以革新学术、砥砺品行、改良人心风俗为宗旨"下规定，"本会会员须守左之各规律：一，不虚伪。二，不懒惰。三，不浪费。四，不赌博。五，不嫖妓"。表面看来均属平淡的老生常谈，但对毛来说，这里的"不"却远非消极的防戒修身，而更着眼于实现上述主体能动意志的道德实践活动："义务者，非仅有其不为云云，而又有要为云云之意，非仅有消极之意义而不有积极之意义也。""吾人须以实践至善为义务，即以发达吾人之身心之能力至于极高为义务也，即以实践具足之生活为义务也。"(《伦理学原理批语》)

从这一观点引申，青年毛泽东认为世上只有善而并无恶："故吾谓天下无恶，有之则惟次善；天下无恶人，有之则惟次善人也。""恶也者，善之次等者也。非其性质本恶也，惟其为次等，故不能与善有同一之价值。在一时候有觉其毫无价值者，且有大害者，此乃就其时候言，此例于他物言，非其本质之果无价值也。"(同上)

这也就是说，既然人都有生，都在为实现自我的身心而斗争奋斗，因此就无所谓恶。这似乎仍然是中国儒家的传统。但青年毛泽东既以"发达吾人之身心能力至于极高地位"为"善"和道德义务，便肯定和赞颂人的感性活动和追求。这种活动和追求，对毛来说，是一个永不穷尽的过程；因此它又不只是某些具体的物质变革，而且同时是一种精神、意志的永恒追求：

> 人不能达到根本之欲望，亦可谓之人不能达到根本之理想。人只能达到借以达于理想之事，及事达到，理想又高一层，故理想终不能达到，惟事能达到。（《伦理学原理批语》）
>
> 人类究竟之目的的到底如何，还是不知道。（同上）

这种对无止境的理想追求本身作为目的，是毛思想中极可注意的重要特色。

但就眼前说，改造中国与世界以达到大同世界，却是现实的具体目标。“大同者，吾人之鹄也”（《与黎邵西书》，1917 年 8 月 23 日），这个“大同”本是作为“彼时天下皆为圣贤”的道德理想的，但青年毛后来仍然把它具体化了。例如“公共育儿院、公共蒙善院、公共学校、公共图书馆、公共银行、公共农场、公共工作厂、公共消费社、公共剧院、公园、博物馆、自治会”①等等。毛还主张废除婚姻：“已有婚约的，解除婚约（我反对人道主义），没有婚约的，实行不要婚约，……实践‘废婚姻’这条盟约，……务使全人类对于婚姻制度都得解放”（1920 年 11 月 20 日给罗家瓒信）②，等等，等等，以求得自我身心的完满实现。

显然，由于毛的“实现自我”是以向外的感性物质活动和进行斗争、改造对象为依据，自然具有着直接实践的现实特点。从

---

① 《学生之上作》（《湖南教育月刊》1919 年 12 月），转引自汪澍白、张慎恒《毛泽东早期哲学思想探源》，第 35 页。

② 参见《新民学会资料》，第 121 页。

而，与外界相冲突，与传统社会、与黑暗政治、与恶劣环境相抗击，便自然而然地成为毛的“道德律”的题中应有之义。这样，它便迥然不同于传统理学的修心养性、守静笃敬之类了。

支持、鼓舞这种“冲力”、斗争的，是毛所强调的“信仰”。毛在泡尔生“人既信善之有势力矣，信神矣，则是以鼓其勇敢而增其希望……无此等信仰而能立伟大之事业者，未有也。一切宗教以信仰为基本”的论点上批曰：“教可无，信不可少”。毛以后也一再指出，“尤其要有一种为大家共同信守的‘主义’，没有‘主义’是造不成空气的……主义譬如一面旗子，旗子立起来了，大家才有指望，才知所趋处”（1920 年 11 月 25 日毛泽东给罗璈阶信）①。

由“主张动”、“动力”到“道德自律”，到“信仰”和“主义”，也就是由一般的宇宙观、人生观到具体的主张和要求。与他的实践活动完全一致，青年毛的思想也一步步地走向现实的社会阶级斗争。

三 “通今”的经验理性

这，也就开始构成青年毛泽东思想中重目前重当今的经验理性。

首先，毛强调当下的“现在”，他承认空间，否定时间②，强调现在，反对追思过去与幻想未来。

---

① 参见《新民学会资料》，第 97 页。

② “吾意时间观念之发生，乃存在于客观界一种物理机械之转变，即地球绕日而成昼夜是也。……此可证明本无所谓时间，地球绕日但为空间之运动也”（《伦理学原理批语》）。这也就是后来“坐地日行八万里”诗句所本。

与上述“贵我”相对应的是“通今”：“前古后今，一无可据，而可据者惟目前（通今）”（《讲堂录》）。“以往之事，追悔何益？未来之事，预测何益？求其可据，惟在目前。……使为学而不重目前，则人寿几何，日月迈矣。……重现在有两要义，一贵我（求己不责人）二通今，如读史必重近世，以其与我有关也”（《讲堂录》）。

第二，毛尽管认为“理想者，事实之母也”（《讲堂录》），但要能使理想变为事实，却必须重视经验、重视实际、重视行动。毛在《讲堂录》中，便记下了“古者为学，重在行事”，“不行架空之事，不谈过高之理”，强调亲身经历，“闭户求学，其学无用，欲从天下国家万事万物而学之”。因为强调“通今”，重视当下现实，自然重视行动中实践中的实际经验。但更重要的是，他认为，“解甲物而有通乎乙，思此理而有会乎彼……万象之众，息息而相近，是谓知觉类化”（同上）。这即是说，不能从书本中，而必须从实际经验中，去解甲通乙，由此及彼，以达到所谓“知觉类化”。这个“知觉类化”就是指达到某种经验的理性认识。“知觉”，指经验；“类化”，指所谓“息息而相通”所获得的共相认识，即理性。这也就是毛所说的“通今”。这样，便可以总结出“规则、次序”来。如说“天地间无往而非兵也，无兵而非道也”（《讲堂录》），奇诡复杂如兵（军事），也有一定规律的“道”。又如说，“人类自养其生之道，使身体平均发达，而有规则、次序之可言者也”（《体育之研究》）。毛从来就否认有先验或先天的知识，强调包括“规则秩序”和“道”的认识都从直接经验中来。所谓“良知良能”也不过是祖先以来多代相传的经验而已。毛身体力行他的这种经验理性的认识论，游学数县，获取经验，以了解社会。

第三，从而毛非常重视现实主义地提出问题，从实际出发来作出论证和制定战略。例如，他在提倡体育时，便首先指出“自有生民以来……无不知自卫其事者。是故西山之薇，饥极必食；井上之李，不容不咽”，即从人人都必须维持生存这一无法否认的基本实际出发立论。又如，他在笔记中尽管记下“惟安贫者能成事”，但同时便指出，“志不在温饱，对立志而言。若言作用则王道之极亦是衣帛食粟不饥不寒而已，安见温饱之不可以谋也”（《讲堂录》），也是从人要吃饱穿暖这一普通事实出发。毛日后的许多战略、策略、思想、手段，如重视军队、团结斗争、分而治之等等，也都是重视从实际出发，总结经验，以服务于他那雄图大略的自由意志的。毛日后所谓“战略上藐视敌人，战术上重视敌人”亦即此意。从而，具有高度现实和冷静的理知态度，抓住关键的矛盾的思维方式和用以直接指导行动的实用特色的兵家辩证法[①]，便非常适应毛的需要。通过这种行动辩证法，毛把他那“动”、“斗”的宇宙—人生观具体化、实用化和理知化了，并由军事而扩展用于政治[②]，成为他的重要的哲学思想。这即是说，毛青年时代的“动”、“斗”观念结合经验理性构成了比较完备的辩证法（后来表述为《矛盾论》），同时也由于经验理性，形成了唯物论的认识论（后来表述为《实践论》）。虽然这都是以后的事情，但在青年时期即有思想上的发萌。例如，毛在《讲堂录》所记“圣相不以自己之长为长，常集天下之长为长”，在五四运动后提出“民众的大联合”（《湘江评论》）和“我们非得组

---

① 参看拙作《中国古代思想史论 · 孙老韩合说》。

② “天地间无往而非兵也”（《讲堂录》），也可见早年毛即注意“兵”的普遍性。参看本书《试谈马克思主义在中国》。

织联军共同作战不可”（1920 年 2 月给陶毅信）[①]等等，在注意组织力量（人数众多）上，便已开日后“群众路线”的先声。这些都是显示出他“以实事程实功”的经验理性作风。与当年蔡和森的“理论家”称号相映对，毛获得“实践家”的名声，并不偶然。

毛从来很少完全沉溺于纯理论的学习、思辨和研讨。他总从实际来发言，例如他批评罗素，只是说：

> 罗素在长沙演说……谓宜用教育的方法使有产阶级觉悟，可不至要妨碍自由，兴起战争，革命流血。但我于罗素的主张，有两句评语："理论上说得通，事实上做不到"（1920 年 12 月给肖旭东、蔡和森信）[②]。

这似乎已经足够了，何必多论。毛不喜欢流行在知识分子中那种种不着边际不关痛痒繁琐冗长的研究、讨论、争辩，所以“不说大话，不好虚名”（《讲堂录》）既是他的道德自律，也是他的经验理性。他是把它们融合在一起的。在他那里，“动力”的欲求、“贵我”的意志、“通今”的理性，三者相互渗透交织，结成了青年毛泽东的英雄主义、浪漫主义的哲学世界观的雏形[③]。

当然，青年时期，思想远未成熟，其中包含着许多矛盾。但以感性自我的“动”（劳动、活动、行动）和“斗”为根本这一

---

① 参见《新民学会资料》，第 60 页。

② 同上书，第 147—148 页。

③ 在这三者中，实用性的经验理性是为其浪漫主义的自由意志服务的，处于从属地位。

条主线在青年毛泽东思想中，是非常鲜明突出的。由此而有不断的追求、抗争、奋斗、斗争，不怕乱，不怕争，不怕斗，并且喜欢它们，快乐地迎接或制造它们。以永恒的追求作为这种生存动力的理想和信仰，以依靠现实经验作为实现此理想和信仰的步骤、手段和方法，不间断地、自觉地与天、地、人奋斗，来取得事业的成功和最高度地“实现自我”的精神快乐，青年毛泽东的这一思想特征，无疑对其以后接受、选择、运用、发展马克思主义，有其重要的影响。

最后一个问题是，青年毛泽东这些思想的来源。当时处在戊戌辛亥中外思潮十分活跃地碰击湖南的时期，毛所承受的思想震荡是多方面的，所接受的思想影响，也是多方面而非常复杂的。从朱熹和王阳明的传统教义，到近代的康、梁、孙、黄的变法主张和革命实践，从中学到西学，从政治到文化，五光十色，纷至沓来。毛泽东爱读报纸，报纸上所刊载的各种思想、主张、观念、学说更是五花八门，多种多样，使这一点更加突出。简括地看，颜元、曾国藩、谭嗣同、严复和陈独秀，大概是在对青年毛泽东的影响中最为重要的几位人物。

“前之谭嗣同，今之陈独秀，其人者魄力雄大，诚非今日俗学所可比拟”[①]。陈独秀不用说[②]，谭嗣同《仁学》中强调冲破网罗、主动反静、相对主义等等，甚至在文字词语上也与毛的《伦理学原理批语》十分相似。如：

谭：“……方甚为陶埴也，在陶埴曰成，在土曰毁；及其碎

① 转引自李锐《毛泽东的早期革命活动》，第104页，湖南人民出版社，1980年，长沙。

② 参看本书其他文章。

也，还归乎土，在陶殖曰毁，在土又以成。但有回环，都无成毁……方其为饼饵也，在饼饵曰存，在谷曰亡；及其化也，选粪入谷，在饼饵曰亡，在谷又以存，但有变易，复何存亡?"（《仁学》）

毛："世上各种现象只有变化，并无生灭成毁也。生死也，皆变化也。既无生灭而只有变化，且必有变化，则成于此毁于彼，毁于彼者必成于此，成非生，毁非灭也。……生非成，死非灭也。"（《伦理学原理批语》）

这种相似并不止是一二处。这里不赘引了。

曾国藩对青年毛的影响见于毛当年与黎邵西（锦熙）的通信自述中，如说："愚于近人，独服曾文正"，这不但曾作为小同乡（曾是湘乡人），于毛可能有某种亲切感，但主要恐怕是曾并"圣贤"（修养）、"豪杰"（事功）于一身，很符合毛当时的口味和志向。颜元强调体力活动的自我修养，如前所述，很明显与毛的思想非常合拍①。而严复介绍的形式逻辑和近代经验论的方法论，也正是毛的经验理性所特别需要的理论依据。严译的自由主义的经济学（《原富》）和政法理论（《法意》）以及资本主义社会许多其他的事物、文明如教育制度、政治制度等等，则似乎对毛并无何影响和意义。毛直到晚年仍对逻辑学（形式逻辑）有高度兴趣②，提议重印数十年前的逻辑著作，也可作旁证。

青年毛泽东的上述思想，似乎可以明显看出，第一，西方传来的个人主义思想被中国原有的英雄主义思想在传统儒学的"立

---

① 余英时《史学与传统》："毛泽东早年即服膺颜元之学，见李璜《学钝室回忆录》，传记文学社，1973 年，页 36—39"，第 104 页，时报出版公司，1982 年，台北。

② 可参看龚育之等《毛泽东的读书生活 · 毛泽东与逻辑学》，三联书店，1986 年。

志”、“修身”、做“圣贤”的外罩下融化了。第二，重劳动、建信仰、立组织、讲刻苦的下层社会的观念、情感、习俗[1]，与上层社会的文化修养、知识学问、高雅趣味融合在一起了。中国上下层社会均保持的传统的实用（实践）理性精神，在这里展现得非常清楚。青年毛泽东思想特色，正是那一时期上下古今的某种混合物。由于反衬出下层社会（主要是劳动农民及流氓无产者）的反叛“冲动”，使青年毛泽东不同于当时许多知识分子。由于毕竟受过儒家教义的熏陶和深厚的传统文学修养，使青年毛泽东又不同于当时的江湖浪子、绿林豪杰。也正因为此，毛泽东一方面嫌恶旧教育、嫌恶憎恨“四体不勤，五谷不分”和“温良恭俭让”的孔夫子的传统，但另一方面，他又仍然能接受、运用和继承从孔孟到宋儒到曾国藩在社会上层所宣讲的“立志”、“修身”的理学精神。他把这两个方面奇异地综合起来了。与此相映对，他对资本主义特别是对资本主义教育的反感，却始终强烈地保持着。

在青年毛泽东的思想的具体行程中，毛的老师杨昌济的直接引导起了重大作用。杨确乎是上承谭嗣同，下启毛泽东。例如，杨说：

> ……体魄界之中心点，吾身是也；灵魂界之中心点，吾心之灵是也。总之，天地万物，以吾为主。……孔子曰，古之学者为己；孟子曰，万物皆备于我矣。……宇宙内事，皆吾性分中事，为己者，为此也。[2]
>
> 余研究学理十有余年，殊难极其广大，及读谭浏阳《仁

---

① 参看拙作《中国古代思想史论 · 墨家初探本》。

② 转引自王兴国《杨昌济的生平及思想》，第 53—54 页，湖南人民出版社，1981 年，长沙。

学》，乃有豁然贯通之象。……心力迈进一往无前。[1]

……

不但杨昌济对曾国藩、谭嗣同的极力推崇，而且他强调动、运动、立志、修身、学以致用、实事实功以及“实现自我”等等，都对他的学生产生了很大影响[2]。

毛青年时写过为杨所激赏的《心之力》一文，但今天已经看不到了。估计与前述的“动力”、“贵我”即高扬主观精神和意志力量相距不远。毛的这一思想特色，也不断表现在他的诗词创作中。他的诗词对于了解其思想及个性（这二者在他那里是融化在一起的）是极为重要的[3]。毛终其一生是浪漫气质很重的诗人。早年他就自称“可惜我太富于感情，中了慷慨的弊病”，“我因易被感情驱使，总难厉行规则的生活”（《与黎邵西书》，1920 年 6 月 7 日），“性不好束缚”（同上，1915 年 11 月 9 日），毛的哲学思想中充满了个性，而这个性以充分的形式表现在他的诗词创作中。从“丈夫何事足萦怀，要将宇宙看梯米”（《送纵宇一郎东行》）到“问苍茫大地，谁主沉浮”，从“苍山如海，残阳如血”到“泪飞顿作倾盆雨”……其中不但有豪杰的伟词，战士的深

---

① 《达化斋日记》，第 165 页，湖南人民出版社，1981 年，长沙。

② “杨昌济倡导手工课……有金工、木工、石膏等科目……其他如言行方面：静坐、默思、不说谎话、不涉狎邪等等；生活锻炼方面：做事勤恳，崇尚劳动，衣食菲薄，爱惜时间，废止朝食，冷水淋浴，长途单行……无不躬行实践，对学生们有深刻影响”（李锐：《毛泽东的早期革命活动》，第 33 页），但毛却把“动”的宇宙观贯串到底，极力反对“静坐”，颇不同于他的师（杨昌济）友（蔡和森）。

③ Benjamin Schwartz 曾认为，毛的诗比他的辩证法、认识论更是毛的哲学的核心。见 Dick Welson 编 *Mao Tse-Tung in the Scales of History*，p.10. 伦敦，1977 年。

情，而且还有人生的感喟。毛好思索，虽不喜欢纯抽象思辨（这一点很不同于马克思以至列宁），却有深刻的生死感怀和人生感慨。像“人生易老天难老”、“天翻地覆慨而慷”、“萧瑟秋风今又是”……便是在事功极盛时的深刻的宇宙苍凉感。但尽管苍凉，却并不伤感，主要的方面仍然是那种冲力的高扬，意志的旺盛①。

> 宇宙茫茫，挽驾何所？此真足以动人生之悲痛者也。虽然，吾之意不如此焉。……大风卷海，波澜纵横，登舟者引以为壮观，生死之大波澜，何独不引以为壮乎？（《伦理学原理批语》）

正是这样，面临着个人和国家的生死变化的大波澜，凭依意志力量之“冲动”来驾舟远航，任一己之心力，主万姓之浮沉，以实现自己体魄和精神之极致，以追求那大同邦、理想国，这似乎是毛从青年到晚年所并未改变的行动世界观。

关于毛如何接触和接受了马克思列宁主义，在其中选择了些什么，回避、忽略或拒绝了什么，发展了些什么，以及他如何在哲学上很快由唯心论变到“辩证唯物论”，在政治上很快由反对暴力的温和派变到主张暴力的急进派，等等，也都与他青年时期的上述思想特征有关。而这些，就得另抄材料，且听下回分解了。

（原载《河北大学学报》1987年第1期）

---

① 与高扬意志和力量的英雄主义相反相成的，是一种自我嘲讽式的确认和“贬低”，包括晚年的“竖子成名”、“猴气”等等（“猴气”还有更多的含意）。

试谈马克思主义在中国

没有哪一种哲学或理论，能在现代世界史上留下如此深重的影响有如马克思主义；它在俄国和中国占据统治地位已数十年，从根本上影响、决定和支配了十几亿人和好几代人的命运，并从而影响了整个人类的历史进程。俄国不在本文范围。这一事实在中国是如何可能的？它显然是一个具有头等意义的现代思想史课题。

而且，较之西方马克思主义各派理论，马克思主义在中国或者说中国的马克思主义具有由实践行动所提供的大量现实的经验和教训。例如卢卡契《历史与阶级意识》所强调的无产阶级群众的阶级意识、葛兰西强调的无产阶级在意识形态上的领导权和“文化批判”等等，都由毛泽东晚年以其东方式的形态在“文化大革命”中广泛实践过。尽管二者仍有许多重大差异，但重视思想意识、伦理道德、文化批判、人的改造等意志主义和主观主义的特色上，却有许多近似或相接近的地方[①]，从毛泽东晚年的

① 参看拙作《批判哲学的批判》（修订本）第九章，人民出版社，1984 年，北京。

失败也许可从理论上印证西方某些马克思主义学派理论的一些问题。因之，对马克思主义在中国的历史命运的研究，对了解整个马克思主义或许也将有所裨益。当然，本文不过是在目前的可能条件下作点尝试而已。第一次尝试总不会成功，希望失败可以给后来者以某些借鉴。

一　1918 年—1927 年

在十月革命以前，中国少数留学生知识分子便知道并介绍过马克思及其学说轮廓。其中，朱执信是最著名的一位[①]，但在中国及知识界并没产生什么影响。因此，毛泽东在 1949 年总结中国革命历史并宣布基本国策的《论人民民主专政》一文中说，“十月革命一声炮响，给我们送来了马克思列宁主义”，便可以说是准确的。马克思主义是与十月革命和列宁主义一起，被中国当时一部分知识分子所欢迎、所接受、所传播、所信仰。与俄国曾经经过普列汉诺夫等人的多年介绍、翻译、研究、宣传马克思主义，具有思想理论的准备阶段大不相同。马克思主义在中国，一开始便是作为指导当前行动的直接指南而被接受、理解和运用的。马克思主义在中国的第一天所展现的便是这种革命实践性格。中国没有俄国那种“合法的马克思主义”。《资本论》等马、恩、列的好些基本理论著作长期以来并无中译本。李大钊、陈独秀、毛泽东……这些中国的最大的马克思主义者当时并没有读过许多马、列的书，他们所知道的，大都是从日本人写作和翻译的一些小册子中所介绍、解说的马克思主义和列宁主义。因此，第

① 参看拙作《中国近代思想史论》，第 302—304 页，人民出版社，1979 年，北京。

一个问题便是，在丰富复杂的马克思主义中，他们到底注意了、理解了、选择了些什么？他们是如何选择、如何运用的？这种选择和运用是如何可能的？

1918 年至 1919 年初，李大钊连续发表了《法俄革命之比较观》、《庶民的胜利》、《Bolshevism 的胜利》，表示了对俄国十月革命的赞赏、支持。1919 年 5 月李大钊发表了《我的马克思主义观》，这可说是第一篇真正介绍马克思主义学说的长文，也标志着中国最早一批进步知识分子对马克思主义的接受和理解。从这篇文章中可以看出，十月革命的成功和河上肇等日本人的第二手的翻译著作，便足以使中国这些知识分子抓住马克思主义的某些基本要点，迅速和果断地接受了它，成为中国第一批马克思主义者。之所以如此，首先是近现代救亡主题的急迫现实要求所造成，同时也是中国传统的实用理性的展现，即要求有一种理性的信仰来作为行动的指针。马克思主义的基本理论和十月革命的实践效果使这种潜在的要求变为现实。

马克思主义有各方面的丰富内容。恩格斯在马克思墓前演说中曾指出唯物史观和剩余价值是马克思的两个重大发现。剩余价值理论本就是无产阶级进行社会主义革命的理论依据和思想基石。但在当时，中国的资本主义刚才起步，无产阶级也非常薄弱，连进行宣传鼓动的厂矿企业都少得可怜，这一基本学说的实用性质和实用范围都非常有限。因此，尽管李大钊、陈独秀等人介绍马克思主义时，都要介绍剩余价值学说，但如果细看一下，便会发现，他们介绍的重点，真正极大地打动、影响、渗透到他们的心灵和头脑中，并直接决定或支配其实际行动的，更多是马克思主义的唯物史观。其中，又特别是阶级斗争学说。

李大钊说：

马氏社会主义的理论，可大别为三部：一为关于过去的理论，就是他的历史论，也称社会组织进化论；二为关于现在的理论，就是他的经济论，也称资本主义的经济论；三为关于将来的理论，就是他的政策论，也称社会主义运动论，就是社会民主主义。离了他的特有的唯物史观，去考他的社会主义，简直的是不可能。因为他根据他的史观，确定社会组织是由如何的根本原因变化而来的……预言现在资本主义的组织不久必移入社会主义的组织，是必然的运命……他这三部理论，都有不可分的关系，而阶级竞争说恰如一条金线，把这三大原理从根本上联络起来。所以他的唯物史观说，"既往的历史都是阶级竞争的历史"。他的《资本论》也是首尾一贯的根据那"在今日社会组织下的资本阶级与工人阶级，被放在不得不仇视、不得不冲突的关系上"的思想立论。关于实际运动的手段，他也是主张除了诉于最后的阶级竞争，没有第二个再好的方法。①（1919年5月）

陈独秀说：

马格斯主义在德国变为国家社会主义……也叫做社会民主主义，因为他主张利用有产阶级的议会来行社会主义，所以也叫做议会派，内中无论是柯祖基的正统派或是柏因斯泰因的修正派，都不过大同小异罢了。在俄国才还了马格斯的本来面目，叫做共产主义……两派的主张彼此正相反对如

---

① 《我的马克思主义观》，《李大钊选集》，第176—177页，人民出版社，1978年，北京。

下表：

共产主义的主张	国家社会主义的主张
阶级战争	劳资携手
直接行动	议会政策
无产阶级专政	民主政治
国际运动	国家主义

……

我们中国人对于这两种社会主义，究竟应该采用哪一种呢？……阶级战争的观念确是中国人应该发达的了，再睁开眼睛看看我们有产阶级的政治家政客的腐败而且无能，和代议制度的信用、民主政治及议会政策在中国比在欧美更格外破产了①。（1921年7月1日）

如前所说，中国知识分子是通过十月革命和列宁主义来接受马克思主义的。因此李大钊、陈独秀所接受的唯物史观与阶级斗争学说，又是与列宁坚决反对第二国际的议会道路直接联系在一起的。这不但直接决定了他们对中国现实斗争道路的选择（不走社会民主党的和平道路，而走俄国布尔什维克的暴力革命道路），而且也决定了他们所接受和理解的唯物史观，总是与激烈的阶级斗争紧密连在一起。正如上引李大钊的解释，马克思关于过去（历史观）现在（经济学）未来（社会主义）的理论，都由阶级斗争这"一条金线……联络起来"。

但是，中国知识分子有着自己的长久的文化传统和观念遗产，这些传统和遗产与唯物史观、与阶级斗争学说不但毫不相

① 《社会主义批评》，《新青年》第9卷第3号。

侔，甚至相互冲突；那么，这种对于他们是全新的观念、思想的马克思主义，为什么会如此迅速地被他们所接受呢？除了救亡这一现实急需外，有没有什么文化心理结构上的依据或条件呢？

本来，从晚清起，严复翻译、介绍的进化论，在中国便一直深入人心风靡不衰，从饱读诗书的士大夫到年轻一代的知识者，曾非常迅速地扔弃千百年“一治一乱”、“分久必合，合久必分”的循环论的历史观和“复三代之盛”的历史退化论，似乎并无任何思想困难或情感障碍便接受了以生物学为基础的社会达尔文主义。这个现象值得注意。它似乎说明，中国由于没有真正强烈的宗教信仰，知识者仍然习惯于用自己的理性来判定、衡量和估计事物，这种理性是一种经验论的理知，排斥着纯粹的抽象思辨和非理性的情感狂热，而与现实生活的经验感受和积极意念连在一起。所以它没有“上帝造人”之类的思想情感上的阻碍，也没有从宿命论角度来安然接受“弱肉强食、优胜劣败”的结论，而仍然追求和呐喊着自立自强和刚健奋起。“自强”“刚健”本是儒学传统，它却可以在西方输入的进化论观念下成为近代精神。可见，尽管近现代传来的好些西方学说，在某些具体内容、观念上与儒、道、墨、法的中国传统相背离、矛盾甚至相冲突，例如上述的进化论与历史循环论、退化论的背离，“弱肉强食”“生存竞争”与“和为贵”（儒）“弱者道之用”（道）的矛盾，却可以在更深一层的文化心理结构（“民族精神”、“国民性”）上接受和融会他们。这所谓“更深一层”的“文化心理结构”的一种基本特质，便是求现实生存、肯定世俗生活并服务于它的实用理性。

也正因为中国的实用理性使情感经常处在理智的控制、干预和渗透下，使人们的意念、信仰、希望以及意识形态经常要求某种理性的解释，进化论在中国便主要不是作为一种实证的科学学说来对待和研究，而是更作为一种意识形态、一种信仰、一种生活动力、人生观点和生命意念而被接受和理解[①]。人们是怀着一种情感态度去接受、理解和信仰它的，但这是一种理智认识后的信仰，而不同于纯情感的倾倒或服从。正如同以前中国士大夫之信仰孔夫子不同于西方人崇拜上帝相信耶稣一样。进化论观念作为意识形态和情感信仰，指导中国知识分子去生活和奋斗，具有着理性的特征。

显而易见，由进化论走到唯物史观，在中国知识群中，是顺理成章，相当自然的事。李大钊、陈独秀当年便是如此。李大钊在成为马克思主义者以前，歌颂着“青春”、“今”，呼喊着“新的、旧的”，追求进步，肯定进化。陈独秀则曾直接以“进化论”与“人权”、“社会主义”作为新文化启蒙运动的思想理论基础。人所共知，鲁迅在成为马克思主义者以前，也是进化论的信徒。

唯物史观之所以能替代进化论，它优越于后者之所在，对当时先进知识群说，至少有突出的两点。第一，它更为具体地实在地解释了人类历史，不再是一个相当简单的生存竞争原则或比较空泛的社会有机体观念，而是以经济发展作为基础来解释社会的存在和各种社会上层建筑、意识形态、观念体系以至风习民情，具有很大的理性说服力。中国一直有着“经世致用”重视功利的儒学传统，有着从经济（食货）、地理各种社会物质存在条件或方面去研究和论证政治盛衰、民生贫富的思想学说。早在春秋时期，便有“仓廪实则知礼节，衣食足则知荣辱”（《管子》）和“庶之、富之、教之”（《论语》）的思想观念，它们一直未为

---

① 参看本书《记中国现代三次学术论战》。

人们所遗忘。尽管有宋明理学的冲击和统治，历代治世能臣从桑弘羊到张居正的形象，不但被史书所详加记录，而且基本上为士人们所肯定。这种“文化心理结构”的积淀，对不倦地向西方寻求救亡真理的现代中国知识分子先选择进化论后又选择了唯物史观，应该说是起了作用的。尽管不一定自觉意识到，但思想传统、情感倾向和心理结构上的认同，亦即没有在情感、观念上强烈的排拒感、难以接受感，无疑是一个重要因素。对比中国人由于长久的传统观念和伦理情感的排拒，一般较难接受弗洛依德恋母情结论和极端个人主义，对比具有强烈宗教信仰者难以接受“猴子变人”的进化论，似乎也表明这一点。

其次，就具体内容说，中国社会思想中一直有乌托邦的传统。儒家“治国平天下”是希望“复三代之治”，道、墨甚至佛教也各有其不同的乌托之邦或极乐世界。到近代，洪秀全、康有为和孙中山更分别构造了他们的“新天新地新人新世界”的大同远景。①以空想社会主义为自己现实奋斗的最终目标和远大理想，是这些志士仁人进行实践斗争的一种巨大的动力。因之，由空想社会主义到唯物史观的“科学社会主义”，在思想进程上也有顺水推舟易于接受的便利。

这里，重要的是，对中国知识分子来说，唯物史观与进化论一样，不是作为具体科学，不是作为对某种客观规律的探讨研究的方法或假设，而主要是作为意识形态、作为未来社会的理想来接受、来信仰、来奉行的。“马克思列宁主义的实践性格非常符合中国人民救国救民的需要……重行动而富于历史意识，无宗教信仰却有治平理想，有清醒理知又充满人际热情……这种传统精

---

① 参看拙作《中国近代思想史论》。

神和文化心理结构，是否在气质性格、思维习惯和行为模式上，使中国人比较容易接受马克思主义呢?”①其中特别是，马克思主义主要作为一种历史观与中国文化心理尊重历史经验、富有历史观念历史情感，更有相互接近的地方。1949年的胜利和解放初关于“社会发展史”（即唯物史观）的大规模的宣传，使中国大陆绝大多数知识分子，包括好些宗教信徒和非马克思主义甚或反马克思主义的著名学者、教授、哲学家、历史学家，都自觉自愿地接受了和相信了马克思主义。“1949年以后许多有自己明确的哲学观点、信仰甚至体系的著名学者和知识分子如金岳霖、冯友兰、贺麟、汤用彤、朱光潜、郑昕等人，也都先后放弃或批判了自己的原哲学倾向，并进而接受马克思主义。尽管他们对马克思主义哲学了解的深度和准确度还可以讨论，但接受的内在忠诚性却无可怀疑。……这与他们由热情地肯定共产党领导革命成功使国家独立不受外侮从而接受马克思主义有关；但这种由‘人道’（政治）而‘天道’（哲学）的心理转移，不又正是中国的思想传统么？他们不正是自觉不自觉地表现了这一传统么”②，甚至像顽强固执的熊十力、梁漱溟，也都在他们的晚期学术著作中，表露出或反射出他们对马克思主义哲学某种程度上的认同或肯定态度③。

当然，还有一大批知识分子（主要是大陆以外的）并没有接受而且许多还激烈反对马克思主义。除了政治原因外，思想上的一个主要焦点是他们反对阶级斗争学说。承认或否认从而积极参

① 拙著《中国古代思想史论》，末章。

② 同上。

③ 参看熊十力的《原儒》、《乾坤衍》、梁漱溟的《人心与人生》等著作。

加或消极拒绝（或积极反对）阶级斗争，便几乎在中国成了是否接受马克思主义的一个理论上的区分界线和标准尺度。1949年以前，中国知识分子中的马克思主义者绝大多数是中国共产党党员，也在实践上说明了这一点。因此，马克思主义在中国，主要是以其唯物史观（历史唯物论）中的阶级斗争学说而被接受、理解和奉行的。

> 阶级斗争，一些阶级胜利了，一些阶级消灭了。这就是历史，这就是几千年的文明史。拿这个观点解释历史的就叫做历史的唯物主义，站在这个观点的反面的是历史的唯心主义。①

这条在“文化大革命”中被亿万人民无数次高声诵读的毛语录，虽然并不能概括中国马克思主义者甚至毛泽东本人对唯物史观的全部看法，因为阶级斗争并不就是唯物史观，唯物史观也远不止是阶级斗争，但阶级斗争作为唯物史观的一个重要的基本内容，数十年来对中国的革命知识分子来说，具有关键性的意义。共产主义作为唯物史观的未来图景，提供的只是革命的信念和理想，阶级斗争作为唯物史观的现实描述，才既是革命的依据，又是革命的手段和途径。于是它就成了马克思主义在中国最根本的理论学说和基本观念。

所以，值得注意的是，在中国，常常是从阶级斗争来看一切，包括从阶级斗争的角度、形势和要求来认识、研究以至描述、区别阶级。无论是陈独秀1923年的《中国国民革命与社会

---

① 《毛泽东选集》，第1376页。

各阶级》，或毛泽东1926年的《中国社会各阶级的分析》，都主要是从当时整个阶级斗争的形势、情况的角度和层面来分析中国社会各阶级，因此，着眼点和着重点主要不在各阶级在社会生产关系中的历史位置的具体科学考察；不在对中国社会作严格的结构性的阶级阶层分析；不在以比较严密的数量统计为基础的所有制和财产分布的描述研究①，而主要在描述各阶级在当时经济特别是政治上的处境、状态和它们在经济特别是在政治上的态度和可能性。从而收支状况、生活水平代替在社会生产关系和生产方式中的结构性的地位；常常不是生产中的地位，而是分配、消费中的地位，不是经济条件，而是政治态度，更成为注意的重点。中国马克思主义的这种阶级分析和阶级观念更接近于马克思《法兰西阶级斗争》、《路易·波拿巴的雾月十八日》等战略论著中的阶级分析，而不接近《资本论》、《俄国资本主义的发展》（列宁）的基础分析。它实际是从阶级斗争（政治）来观察、论证阶级（经济），分析阶级也是为了明确“谁是我们的敌人？谁是我们的朋友？”是为了当前革命的急迫的实用需要②。

阶级斗争学说从陈独秀、李大钊等人所率先传播，得到大批青年欢欣鼓舞的接受和信仰后，很快就有具体行动的落实。首先是建党，其次是“到民间去”。

建党是列宁主义的基本学说。以职业革命家为主体、有严格组织和铁的纪律的共产党组织在北京、上海、长沙等地相继成立，并召开了第一次、第二次代表大会，并开始领导、组织工人

---

① 直到三十年代的中国社会性质问题论战才有了初步的科学研究。

② 毛制订的《怎样分析农村阶级》略有不同。但那是政策性的文件，也没有从理论上分析封建生产方式和封建土地制关系中的各阶级。

进行斗争。上述思想理论上的阶级分析也正是在有了这种阶级斗争实践之后才来进行的。中国共产党没有马列主义创始人以及考茨基、普列汉诺夫等人那种多方面多层次的理论论著，中国现代紧张的政治局势和救亡斗争，使得人们在主客观上很少能有足够的条件来进行深入的理论思考和书斋研究，而把主要的力量、时间和注意力，集中在急迫的斗争实践上去了。中国传统文化心理中的实用理性和集体（家国）意识无疑促成了这一特征。所以，从唯物史观到阶级斗争，无不涂上这样一种直接为急迫的现实斗争、为当前的社会需要服务的色调。马克思主义的实践性和革命性，在中国现代的特定环境下，在中国传统的文化心理渗入下，具有了这样一种单纯和直接的实用特征。

有学者研究胡适时，曾解释为何杜威与罗素大体同时来华讲学，杜威的影响却比罗素要大得多，认为“杜威的实用主义通过胡适的中国化的诠释之后，这种‘改造世界’的性格表现得更为突出。……杜威和马克思之间有许多根本的分歧，但在‘改变世界’这一点上（包括强调理论与实践的统一），他们的思想是属于同一形态的。马克思主义之所以能继实用主义之后炫惑了许多中国知识分子，这也是基本原因之一”①。其实，更重要的是，一方面，在上述的中国现代条件下，本来十分重视理论、具有一整套完备理论体系的马克思主义本身，在中国也被染上了“有效即真理”和要求直接服务于当下实践的实用主义的因素。这一点影响了它在中国的发展方向。但另方面，为什么马克思主义能够“继实用主义之后炫惑了许多中国知识分子”呢？即是说，马

① 余英时：《中国近代思想史上的胡适》，第 61 页，联经出版事业公司，1984 年，台北。

克思主义如何比实用主义对中国知识分子有更大的可接受性呢？

除了现实的原因（救亡图存）外，又似乎仍有其文化心理结构上的原因。就传统心态说，中国的实用理性有与实用主义相近的一面，即重视真理的实用性、现实性，轻视与现实人生与生活实用无关的形而上学的思辨抽象和信仰模式，强调所谓“道在伦常日用之中”。但也有与实用主义并不相近的一面，即实用理性更注意长远的效果和具有系统内反馈效应的模式习惯，即承认有一种客观的“道”支配着现实社会和日常生活，从而理性并非只是作为行为的工具，而且也是认识（或体认）道体的途径。正是实用理性这一特点，使中国知识分子在马克思主义与实用主义之间，在文化心理结构上更易倾向于前者一些。因为马克思主义不但有其关于社会发展的理论和未来世界的理想，而实用主义的理论建立在生物适应环境的基础上，没有这种理论和理想；而且马克思主义是肯定客观世界及其普遍规律的存在，是重视对这种客观规律的认识和论证的，而实用主义则从理论上排斥这一点。所以，从一开始，中国马克思主义者像李大钊、陈独秀、瞿秋白、蔡和森等人就写出了有关中国现实局势和奋斗前景的好些颇有理论水平的文章，今日看来，也远远超过了当时其他党派和其他的思想理论学说（例如胡适的政论文章），他们对中国革命状况和政治斗争的分析论证，具有比其他理论学说更有说服力的深刻性。这倒正是他们运用了马克思主义即唯物史观和阶级斗争学说来观察论证的结果。因为当时中国确乎处在日益紧张的社会斗争和阶级斗争之中，处在日益加剧的日本帝国主义侵略形势下。

马克思主义在中国的第一阶段以李大钊的理论文章最具有代表性，李大钊是中国马克思主义的早期理论代表。之所以如此，不仅在于李大钊是最早接受和最先传播马克思主义的先驱，而且也在于他的这种接受和传播，从一开始便具有某种“中国化”的特色。这特色使他不同于陈独秀，而与后来以毛泽东为代表的中国马克思主义倒有一脉相通之处。其中有两点最值得注意：

第一，是民粹主义的色彩①。李大钊大概是最早号召知识青年学习俄国民粹派“到农村去”的中国马克思主义者：

> ……我们青年应该到农村去，拿出当年俄罗斯青年在俄罗斯农村宣传运动的精神，来做出开发农村的事，是万不容缓的。我们中国是一个农国，大多数的劳工阶级就是那些农民。他们若是不解放，就是我们国民全体不解放，他们的苦痛，就是我们国民全体的苦痛；他们的愚暗，就是我们国民全体的愚暗；他们生活的利病，就是我们政治全体的利病。
>
> ……
>
> 在都市里漂泊的青年朋友们啊！你们要晓得：都市上有许多罪恶，乡村里有许多幸福；都市的生活，黑暗一方面多，乡村的生活，光明一方面多；都市上的生活，几乎是鬼的生活，乡村中的活动，全是人的活动；都市的空气污浊，乡村的空气清洁。你们为何不赶紧收拾行装，清还旅债，还归你们的乡土？
>
> ……早早回到乡里，把自己的生活弄简单些，劳心也好，劳力也好，种菜也好，耕田也好，当小学教师也好，一日把八小时做些于人有益于己有益的工作，那其余的工夫，都去做开发农村、改善农民生活的事业。一面劳作，一面和

---

① 参阅 Maurice Meisner, *Li Ta-chao and the Origins of Chinese Marxism*, 1970, N. Y. Atheneum，此书强调提出了这一论点。

> 劳作的伴侣，在笑语间商量人向上的道理。只要知识阶级加入了劳工团体……只要青年多多的还了农村……那些掠夺农工、欺骗农民的强盗，就该销声匿迹了。
>
> 青年呵！走向农村去吧！日出而作，日入而息，耕田而食，凿井而饮。那些终年在田野工作的父老妇孺，都是你们的同心伴侣，那炊烟锄影鸡犬相闻的境界，才是你们安身立命的地方呵！（《青年与农村》，《晨报》1919年2月20—23日）

民粹主义一般有两个相互结合的特色，一是痛恨资本主义，希望避免或跳过资本主义，来建立社会主义或理想社会；一是把这希望放在农村和农民身上。像这样号召到农村去，这样重视农村，歌颂农民，在陈独秀等人那里是看不见的。但这又并非李大钊一人的特点，在他前后的章太炎、鲁迅（早期）、章士钊、梁漱溟、毛泽东等人那里，曾各以不同的形态闪烁出这同一特色。可以看出，在中国近现代，始终有着以康有为、严复、孙中山、胡适、陈独秀为突出代表的西化思潮与以洪秀全以及上述章太炎等人为突出代表的民粹思潮的倾向差异。其差异主要表现在对待资本主义基本采取赞扬、肯定（前者）还是保留、否定（后者）的不同态度上，前者更注意资本主义的物质文明、工业生产带来的社会幸福、国家富强，后者则更着意如何保持“纯净”的农村环境（广义）、传统美德、精神文明等等，以超越资本主义。这确乎与俄罗斯的“西欧派”与“斯拉夫派”有某些相似。但是，由于中国没有像东正教那样的宗教传统，没有俄罗斯农村公社的残迹，以及近代一些其他重要原因，中国没有或没来得及产生纯粹的民粹派的思潮、组织和活动。中国近现代所有的“志士仁人”都是自觉地“向西方寻求真理”，从而具有民粹思想的人经常处在某种不自觉的状态，他们经常并不否定近代大工业、大生产，同时“西化派”中也有不少人揭发、批评资本主义的罪恶。所以上述划分便只具有非常相对的意义，只是某种总的思想倾向上的差异，并且只是从客观上和整体上来说的。在各个具体人物身上，又还有各种具体矛盾的复杂情况①。但是，本文之所以要提出这个问题，指出这种差异，是因为中国近现代民粹思潮颇值得重视。正由于它没有像俄国那样具有着理论上和实践上的独立性格，没有受过从普列汉诺夫到列宁的尖锐批判，从而它一开始便渗入了马克思主义之中，而发生了作用和影响。这种作用和影响不一定全是坏的。许多方面，例如重视农村和农民，是符合中国实际，有助于马克思主义在中国的胜利；但的确也带来了一些问题和毛病，这在后面还要讲到。

李大钊宣讲的马克思主义的第二个特点是道德主义。李大钊在一开始介绍阶级斗争学说的同时，便又特别着重宣传克鲁泡特金的互助论。他曾用互助来“补充”阶级斗争。

> 一切形式的社会主义的根萌，都纯粹是伦理的。协合与友谊，就是人类社会生活的普遍法则……就可以发现出来社会主义者共同一致规定的基础……这基础就是协合、友谊、互助、博爱的精神，就是把家族的精神推及于四海，推及于人类全体的生活的精神……
>
> 他（指马克思）并不是承认人类的全历史，通过去未来都是阶级竞争的历史。他的阶级竞争说，不过是把他的经济

---

① 例如，大概只有鲁迅超越了这种差异，但也仍然在情感思想的深层存留着这种矛盾和冲突。

史观应用于人类历史的前史一段，不是通用于人类历史的全体。他是确信人类真历史的第一页当与互助的经济组织同时肇始。……

这最后的阶级竞争，是改造社会组织的手段。这互助的原理是改造人类精神的信条。我们主张物心两面的改造，灵肉一致的改造。①（《阶级竞争与互助》，《每周评论》1919年7月6日）

我们于此可以断定，在这经济构造建立于阶级对立的时期，这互助的理想、伦理的观念，也未曾一日消灭，不过他常为经济构造所毁灭，终至不能实现。这是马氏学说中所含的真理。到了经济构造建立于人类互助的时期，这伦理的观念可以不至如从前为经济构造所毁灭。可是当这过渡时代，伦理的感化，人道的运动，应该加倍努力，以图铲除人类在前史中所受的恶习染，所养的恶习质，不可单靠物质的变更。这是马氏学说应加救正的地方。

我们主张以人道主义改造人的精神，同时以社会主义改造经济组织。不改造经济组织，单求改造人类精神，必致没有效果。不改造人类精神，单求改造经济组织，也怕不能成功。我们主张物心两面的改造，灵肉一致的改造。②（《我的马克思主义观》）

以“互助”、“协合”、“友谊”、“人道”、“改造人类精神”来作为改造社会组织的互补剂和双行道，使社会主义革命和阶级斗

① 《李大钊选集》，第222—224页。

② 参见《新民学会资料》，第194页。

争具有某种伦理的道德的性质和内容，这一特征与上述民粹主义特征互相紧密地联系、融合和统一在一起，它们是在同一个农业小生产的传统社会基础上产生出来的。它好像与中国传统的孔孟之道有些相似，但又有所不同。因为这种“互助”、“协合”和“改造人类精神”是强调建筑在所谓“尊劳主义”，即以下层人民的劳动为基础的：

> 我觉得人生求乐的方法，最好莫过于尊重劳动。一切乐境，都可由劳动得来，一切苦境，都可由劳动解脱。……晓得劳动的人实在不知道苦是什么东西。譬如身子疲乏，若去劳动一时半刻，顿得非常爽快……免苦的好法子，就是劳动。这叫做“尊劳主义”。①（《现代青年活动的方向》，《晨报》1919年3月14—16日）
>
> 人道主义经济学者持人心改造论，故其目的在道德的革命。社会主义经济学者持组织改造论，故其目的在社会的革命。这两系都是反对个人主义经济学的……从前的经济学，是以资本为本位，以资本家为本位。以后的经济学，要以劳动为本位，以劳动者为本位了。这正是个人主义向社会主义人道主义过渡的时代。②（《我的马克思主义观》）

从一开始，李大钊便把伦理、人道、精神改造与阶级斗争、社会改造即所谓“心与物”“灵与肉”相提并论，要求作双向的

---

① 毛泽东从青年时代起也特别强调体力劳动、体力活动的快乐，参阅本书《青年毛泽东》。

② 《李大钊选集》，第175—176页。

同时改造。总之，反对“个人主义经济学”（即以亚当·斯密为代表的古典自由主义经济学），主张“人道主义经济学”与“社会主义经济学”相结合，阶级斗争与在劳动基础之上的互助合作相结合，这就是李大钊所理解所宣传的马克思主义。难道，这与从先秦墨家以来的中国下层的传统伦理不有某种接近之处么？从而，它与植根在同一小生产传统土壤上的儒家的仁爱伦理，又有了可以相通的一面。这一点，在后来的发展中便展现得更清楚了。

民粹主义因素、道德主义因素和实用主义因素的渗入，似乎是马克思主义早期在中国的传播发展中最值得重视的几个特征。它之所以值得重视，是在于它对马克思主义理论的选择、判断、接受、运用中，亦即在马克思主义中国化的进程中，起了重要作用。虽然上面这些材料只是些思想文献，论证只在纯粹理论领域，但活的思想史正是现实历程的一面镜子。通过镜子里的这些特征，深刻地反射出了在像中国这样的农民国家和传统文化心理结构中的马克思主义的道路和命运。

这条道路和命运确乎不偶然，并不完全取决于个别人的意志和倾向。因此，只有清醒地及时认识它、研究它，才能发展它的强处和优势，避免它所带来的缺陷和弊病，从而才能更自觉地理解和掌握马克思主义。可惜的是，我们的认识、研究似乎都太迟了一点。

二　1927年—1949年

马克思主义在中国由于与现实政治斗争的具体实践密不可分，粘连一起，其思想理论的发展没有取得独立的形态，从而其阶段的区划标准也没有独立的自身尺度，基本取决于社会政治斗争的几个主要关键环节，而形成为不同的阶段。大体说来，从1918年到1927年大革命，是以李大钊、陈独秀为主要代表的早期。1927年大革命失败到1949年，是以毛泽东、刘少奇等人为主要代表的“毛泽东思想”的成熟期。第三个阶段是1949年胜利到1976年毛泽东逝世，这是毛的思想占据绝对统治地位以及其片面发展的时期。从1976年以后至今是新时期。

第一期到第二期的中介人物，从理论上看，主要似应是瞿秋白。瞿秋白1923年由苏联回国，重办《新青年》作为共产党的理论季刊。在《新青年之新宣言》一文[①]中，瞿秋白公开宣布《新青年》是“无产阶级的思想机关”，具有鲜明确定的阶级性、党性、革命性，同时，又提出“当严格的以科学方法研究一切，自哲学以至于文学；作根本上的考察，综观社会现象之公律而求结论”，即科学性的方法论，他要求以科学革命性的方法论来研究问题、指导实践。在二十年代，瞿秋白依据唯物史观评论过科玄论战，在此文中，又提出了自由与必然的哲学问题。也正是瞿秋白，这时候把“辩证唯物论”介绍到中国来。如上节所述，马克思主义在中国首先获得接受、传播和打响的，是唯物史观即历史唯物论，李大钊、陈独秀以及其他一些人是以这种历史观作为社会观、人生观来身体力行的。“故历史观者，实为人生的准据，欲得一正确的人生观，必先得一正确的史观。……亦可方为一种社会观”[②]。但到了瞿秋白，则显然有所不同，他主要是以“互辩律的唯物论”（即辩证唯物论）作为宇宙观和方法论

---

① 据丁守和《瞿秋白思想研究》，此文为瞿作，见该书第50页，四川人民出版社，1986年，成都。

② 李大钊：《史观》，《李大钊选集》，第287页。

来解说历史、社会、人生、革命。应该注意，这是一个非常重要的变化。

> 宇宙的根本是物质的动，动的根本性质是矛盾，是肯定之否定，是数量质量的互变，社会现象的根本是经济的（生产关系）动——亦即是“社会的物质”之互变。①
>
> 宇宙间的一切现象，既然是永久动的，互相联系着的，社会现象亦是如此。所以社会科学中，根本方法是互辩的唯物主义。②
>
> 所谓“动”就是斗争，就是矛盾，所以斗争与矛盾（趋向不同的各种力量互相对抗）——是以规定变动的历程。③

与李、陈诸人主要从日文、英文译著中了解马克思主义不同，瞿秋白主要是从俄文论著中了解。因此，比起马恩著作来，普列汉诺夫、列宁、托洛茨基等人的著作更成为其介绍、论证的主要依据。从历史唯物论（唯物史观）到辩证唯物论的重点转移，在一定意义上，也正是马克思主义从马克思、恩格斯、考茨基到普列汉诺夫、列宁、斯大林的某种变异和发展。即不再是从人类本体的历史进程角度而是从宇宙本体的存在角度，来认识、解说、论证自然、社会、历史和万事万物。应该说，这是一个相当大的变化。尽管恩格斯在《反杜林论》、《自然辩证法》等著作

---

① 瞿秋白：《社会哲学概论》，《上海大学讲义》，1923 年，转引自丁守和《瞿秋白思想研究》，第 131 页。

② 瞿秋白：《现代社会学》，《上海大学讲义》，1924 年，同上书，第 131、132 页。

③ 同上。

中已经有大量关于自然界各种辩证现象的描述、解释和论证，但它们多半是为驳斥杜林而表述的观点和作为材料的思考笔记，并不像唯物史观那样，真正自觉构建为系统的理论观点和严整体系。因之，从列宁时代起，不仅是对社会存在和社会意识，而且是对整个存在和意识即心物作哲学的唯物论论证，固然是一次极大的扩展，但同时也带来某种外在框架公式的主观主义。这一点到斯大林《联共党史》中的《辩证唯物论与历史唯物论》，从自然本体论推导出历史发展论，将马克思主义形式逻辑化、框架化、教义化，便变得极明显了。

这一切都影响了中国的马克思主义。从瞿秋白介绍用辩证唯物论来观察事物、研究世界，到艾思奇《大众哲学》的通俗宣传，的确在普及这种新的哲学世界观上起了非常巨大的作用，使得年轻一代不必再像上代人那样，经由达尔文的进化论而走向唯物史观，而是直接由此而接受、信仰这种既普遍适用又非常“科学”的对宇宙、自然、社会各种现象的解释，以作为世界观和方法论，作为引导人生、参加革命的行动指南，并与其他各派现代哲学唯心论划清界限。这就是瞿秋白不同于李大钊、陈独秀的贡献和特色所在[①]。这一特色恰恰与毛泽东从青年时代起的哲学思想相吻合[②]。

瞿秋白在文艺方面也提出“辩证唯物论的创作方法”，则显然是受苏联拉普派的影响，尽管苏联后来清算了拉普派，但在中国并没作这种消除，瞿秋白当年的这一提法对于后来仍保持着重

---

① 在一定程度和意义上，这也是艾思奇《大众哲学》与李达《社会学大纲》的差异所在。

② 参看本书《青年毛泽东》。

要影响，如强调文艺工作者要学习马克思主义，强调世界观指导创作方法，等等。这一点也与毛的思想是相吻合的。

由于紧密地与革命实践同步行进，马克思主义思想在中国主要便成为一种关于革命战略的理论学说，如关于中国社会的性质、中国革命的性质、道路和前景、中国各阶级、各政治势力、各种政治主张的分析和各种文化思想的批判等等。这些均非本文所能详论，下面只能作点概略叙述。

首先，应该指出，在强调中国资产阶级民主革命中无产阶级的领导权，支持彭湃、毛泽东倡导的农民运动，和提出要重视武装斗争、军事力量这三个有关中国革命战略的关键问题上，瞿秋白也是承上启下，即上承陈独秀、李大钊建党和“到民间去”的思想，下启毛泽东等人工农武装割据的新局面和新主张。

在党中央的领导者中，瞿秋白是彭湃、毛泽东等从事农民运动的最坚定的支持者，他热烈赞扬广东、湖南的农民运动是“全国农民运动的先锋”。……陈独秀、彭述之等都不赞成毛泽东的观点，这篇重要著作（指毛的《湖南农民运动考察报告》）在党中央机关报《向导》上未能刊登完。瞿秋白则高度称赞毛泽东的意见，……立即为之作序……交党中央宣传部主办的长江书局印单行本，以便广为流传，指导农民运动的开展。他在序言里说……中国“农民要的是政权，是土地”，“……中国农民都要动手了，湖南不过是开始罢了”。他号召“中国的革命者个个都应当读一读毛泽东这本书，和读彭湃的《海丰农民运动》一样”，“中国革命家都要代表三万万九千万农民说话做事，到战线上去奋斗”①。

---

① 丁守和：《瞿秋白思想研究》，第242—245、251页。

支持农民运动，是与瞿秋白把反封建主义作为中国革命主要任务之一（另一为反帝）有关，这与张国焘等人夸大中国的资本主义力量从而低估反封建任务是不同的。如张国焘所回忆，“他（指瞿）……强调中国是宗法社会，革命的目的是反封建”。因而，瞿由注意武装斗争进而重视武装农民，即把武装革命与民众运动（当时这二者都已存在）结合起来。“瞿秋白认为，既需要‘武装革命’，又需要‘群众运动’，应当把它们结合起来，推动中国革命的发展”[①]。“在北伐战争开始以后，瞿秋白愈加重视武装问题。他……强调说明，‘农民自己的武装现在更成紧急的问题了’，农民的问题只有‘实力斗争才能解决’”[②]。

在1927年“八七会议”之后，“瞿秋白指出，新时期的首要任务‘是民众的武装暴动’，‘只有民众的武装暴动’创立真正的民众军队，建立工农贫民兵士代表会议的政府，才能解放工农，才能打倒军阀和帝国主义’。”[③]

在1927年12月瞿写了《武装暴动问题》一文，指出“中国革命现时的阶段，显然到了工农武装暴动的时期……中国革命在斗争方式与发展形式方面，有极可注意的特点”。这些特点如“革命不能有夺取‘首都’一击而中的发展形势”，而是“各省农民此起彼落的武装暴动”，从而“将创造出一种特殊的斗争策略，便是游击战争”，“游击战争必须进于革命地域之建立”和逐步“扩大”[④]。这显然是对1927年以毛泽东为代表的红军武装

① 丁守和：《瞿秋白思想研究》，第242—245、251页。
② 同上书，第270页。
③ 同上书，第301页。
④ 《瞿秋白选集》，第381—387页，人民出版社，1985年，北京。

在农村进行游击战争和建立革命地区的肯定和总结。所以，“工农武装割据”的军事斗争战略，是瞿秋白在理论上首先概括出来的。

但是，也如同研究者所指出，“当然，瞿秋白当时还没有也不可能解决‘农村包围城市’这一中国革命的根本道路问题。他实际上仍然没有摆脱城市中心的影响，重复了共产国际所认为的‘城市领导作用的重要性’。中国革命必须走‘农村包围城市，最后夺取城市’的道路，是毛泽东等在长期的革命实践中逐步解决的。”①

这也正是瞿秋白在中国马克思主义思想史上承上启下的地位所在。

瞿秋白是比较典型的近现代知识分子②。他的文化教养、思想情感、观念习惯是中国士大夫传统与西方文化教养的某种混合物，而与毛泽东那种深深植根于中国农村的乡土特色很不一样。他之肯定农村、工农武装、军事斗争、游击割据，是纯理论认识的结论。他在行动和情感上，在何种程度和范围内能成功地实践和领导这种农民武装的军事斗争，便仍是问题③。但从理性上认识和肯定这条革命道路，倒正好反映出，只要从当时的实际情况出发，而不是机械地搬用十月革命经验或马、列的某几条原理作为依据，便能作出上述符合革命实际的论断和主张。这又无疑是中国传统的实用理性起了作用，不必要抽象玄思，不必要搬用经典，从实际状况中概括出经验论的理性结论，并赋予它以清晰论证的理论形态，便足以指导行动了。瞿秋白在理论上这样做了，

① 丁守和：《瞿秋白思想研究》，第 344 页，人民出版社，1985 年，北京。
② 参看本书《二十世纪中国文艺一瞥》。
③ 同上。

毛泽东却首先是在实践中这样做的。

除瞿秋白外，蔡和森是具有突出的理论兴趣和理论才能的马克思主义者，在二十年代他撰写了《中国共产党史的发展（提纲）》（1926年）、《党的机会主义史》（1927年9月）等概括、总结当时斗争进程的长篇报告和文章。蔡的这些论著对了解中国马克思主义思想史有重要意义。例如，蔡1926年总结在对待资产阶级、联合战线等问题所谓“一派右倾，一派左倾”（前者指马林〈共产国际代表〉、陈独秀、瞿秋白、张太雷，后者指张国焘、蔡和森自己、刘仁静）等等的论述；1928年六大时，一贯“左倾”的蔡却从实际情况的分析出发，对瞿秋白“不断高涨”论进行尖锐批判，等等，便是饶有兴味的问题。且不论是非曲直尚待进一步研讨，但从下面摘引的有关党内民主问题的意见，便足见蔡善于注意总结经验，有敏锐的理论眼光：

> ……另一方面，民众的党内生活全未形成，既无党的讨论，又无选举制度……务使下级党部完全依赖上级党部的指导，党里完全是听从号召的士兵。……真是铁的组织、铁的纪律一般，可是伏在里面的危机是很大的。……养成的习惯是：只有上级机关的意见和是非，而没有下级党部及群众的意见和是非。……铁的纪律成了威压党员的工具，而上级指导人却有超越此铁的组织和铁的纪律的一切自由。①

可见，由来已久，积习已深。这种由来和积习也正是小生产传统习惯势力的渗透。自列宁党的模式建立以来，“铁的组织和

---

① 蔡和森：《党的机会主义史》，1927年9月。

铁的纪律”使共产党不断在一些东方国家取得革命的胜利；特别是在军事斗争中，它发挥了极其重要的保证作用。但如何把集中与民主统一起来，如何发扬党内民主，却始终没有在理论上从而在制度上予以完满的论证和解决。蔡和森在党的少年时代和那样紧张激烈的革命环境中，便发现和提出这一问题，是很有价值的。蔡不幸过早牺牲，没能充分发挥他青年时代与“实践家”毛泽东齐名的“理论家”的才能。

除了瞿、蔡，当然还有其他一些重要领导人物的一些重要思想、观念和主张，本文不能逐一论述。更重要的是，在上述基础上，如何能走出最关键的一步，即如何具体地实践农民武装革命的战争道路。这，便正是毛泽东的主题。

在1928年10月到1930年1月，毛泽东先后草写了《中国红色政权为什么能够存在》、《井冈山的斗争》、《星星之火可以燎原》等重要文件，描述论证了农民武装割据的小块红色根据地，为何在四周的白色政权包围中能够生存和发展的条件、状况和原因，并提出了“农村包围城市”的战略思想，概括出“敌进我退，敌驻我扰，敌疲我打，敌退我追”的游击战争的作战方针，并以土地革命作为发动群众的根本基础。从而，游击战的武装斗争、农村根据地和土地革命，成为毛泽东领导中国革命走向胜利的道路。

关于毛泽东，许许多多的人已经写了许许多多，估计还将是一个长久讨论的题目。本文暂不拟对此饶舌过多。这里只想着重指出，毛泽东首先是作为一个杰出的军事战略家和策略家，不断在战争中战胜敌人而获有威信和地位的。由于对中国国情——分散的小生产的农村封建经济、下层社会的结构、习性和各个阶层人物的十分熟悉[①]，以及对中国农民起义传统的留意，对《三国演义》、《老子》的谙熟，和他素来主张身体力行，重视亲身实际经验同传统中国哲学的修养[②]，使他比其他人都更能在一场以农民[③]为战斗主体、以农村为周围环境的农民革命战争中如鱼得水，胜任愉快，最充分发挥一个具有渊博学识（主要是中国旧学）的知识分子的领导作用。毛以这种优胜条件和几次胜利战争，在革命军队的广大干部中建立了自己的思想领导的威望。

毛最光辉的理论论著无疑是有关军事斗争的论著，其代表是《中国革命战争的战略问题》（1936 年 12 月）和《论持久战》（1938 年 5 月）。毛在这些论著中，总是尽量地把这些战争问题提到马克思主义辩证唯物论的认识论的理论形态上来论证和叙说。同时他又非常重视被列宁称之为“马克思主义的灵魂”的“具体问题的具体分析”。毛的许多论著的论述形式似乎是从一般到特殊，而思维的实际过程却是从特殊到一般，即从感性到理性，从个别到一般的经验总结。毛泽东由于从实际出发，很重视事物的经验特殊性，反对套用一般的公式、教条去认识问题和解决问题，但又总是把这特殊性提高到一般性的规律上来，这成为他思想的一个特点。

---

① 从上层的文人墨客、士绅官吏到下层的流氓、无赖、兵痞、乞丐，毛都打过交道而应付自如。诋毁毛的《张国焘回忆录》中也承认在他们领导层中，只有毛能对付三教九流等各式人物。

② 参看本书《青年毛泽东》。

③ 毛诗《秋收起义》（1927 年）：“军叫工农革命，旗号镰刀斧头……地主重重压迫，农民个个同仇，秋收时节暮云愁，霹雳一声暴动”。注解说，“党旗上的锤头当时常被误认为斧头”，这是很有象征意义的。

> 从时间的条件说……各个历史阶段有各个历史阶段的特点，因而战争规律也各有其特点，……从战争的性质看，革命战争和反革命战争，各有其不同的特点，因而战争规律也各有其特点，……从地域的条件看，各个国家各个民族特别是大国家大民族均有其特点。因而战争规律也各有其特点……我们研究在各个不同历史阶段、各个不同性质、不同地域和民族的战争指导规律，应该着眼其特点和着眼其发展……①

这显然因为中国现代游击战争是一种具有特殊经验的战争，不是搬用书本或套用一般的战争公式所能规范。

与此相关联，也是从战争经验出发，毛特别重视事物变化进程中能起决定作用、影响全局的关键环节：

> 战争历史中有在连战皆捷之后吃了一个败仗以致全功尽弃的，有在吃了许多败仗之后打了一个胜仗因而开展了新局面的。这里说的“连战皆捷”和“许多败仗”，都是局部性的，对于全局不起决定作用的东西。这里所说的“一个败仗”和“一个胜仗”，就都是决定的东西了。所有这些，都在说明关照全局的重要性。②

与此相关联，战争中的指挥者、领导者的主观能动性的突出和重要，自然为毛所特别注意：

---

① 《毛泽东选集》，第157页。
② 同上书，第160页。

> 军事家不能超过物质条件许可的范围外企图战争的胜利，然而军事家可以而且必须在物质条件许可的范围内争取战争的胜利。军事家活动的舞台建筑在客观物质条件的上面，然而军事家凭着这个舞台，却可以导演出许多有声有色威武雄壮的活剧来。①

因此，在强调主观能动性的同时，便要注意冷静地、清醒地认识客观实际：

> 军事的规律，和其他事物的规律一样，是客观实际对于我们头脑的反映……包括敌我两方面……都应该看成研究的对象。……孙武子书上“知彼知己，百战不殆”这句话……包括从认识客观实际中的发展规律，并按照这些规律去决定自己行动克服当前敌人而说的。我们不要看轻这句话。②

毛的这些思想用他后来常用的马克思主义哲学术语来概括，也就是重视矛盾的特殊性、重视主要矛盾、重视主观能动性，和把唯物主义反映论作为方法论以认识从而指导实践行动。正是从这种方法论出发，毛在十年内战时期根据“敌强我弱”“敌大我小”种种客观情况，概括和制定了的“以十当一”（不是硬拼）、运动战（不是阵地战）、速决战（不是持久战）、歼灭战（不是消耗战）等一系列行之有效非常成功的具体的战略战术。在抗战初期，又根据世界局势和敌（日）我双方的各种情况、条件、因

---

① 《毛泽东选集》，第166页。
② 同上书，第165—166页。

素（包括经济、政治、军事、人口、国土、自然条件等等）的全面、详尽、细致的分析描述，提出了抗日战争必将是经历战略退却、相持和反攻三阶段的持久战，反对悲观失望的亡国论和盲目乐观的速胜论。在解放战争时期，毛更加具体地发展了上述战略战术，总结为十大“军事原则”：“①先打分散和孤立之敌，后打集中和强大之敌；②先取小城市、中等城市和广大农村；③以歼灭敌人有生力量为主要目标，不以保守或夺取城市和地方为主要目标……④每战集中绝对优势兵力（两倍、三倍、四倍有时甚至是五倍或六倍于敌之兵力），四面包围敌人，力求全歼……⑤不打无准备之仗，不打无把握之仗……⑥发扬勇敢战斗、不怕牺牲、不怕疲劳和连续作战（即在短期内不休息地接连打几仗）的作风；⑦力求在运动中歼灭敌人……”，等等。

这确乎是中国共产党革命战争胜利的战略总结，它是具有从这个军事史上的“特殊”上升为一般的哲学意义的。

中国是一个有军事传统和军事思想遗产的古国。在《中国古代思想史论·孙老韩合说》中，我曾指出“兵家辩证法的特色”：“第一，是一切从现实利害为依据，反对用任何情感上的喜怒爱憎和任何观念上的鬼神‘天意’来替代或影响理智的判断和谋划……只有在战争中，只有在谋划战争、制定战略、判断战局、选择战机、采用战术中，才能把人的这种高度清醒、冷静的理知态度发挥到充分的程度”；“第二，必须非常具体地观察、了解和分析各种现实现象，重视经验”；“第三，在这种对现实经验和具体情况的观察、了解、分析中，要迅速地从纷繁复杂的错综现象中发现和抓住与战争有关的本质或关键，……尽快舍弃许多次要的东西，避开繁琐的细部规定，突出而集中、迅速而明确地发现和抓住事物的要害所在……要求以一种概括性的二分法即抓住矛盾的思维方式"；"第四……客体在这里作为认识对象不是静观的而是与主体休戚与共的，是从主体的功利实用目的去把握的"。毛的军事思想的哲学明显地近似或符合这个中国古老的兵家辩证法，而与西方的辩证法根本不同。这个辩证法是与主体实践行动密不可分的辩证法，从而它也是认识论，即毛的"实践论"。

那么，它们与马克思主义究竟有什么关系呢？显然，所有这些与剩余价值理论、与历史唯物论（唯物史观）并无关系。但它与辩证唯物论却有关系，被毛泽东运用得很熟练的可说是实践中的中国传统的兵家辩证法，后来便以马克思主义辩证法的矛盾学说和马克思主义唯物论的能动反映论改造和表述出来了，或者也可以反过来说，马克思主义的唯物论和辩证法结合中国实际（农民革命战争）和传统（兵家辩证法）而中国化了。

毛泽东在他集中读马列书最多的延安时期，大部分也是注意辩证唯物论；而有关历史和历史唯物论，注意重点也在革命和阶级斗争。毛自始至终特别重视哲学辩证唯物论的研究与学习[①]。

---

① 可参阅龚育之等《毛泽东的读书生活》中的一些记载，如"五本书的批注，只有头两本即《辩证法唯物论教程》（第3版）和《辩证唯物论与历史唯物论》（上册），在文字上和内容上与《实践论》和《矛盾论》有直接的联系"（第72页）。当时毛曾认为"我的工具不够，今年还只能作工具的研究，即研究哲学、经济学、列宁主义，而以哲学为主"（第48页）。1946年读列宁《国家与革命》时"在'阶级、社会、国家'这一章，几乎每句话的旁边都画着杠杠，讲暴力革命的地方画的杠杠特别引人注目。例如，革命才能消灭资产阶级国家这一句，关于暴力革命的观点是'马克思恩格斯全部学说的基础'这一段，杠杠画得最粗，圈圈画得最多，'革命'、'消灭''全部学说基础'这些词和词组的旁边画了两条粗杠"（第27页）。"在1958年12月武昌会议期间读了《三国志》的《张鲁传》，先后写了两大段文字，重申并发展了上述重要观点，'二千年中，大规模农民革命运动，几乎没有停止过。同全世界一样，中国历史就是一部阶级斗争史"（第203页），等等。

毛泽东没有停留在革命战争和军事斗争的概括总结上，而是努力把它们很快提到哲学的高度。这就是从内战时期《反对本本主义》到延安时期《实践论》、《矛盾论》以及晚年《人的正确思想是从哪里来的?》等一系列哲学论著。所谓反对本本主义，就是反对把马、列原理原则当做既定的教条公式，并由此出发判断现实、决定问题、制订政策，毛泽东要求从实践经验出发。毛在《实践论》则以心理与逻辑相统一的观点，提出由感觉知觉到概念、判断推理再服务于实践，以实践为真理标准的“辩证唯物论的认识论”。在这个哲学认识论中，突出地强调“直接经验”(亲知)，强调“知行统一”。“你要有知识，你就得参加变革现实的实践。你要知道梨子的滋味，你就得变革梨子，亲口吃一吃”。这其实也就是《中国革命战争的战略问题》中的“读书是学习，使用也是学习，而且是更重要的学习。从战争学习战争——这就是我们的主要方法。……干就是学习”的直接提升和概括。毛泽东在《矛盾论》中讲主要矛盾和矛盾的主要方面，也是前述《战略》中重视抓决定意义的关键环节思想的发展。所以，应该注意的是，毛泽东这些哲学思想主要是依据他自己长期的革命战争的经验上升而来。尽管《实践论》一开头就提到认识与人类生产活动以及与近代大工业的生产力相关，但完全没有历史地从认识对生产实践（从而与科学技术）的“依赖关系”中来具体论证，也没有历史具体地从认识对阶级斗争的“依赖关系”中来论证。而是先从个体心理的过程描述再跳跃式地推论到社会、历史等现象，以建立“感性认识”与“理性认识”的两阶段和回到实践中去检验的“两个飞跃”的认识论全程。这是从辩证唯物论来讲认识论，而不是从唯物史观来讲。

毛把整个哲学看做是认识论，这哲学认识论又主要是作为方法论来指导现实斗争的实践活动，因此，“自觉能动性”和“理论联系实际”的强调，便成为这一认识论的主要特色。《论持久战》说：

> 思想等等是主观的东西，做或行动是主观见之于客观的东西，都是人类特殊的能动性，这种能动性，我们名之曰“自觉的能动性”，是人之所以区别于物的特点。①

强调这种“自觉能动性”，并把它看做“人之所以区别于物”的族类本性，强调运动、活动、劳动、实践、直接经验，从而强调产生和支配行动的实践意志，强调“精神变物质”、“思维与存在的同一性”等等，似乎是毛从早年到晚岁一以贯之的基本哲学观念。

如前所述，毛在强调“自觉能动性”的同时，也强调对经验规律的客观性的认识，强调“调查研究”，强调从“实际情况出发，从其中引出其固有的而不是臆造的规律性，即找出周围事变的内部联系，作为我们行动的向导”②，即“实事求是”。这种经验论的唯物论，亦即“经验理性”保证了“自觉的能动性”不流于乱闯盲干，使在革命战争和革命的政治斗争中能不断取得胜利。

“自觉能动性”与“经验理性”本是被毛要求紧密结合在一起，好像是同一个东西；但是，如果仔细观察一下，则前者（辩证法、自觉能动性方面）是作为本质、目的、世界观；后者（经

---

① 《毛泽东选集》，第445页。

② 同上书，第759页。

验论、客观性的认识方面）是作为手段、方法、认识论，两者仍有主从的不同。

毛泽东这些哲学思想正是马克思主义理论结合中国实际（革命战争的实际和传统实用理性的实际）的成果和产物，也即是马克思主义的中国化。毛泽东的唯物论哲学不是以使用和制造工具和以社会生产力发展为基础的唯物史观，而是直接服务于现实斗争的辩证唯物论的“实践论”，毛泽东的辩证法哲学也完全不同于自黑格尔以来的“否定之否定”为核心的过程系统，而是与中国的《老子》、《孙子》有着更多承继关系的“矛盾论”。总之，毛的辩证法和认识论不是思辨的理性，不是概念的体系，而是直接立足于也运用于生活、实践的自觉斗争和经验理性。从而，毛的哲学便不是静观描述的哲学，而是教人去斗争的方法论和意识形态。也正是在这个意义上，它发展了马克思所要求的“问题在于改变世界”的哲学。

毛泽东不仅是军事家，而且也是大政治家，他的军事论证总是在整体上联系政治，并作为政治的一个部分来展开的。而他从早年《民众的大联合》中所表述的最广泛地发动民众和团结人们的思想，经过接受马克思主义阶级斗争学说之后，一方面发展为各阶级各阶层各方面人士的广泛的统一战线的政治战略（包括战场上的集中优势兵力、生产中的大兵团作战、批判运动中的“文海战术”），另一方面又发展为统一战线中的独立自主、又斗争又联合、党内和“人民内部”的“团结——批评——团结”等一系列具体形式和方法。这是他的辩证法和唯物论的具体运用，同时也是总结概括了许许多多现实斗争的直接经验而得出来的。它的确在广大的政治斗争领域内丰富了马克思主义。

从思想史的层面看，最值得注意的是，毛泽东在理论和实践两方面都着重“自觉能动性”的哲学高扬中，道德主义的精神、观念和思想占有突出的位置，这就是把“改造思想”作为党的建设的关键环节。从整顿“三风”（党风、学风、文风）的《改造我们的学习》等到“文化大革命”中家喻户晓人人皆知的所谓“老三篇”，都正是这一时期的创作。而所谓“改造思想”，当时主要是针对作为干部的革命知识分子而言：

> 要争取广大的知识分子，……没有革命知识分子，革命就不会胜利。但是我们晓得，有许多知识分子，他们自以为很有知识，大摆其知识分子架子……他们应该知道一个真理，就是许多所谓知识分子，其实是比较地最无知识的，工农分子的知识有时倒比他们多一点……①
>
> 拿未曾改造的知识分子和工人农民比较，就觉得知识分子不干净了。最干净的还是工人农民，尽管他们手是黑的，脚上有牛屎，还是比资产阶级小资产阶级知识分子都干净。……我们知识分子……得把自己的思想感情来一个变化，来一番改造。没有这个变化，没有这个改造，什么事情都是做不好的，都是格格不入的。②
>
> 为要领导革命运动更好地发展，更快地完成，就必须从思想上组织上认真地整顿一番。而为要从组织上整顿，首先需要从思想上整顿，需要展开一个无产阶级对非无产阶级的思想斗争。③

---

① 《毛泽东选集》，第773页。

② 同上书，第808页。

③ 同上书，第620—621、832、906页。

白求恩同志毫不利己专门利人的精神，表现在他对工作的极端的负责任，对同志对人民的极端的热忱。每个共产党员都要学习他，……要学习他毫无自私自利之心的精神。从这点出发，就可以变为大有利于人民的人。一个人能力有大小，但只要有这点精神，就是一个高尚的人，一个纯粹的人，一个有道德的人，一个脱离了低级趣味的人，一个有益于人民的人。①

要奋斗就会有牺牲，死人的事是经常发生的。但是我们想到人民的利益，想到大多数人民的痛苦，我们为人民而死，就是死得其所。……我们的干部要关心每一个战士，一切革命队伍的人都要互相关心，互相爱护，互相帮助。②

……

这些几十年来异常著名的、人们经过背诵的“语录”，它确乎是中国的产物，是中国化了的马克思主义。它极大地高扬了伦理道德主义。这个道德主义表现为，在残酷的生死斗争中对艰苦奋斗、舍己为人的牺牲精神的歌颂膜拜，表现为对比工农劳动者，知识分子的复杂的精神世界里的种种污浊、肮脏、琐屑、渺小的批判揭发，自私自利、争名夺利、明哲保身、自由主义……被逐一地、详尽地在思想改造运动中、在“批评与自我批评”中检讨、揭发、展示出来。于是，不但使知识分子在出生入死的农民群众、军队指战员面前自惭形秽、自愧不如，而且也使他们在精神上、灵魂上受到了空前痛苦的磨炼、洗涤和净化。这就是毛泽东讲

① 《毛泽东选集》，第620—621、832、906页。

② 同上。

的要知识分子使自己的思想感情“来一个变化”、“来一番改造”。这“变化”和“改造”不只是生活上的，而更是精神上的。但精神上的磨炼又被强调必须通过生活现实的磨炼来达到或实现。

刘少奇这一时期的重要著作《论共产党员的修养》以及《论党内斗争》、《人为什么犯错误》等，正是把这个方面充分展开和发挥了，使这一方面成为中国化了的马克思主义的重要内容和特色。刘正式提出个人“修养”问题：

> 要有无产阶级思想意识和道德品质的修养；要有坚持党内团结、进行批评与自我批评、遵守纪律的修养；要有艰苦奋斗的工作作风的修养……①

其中，核心仍然是“无产阶级的思想意识和道德品质”的修养，这是《论共产党员的修养》一书的主要内容：

> 在中国古时，曾子说过“吾日三省吾身”，这是说自我反省的问题。《诗经》上有这样著名的诗句：“如切如磋，如琢如磨。”这是说朋友之间要互相帮助，互相批评。这一切都说明，一个人要求得进步，就必须下苦功夫，郑重其事地去进行自我修养。但是，古代许多人的所谓修养，大都是唯心的、形式的、抽象的、脱离社会实践的东西。……我们是革命的唯物主义者，我们的修养不能脱离人民群众的革命实践。②

---

① 《刘少奇选集》上卷，第109页。

② 同上书，第109、131页。

为了党的、无产阶级的、民族解放和人类解放的事业，能够毫不犹豫地牺牲个人利益，甚至牺牲自己的生命，这就是我们常说的“党性”或“党的观念”、“组织观念”的一种表现。这就是共产主义道德的最高表现。①

刘少奇明确提出有名的“驯服工具”论，即为了革命，共产党员应该“把一切献给党”，严格要求自己去做党的得心应手的驯服工具。这当然是不容易做到的，这就必须与各种个人主义的思想情感作顽强的、自觉的、坚持不懈的斗争。从而，共产党员的修养过程就是“用无产阶级的思想意识去同自己的各种非无产阶级思想意识进行斗争；用共产主义的世界观去同自己的各种非无产阶级的世界观进行斗争；用无产阶级的、人民的、党的利益高于一切的原则去同自己的个人主义思想进行斗争”②。

只有长期进行这种自觉的思想修养，才可能做到一不怕苦，二不怕死；吃苦在前，享受在后；忍辱负重，任劳任怨；严以责己，宽以待人；诚恳坦白，团结群众；“先天下之忧而忧，后天下之乐而乐”；“威武不能屈，贫贱不能移，富贵不能淫”；成为一个“高尚的人”、“纯粹的人”，一个“具有共产主义道德的人”。

刘的理论和他的这一著作在中国共产党内享有盛誉。据说许多共产党员在思想苦闷或遇到问题想不通时便读此书，反省自己，增进修养，从而得到解答。

当时是在紧张激烈的战争环境和农村条件下，知识分子必须在农村和以农民为主体的革命军队打成一片，以进行艰苦漫长的

---

① 《刘少奇选集》上卷，第109、131页。

② 同上书，第121页。

对敌斗争，这成为时代的要求和现实的需要。所以，毛、刘宣讲、发展道德主义在当时并不是空洞的说教或虚伪的装饰，而是有其非常切实的实际效用和实践成果的。毛、刘以“思想改造”和“自我修养”作为武器，在思想上情感上的确批判、消除了形形色色的不利于当时现实斗争和政治要求的思想、观念、习气、风尚以及具体人物，而不像其他共产党那样只以组织上清除出党为巩固队伍纯洁组织的途径。总起来看，强调思想改造、个人修养，确乎是延安时期党的建设和发展中的一个突出特点。这种高扬共产主义道德的思想改造运动，确乎极大地提高了人们的自觉的革命意识，极大地鼓舞了人们的信念和斗志，极大地推动了当时革命实践活动。重视思想意识和个人修养便从此成了中国化的马克思主义的一大特色。

在《中国近代思想史论》里，我曾着重提到具有民粹主义特征的章太炎，他认为道德是社会进步的动力。“章太炎对历史和历史人物的评定，也多从道德着眼……他对当时满清政府、官吏和改良派的斗争，也总是尖锐揭露对方个人道德的堕落、人格的低劣、……‘湛心利禄’、‘廉耻丧尽’、官迷心窍、趋附势利、佞媚谄伪、怯懦畏葸……种人身揭露的道德武器，在极端爱面子的中国上流社会和知识分子中，经常是使人狼狈不堪，能够取得很大战果的”①。

在延安整风以及以后的历次思想改造运动中，自我的道德反省和别人的尖锐批评，不也常常使人汗流浃背、无地自容么？

最有趣的是，章太炎从所谓道德标准出发，把当时社会

① 《中国近代思想史论》，第八章。

分为十六个等级……“一曰农人，二曰工人……”“农人于道德为最高，其人劳身苦形终岁勤动……”“而通人（高级知识分子）以上则多不道德者……”“要之知识愈进，权位愈伸，则离于道德也愈远”……

章太炎强调革命者必须讲求道德。……道德成为革命和一切进步作为的动力和目标。章太炎和陶成章等人不但在思想言论，而且在一定程度的身体力行上，都着重突出了甘于艰苦不畏牺牲的道德作风，在当时具有很大的吸引力。①

“现代新儒家”则以另种哲学的理论形态突出了道德主义，他们强调孔孟程朱陆王的哲学传统，就是以“内圣”（“正心诚意格物致知”）来作为“外王”（“治国平天下”）的根本基础的。②

可见，无论是下层或上层，在中国小生产传统社会里，道德主义或伦理主义在意识上、理论上、哲学上是有其强固的力量和影响的。因此，它对马克思主义的关系、影响、功过是非以及前景如何、如何估价等等，便是一个亟待研究的复杂而重要的课题，特别在今天，尤其如此。西方马克思主义派别中也有伦理社会主义，但它与中国这种讲求个人修养、非常注意“内圣”即个人的思想改造的道德主义，仍大不相同。

“毛泽东思想”③这一术语主要是由刘少奇所大力倡导、阐发和定义的：

---

① 《中国近代思想史论》，第八章。

② 参看本书《略论现代新儒家》。

③ 胡耀邦《深切地纪念王稼祥同志》指出，1943 年 7 月 8 日，王在《解放日报》发表的论文中，“初步论述了毛泽东思想”，“他是我们党正式提出‘毛泽东思想’这一科学概念的第一人。”（《人民日报》，1986 年 8 月 15 日）

> 毛泽东思想，就是马克思列宁主义的理论与中国革命的实践之统一的思想，就是中国的共产主义，中国的马克思主义。①……这个理论，就是毛泽东思想，就是毛泽东同志关于中国历史、社会与中国革命的理论与政策。②

综前所述，这里所指出的马克思主义的理论主要是指辩证唯物论、党的组织理论、无产阶级在民主革命中的领导权等基本思想理论，这里所指出的中国革命的实践，主要是以农民为主体，以农村为革命根据地的武装斗争即农民革命战争的实践。毛泽东思想的确是把二者结合起来了。

三　1949 年—1976 年

1949 年的胜利，使毛泽东思想——“马克思列宁主义理论与中国革命实践之统一”成为万众信服、举世钦佩的社会统治意识和国家指导思想。宣传、阐释、学习毛泽东思想成了近三十年来的中国大陆思想的主题。以致有人嘲讽说，只有毛泽东思想，几亿人都不必思想了。而林彪后来就正是这样要求的：“读毛主席的书，听毛主席的话，照毛主席的指示办事，做毛主席的好战士”。

1949 年的胜利，的确带来了一个新中国。一个不再受百年来的各种帝国主义欺压的独立的中国，1949 年炮击长江中的英国军舰，五十年代出击美国于朝鲜，六十年代初又彻底与苏联决

① 《刘少奇选集》上卷，第 333 页。
② 同上。

裂，确实证明中国已不再可轻侮。百年来帝国主义给予中国的耻辱一扫而光。1949 年的胜利也带来了一个空前统一的中国，自北京到边境，从黑龙江到西藏，中央的指示令行禁止，级级奉行，畅通无阻；不再是五十年来的军阀混战四分五裂的割据局面了。数十年广大地域的人民不再受割据战乱的蹂躏损害。1949 年的胜利还带来了一个社会平等的中国，地主、官僚被彻底打倒，工农劳动阶级扬眉吐气，经济收入、财产分配、社会地位、政治待遇甚至在称呼、礼节等等各方面，广大人民空前地相对平等。这些都标志着五十年代初“解放”一词带来的社会含义：经济恢复，政治清明，秩序稳定，人民团结，社会风尚和道德水平显著提高。这是充满了理想和希望的开国时期，这是马克思主义经由一场荡涤旧社会、打倒剥削者的革命之后带来的新鲜气象的胜利时期。

可是，这一切并没有继续长久。曾几何时，大体在累积了数年之后，而以 1957 年为转折点，整个社会就逐渐陷于紧张、痛苦、匮乏、沉默、贫穷以至到最后的“史无前例”的动乱之中……

这一切又是如何可能的？这与理论有何关系呢？

本来，在抗战中，以毛泽东《新民主主义论》为理论基础的中共纲领，是明确提出为建立一个“新民主主义”的新中国而奋斗的。这个“新民主主义”并非社会主义或共产主义，它在经济上允许资本主义存在和适当发展，在农村实行“耕者有其田”；政治上“实行无男女、信仰、财产、教育等差别的真正普遍平等的选举制”；文化上是“民族的、科学的、大众的”。总之，不是社会主义或无产阶级专政的而是新民主主义的经济、政治和文化。

1949 年以后党内继续有过“确立新民主主义社会秩序”、“确保私有财产”等主张，但被毛泽东坚决否定了。当时强调向苏联——这个“社会主义老大哥”学习，中国革命于是很快就迈上第二步即社会主义改造阶段，即“要在十年到十五年或者更多一些时间内，基本上完成国家工业化和对农业、手工业、资本主义工商业的社会主义改造”。毛泽东不断地批判“有人在民主革命成功以后，仍然停留在原来的地方。他们没有懂得革命性质的转变，还在继续搞他们的‘新民主主义’，不去搞社会主义改造。这就要犯右倾的错误。”①

毛泽东本是批判“左”倾错误率领全党取得胜利的；至此，他却不断批判“右倾”，率领全党陷入了严重错误。

反“左”是从实际出发的，是分析了左倾思想的社会阶级根源及其在革命中的政治、组织、思想上的具体表现而得出的基本符合事实的客观论断；反右则是从主观的革命要求、意志、观念、理想出发，并没有真正具体的材料事实足够证明“右”的存在。

毛泽东说：

> “确立新民主主义社会秩序”。这种提法是有害的。过渡时期每天都在变动，每天都在发生社会主义因素。所谓“新民主主义社会秩序”，怎样“确立”？要“确立”是很难的哩！比如私营工商业，正在改造，今年下半年要“立”一种秩序，明年就要不“确”了。农业互相合作也年年在变。过

① 《批判离开总路线的右倾观点》（1953 年 6 月 15 日），《毛泽东选集》第 5 卷，第 81 页。苏联作为“社会主义的样板”和东欧迅速消灭资产阶级等等作为外部压力，亦应考虑在内，但毕竟不是主要的。民主革命中毛曾顶住了这种外部压力。

渡时期充满着矛盾和斗争。我们现在的革命斗争，甚至比过去的武装革命斗争还要深刻。这是要把资本主义制度和一切剥削制度彻底埋葬的一场革命。①

可见，论证主要是建筑在所谓“不断变动”这种抽象的哲学观念之上的，是一种哲学观念的推演。至少自1953年起，毛泽东就特别重视这种所谓不断的变动、革命和斗争。本来，按毛自己的规划设想，社会主义的农业、手工业改造（即农业合作化运动）和私营工商业改造（即从公私合营到收归国有）应该与“国家工业化”并行，至早在十年之内完成。但是，不到三年②，这种“改造”却提前超额地完成了，“国家工业化”则不过刚刚起步。

为什么会这么快？这种历史性的变动（社会生产关系、所有制的改变等等）是符合马克思主义素来重视的“客观规律”的么？当时，哲学界曾发生过“生产关系是否跑到生产力前面”的疑问和讨论，即在如此落后的生产力（农业小生产）基地上，如何可能有如此高度公有化的生产关系的农业高级生产合作社（以及不久以后的“一大二公”的人民公社）呢？这符合马克思主义基本原理的唯物史观吗？

这在当年没有允许真正展开讨论。答案已经事先拟定：

我们现在不但正在进行关于社会制度方面的由私有制

① 《毛泽东选集》第5卷，第81—82页。

② 其实无论十五年、十年的估计亦均无客观研究和科学依据，于是提前推后也就算不得什么了。

> 到公有制的革命，而且正在进行技术方面的由手工业生产到大规模现代化机器生产的革命，而这两种革命是结合在一起的。在农业方面，在我国的条件下……则必须先有合作化，然后才能使用大机器。①

于是在亿万农民和全国农村中掀起了“农业合作化的高潮”，原定十五年的社会主义改造，就是这样“突击”式地完成的。而所谓要同时“结合在一起”的“现代化机器生产的革命”，却不但两三年而且十五年后也并未在广大农村中出现。那么，这个农业合作化的著名高潮以及以后的“坚持”、“巩固”又是如何可能的呢？毛泽东说：

> 政治工作是一切经济工作的生命线。……农业合作化运动，从一开始，就是一种严重的思想的和政治的斗争。每一个合作社，不经过这样的一场斗争，就不能创立。……只要一松劲，又可能垮台。山西省解虞县三娄寺合作社，就是在巩固以后，因为松劲，几乎垮了台的。仅在那里的党组织批判了自己的错误，重新向社员群众进行了反对资本主义加强社会主义的教育，恢复了政治工作，方才克服了那里的危机，走上了继续发展的道路。反对自私自利的资本主义的自发倾向，提倡以集体利益和个人利益相结合的原则为一切言论行动的标准的社会主义精神，是使分散的小农经济逐步地过渡到大规模合作化经济的思想的和政治的保证。②

---

① 《关于农业合作化问题》(1955 年 7 月 31 日)，《毛泽东选集》第 5 卷，第 182 页。
② 同上书，第 243—244 页。

毛泽东在1949年后的确用了很大力量去抓他非常熟悉的农村问题，他抓的主要是生产关系上的不断革命：即由私有制不断过渡到由“低级”到“高级”的公有制。而作为这种“过渡”的动力则是“一种严重的思想的和政治的斗争”。于是，这种“斗争”本身便成了改变社会生产关系的“保证”。所以，从中央到地方，毛不断批判“右倾”和“右倾机会主义”，并掀起群众运动，以此来发动、巩固、发展社会主义所有制和实现整个生产关系的改变。而所谓批判右倾，按毛泽东的规范也就是无产阶级与资产阶级、社会主义与资本主义两个阶级、两条道路的斗争。

这基本上构成了1949年后毛泽东所提出、所坚持、所不断发展的思想理论的主线。它首先表现在农业合作化运动中，以后又扩及整个经济领域，同时更表现在从批判《武训传》、《红楼梦研究》到反右派运动、到所谓“红”“专”辩论等等意识形态领域中。毛泽东最感兴趣和最关注的是农业和意识形态这两大领域①，正是在这两大领域内，从建国以来，折腾得最多，最热闹，也最痛苦。毛泽东在这两个领域中所坚持贯彻的便是这种所谓“两个阶级、两条道路的斗争”。以后毛便把这一“斗争”模式扩及全面工作和几乎所有领域：

> 我国社会主义和资本主义之间在意识形态方面的谁胜谁负的斗争，还需要一个相当长的时间才能解决。这是因为

---

① “毛似乎是在当代最关心教育的政治领袖”，“毛关于教育的许多观念甚至在他成为马克思主义者以前就有了”（E.C.Pischel，见 Pick Wilson 编 *Mao Tse-Tung in the Scales of History*，第151、172页，参看《青年毛泽东》）。

资产阶级和从旧社会来的知识分子的影响还要在我国长期存在，作为阶级的意识形态还要在我国长期存在。①

庐山出现的这一场斗争，是一场阶级斗争，是过去十年社会主义革命过程中资产阶级与无产阶级两大对抗阶级的生死斗争的继续。在中国，在我党，这一类斗争，看来还得斗下去，至少还要斗二十年，可能要斗半个世纪……②

整个过渡时期存在着阶级矛盾，存在着无产阶级和资产阶级的阶级斗争，存在着社会主义和资本主义的两条道路的斗争。忘记了十几年来我党的这一条基本理论和基本实践，就会要走到邪路上去。③

阶级斗争，一抓就灵。④

……

《毛泽东选集》第5卷收的是1949年胜利后到1957年底的文章，其中很少有专门讲经济建设特别是讲工业经济的文章，毛对这方面不很熟悉，也较少发言。他后来提出"鞍钢宪法"、"以钢为纲"、"工业学大庆"等决定性的方针路线，则与他未曾发表的学习政治经济学的笔记一样，都主要是一种哲学观念的推演，这种推演又正是从他所熟练运用的军事—政治思维来进行的。毛主要从政治角度来讨论、研究、规范经济，而这亦是毛在五十年代就提出来的"政治挂帅"。毛经常强调的是：

① 《青年毛泽东》，第390页。
② 《机关枪和迫击炮的来历及其他》（1959年8月16日）。
③ 《在中共中央政治局召集的全国工作会议上的讲话》（1965年1月）。
④ 《人民日报》，1966年10月1日。

思想和政治又是统帅，又是灵魂，只要我们的思想工作和政治工作稍为一放松，经济工作和技术工作就一定会走到邪路上去。①

所以，不是经济、更不是科技决定思想和政治，而必须是思想、政治“挂帅”去决定、主宰、领导经济、科技以及其他一切。

毛的这种思想的来源，正是1949年前的战争经验。例如：

经过政治教育，红军士兵都有了阶级觉悟，……都知道是为了自己和工农阶级而作战。因此，他们能在艰苦的斗争中不出怨言。②

人民解放军建立了自己的强有力的革命的政治工作，这是我们战胜敌人的重大因素。③

……

由于强调政治挂帅、阶级觉悟，强调“要用阶级和阶级斗争的观点，用阶级分析的方法去看待一切、分析一切”，而“阶级和阶级斗争、阶级分析”又主要是“无产阶级”与“资产阶级”的“你死我活”的两军对战，于是弥漫在政治、经济而特别是意识形态领域，无论从文艺到哲学，还是从日常生活到思想、情感、灵魂，都日益为这种“两军对战”的模式所规范和统治。例

① 《工作方法（草案）》（1958年1月）。
② 《毛泽东选集》，第63、1144页。
③ 同上。

如，哲学上是唯物论与唯心论的“两军对战”；历史上是地主阶级与农民阶级的“两军对战”；文艺上是现实主义和反现实主义的“两军对战”；“百家争鸣”实际也是“两家”①……至今为止，与军事毫无关系的日常生活和书面语言中，便仍然充满了“战役”、“战略”、“制高点”、“突击”、“突破口”等等军事术语。

但是，为什么1949年胜利以后就应该立刻向社会主义过渡呢？为什么自此以后就主要是无产阶级与资产阶级的斗争呢？为什么即使在合作化全面胜利、“社会主义改造”完成之后，仍然是无产阶级与资产阶级的全面斗争呢？为什么千百年来根深蒂固无孔不入的封建主义，反而不必去斗争了呢？……

并没有多少从马克思主义理论上的客观论述，有的只是这种哲学推演：整个宇宙、世界、社会既然是靠矛盾、斗争来推动和发展，那么地主阶级消灭了，“理所当然”地便是无产阶级与资产阶级这个“两军对战”来作为社会前进的动力，这好像是从毛泽东所理解的马克思主义的宇宙观——辩证唯物论所必然推论出来的结论。而且既有苏联斯大林模式的社会主义（也是反布哈林右倾机会主义后强制进行的农业集体化运动）作为范本，又有在长期军事斗争中所积累的“两军对战”的观念、习惯以至感情，就似乎更证明着上述理论的正确，这正是使“两个阶级两条道路”的理论为人们所接受甚至信服的一些基本原因。

但是，这与马克思主义的基本理论——唯物史观（历史唯物论）究竟有什么关系呢？不少人也写了不少阐述文章，很大部分都说这是“发展”了马克思主义：你看，先改变生产关系（合作

① 《毛泽东选集》第5卷，第409页。

化），后发展生产力（机械化）；突出政治以统帅经济；强调思想改造以建造共产主义新人……这些都是马克思恩格斯列宁以至斯大林没有或很少讲过的。

斯大林在苏联工业化时期强调是技术决定一切、干部决定一切。毛泽东批判了它，把它倒了过来，强调政治决定一切、群众决定一切。斯大林写了辩证唯物论之后毕竟还写了历史唯物论，尽管把后者只当做前者的演绎和应用，毛泽东只写了前者（如《实践论》、《矛盾论》、《人的正确思想是从哪里来的?》）。脍炙人口的《关于正确处理人民内部矛盾问题》也并不就是历史唯物论的基本原理，而恰恰又是“辩证唯物论”的直接的政策运用。从而，毛泽东所注意并强调要改变的生产关系和意识形态，便主要不是那些不适应现代生产力（大工业、科学技术）的部分，如小生产的经营管理方式、观念习惯等等。不是向现代生产力和生产方式所要求的科学、法制、经营管理的合理化、事业化和培养大量知识分子人才的方向前进，而是向相反的方向走去。毛泽东以他所熟悉的农业小生产和军事斗争的经验、观念、习惯和理想，强调思想、政治、群众运动、牺牲精神来改变世界。毛泽东所强调的是应该不断地组织作战，不停顿不间断地进行革命，以保持群众不断高昂的革命热情，才能推动社会前进，才能战胜资产阶级和资本主义。

那么，什么是资产阶级、资本主义？什么是无产阶级、社会主义呢？由于没有进行以唯物史观为理论基础的科学研究，这种种概念和观念便始终处在非常模糊朦胧的状态中。它无所不包却似是而非。当不断地人为地制造运动，把这种“两军对战”理论模式普及到广大群众和社会生活中去时，便很容易地把一切坏的事物、现象都归入以“剥削”为基础的所谓资产阶级、资本主义范畴，把一切好的事物、现象都归入以“劳动”为基础的无产阶级、社会主义范畴。于是，在这里，无产阶级、社会主义与资产阶级、资本主义便变成了“劳动”与“剥削”、“公”与“私”、“善”与“恶”的对立和斗争。本来具有特定历史内容的唯物史观的范畴，便逐渐变成了超时代的道德伦理范畴。道德的观念、标准、义愤日益成了现时代的政治内容。政治变成了道德，道德变成了政治①。

政治挂帅、突出政治于是便成了突出道德、道德挂帅，变成了突出大公无私的牺牲精神奋斗精神，认为是它推动着社会的前进、生产的发展、人类的进步。无论是讲革命，讲建设，强调的总是“群众中蕴藏着一股极大的社会主义积极性”②，“要具有无产阶级的彻底革命精神，不为名，不为利，不怕苦，不怕死，一心为革命”，“一不怕苦、二不怕死”，“向雷锋同志学习”……

如我们所知道，这种道德主义在中国社会和中国人的文化心理积淀中是有其深厚的基础的。不仅封建社会本就以伦理主义作为意识形态的基本核心，宋明理学的“克己复礼”、“正心诚意”曾经是长久的社会统治意识和官方正统哲学，它已成为人们所熟悉所习惯的文化心理；而且更由于新旧中国的交替，确乎使人们对经历了残酷战争取得胜利的革命和革命者（“老干部”），在伦理道德上有极大的尊敬。对旧的黑暗社会和生活形态的憎恶和对

---

① “政治挂帅”、“先红后专”等等与中国传统的所谓“内圣”为主、“内学”为本（张之洞：“中学为内学，西学为外学；中学治身心，西学启世事”《劝学篇》）的“中体西用”论在实质上有相似处。参阅本书《漫说“西体中用”》。

② 这种“社会主义积极性”也包含着集体利益与个人利益的结合和统一的内容在内，这与青年毛泽东以发展身心为道德有思想上的相承处，值得进一步研究，此处暂略。

未来理想社会的向往，唤起了也培育着人们对革命、对革命道德、对集体主义、对自我牺牲精神的忠诚的热情和极度的信任。于是，个人利益以至个人本身，当然包括个人的独立、自主、自由、平等……不仅都是微不足道的，并且都作为异己的有害的资产阶级的东西被清算。真正重要的是集体的、国家的、革命的事业和利益，“个人的事再大也是小事，集体的事再小也是大事”，这也就是“先公后私”，“一心为公”和“舍己从公”。

也由于高度中央集权的计划经济，和各方面日益加强的一元化领导体制，使行政权力通过共产党组织支配一切和干预一切，从社会生产、分配、消费到私人生活和私人事务（如工作、迁徙、婚姻、恋爱等等）。于是，一切依附于政治，从属于政治，政治的地位、权力、等级成为社会最重要最强有力的标准和尺度。于是，在实际生活中，人们感到作为社会动力的似乎也不是经济，而是政治了。这样，共产主义也不再首先是经济发展的产物，而主要成了某种政治—道德的理想，共产主义新人不再是全面发展个性潜能的人，而成了道德高尚、意识“纯洁”亦即“政治觉悟高”的圣贤。连历史人物也纯以道德作为评价标准（“文革”前夕关于李秀成的讨论）等等。

这与马克思的唯物史观相距已相当遥远了。“政治挂帅”和道德至上使植根于小生产、保护小生产的封建政治和封建道德，披着新装上市。正是在这种思想基础和现实基础上，发生了“文化大革命”。

“文化大革命”本来是从文化批判开始的，这“文化批判”又正是继承着自批《武训传》开头的建国十七年来一系列名为“文化批判”实际是政治批判而来。“文化大革命”批判得最凶的文艺“黑八论”（“写真实”论、“现实主义的深化”论、“现实主义的广阔道路”论、“反题材决定”论、“中间人物”论、“反火药味”论、“时代精神汇合”论、“离经叛道”论等[①])，便都是“文革”以前提出批判的。在经济、哲学、史学领域，也如此。对所谓“资产阶级反动学术权威”的批判，也是从俞平伯、冯友兰到周谷城，即从建国初期到“文革”前夕一以贯之的。不同在于“文化大革命”公开声称“实质上是场政治大革命”，并且主要矛头指向了所谓“党内走资本主义道路的当权派”——即当年同艰苦共患难打下了江山的老干部。但是，这也是与从1959年反右倾机会主义到四清运动整基层干部的路线进程一脉相承的。因为，反右派运动以后，知识分子都噤若寒蝉，毛的斗争哲学便主要指向党内。

这也有其现实原因。数十年艰苦奋斗的战争环境毕竟过去，和平时期使日常生活中的物质利益日渐突出，供给制在五十年代初期为薪金制取代，人皆同志日益被各种等级官衔所规范，战争时期为集中意志反对“极端民主化”而强调命令、集中的习惯，这时演化为封建性的官僚主义和观念、制度上的等级主义、服从主义。“一言堂”、“惟上是听”、“当官做老爷”日益在时间和空间中蔓延开来，封建主义的影响从经济基础到上层建筑和意识形态（包括旧中国的封建官场恶习），在解放初期被冲击后，再次迅速地以新的形态死灰复燃，而且变本加厉。

于是，人民群众充满着不快、不满和愤怒，特别是在敏感的学生群中。“文革”之前就不断有过“学生闹事”，抗议官僚主义，反对各种落后体制。1957年的“鸣放”也表现得非常明显。毛泽东是看到了这一点的。在“文革”中，他便指出群众有气要

① 见《林彪同志委托江青同志召开的部队文艺工作座谈会纪要》。

发泄。毛泽东提出“资产阶级就在党内”、“打倒走资本主义道路的当权派”，把矛头直接指向各级党政领导，这个运动之所以能如此迅风疾雨地使广大群众自发地搞了起来，人人参加，来势猛烈，毁坏力极强，其重要原因正在这里。

所以，把“文化大革命”简单归结为少数野心家的阴谋或上层最高领导的争权，或简单描述为一场迫害知识分子的运动，便是肤浅而不符合实际的。当然有这一方面的内容和成分，但当时广大群众包括知识分子而特别是青年学生是如醉如狂地忠诚地投入这场“革命”的。这些基本史实是无法用上述说法来解释的。

就这场“革命”的发动者、领导者毛泽东来说，情况也极为复杂。既有追求新人新世界的理想主义一面，又有重新分配权力的政治斗争的一面；既有憎恶和希望粉碎官僚机器、改煤炭“部”为煤炭“科”的一面，又有怀疑“大权旁落”有人“篡权”的一面；既有追求永葆革命热情、奋斗精神（即所谓“反修防修”）的一面，又有渴望做“君师合一”①的世界革命的导师和领袖的一面。既有“天理”，又有“人欲”；二者是混在一起的。而毛青年时代所具有的意志主义、理想主义的个性，也在自以为马克思主义已经娴熟可以从心所欲的晚年中，充分展露了出来。毛的“造反有理”的观念情感、浪漫的反叛欲求，从少年到晚年都一直存在，也表现在他生活的各方面，只是有时被理知自觉压抑下去（如中年领导民主革命和晚年处理国际关系时必须顾及各种客观现实条件），但有时却由于有理论武装（如上述两个阶级两条道路的斗争理论）而更加突出了。对“破坏一个旧世

① 章士钊：《柳文指要》。

界”的兴趣，使毛从孔夫子到新文化、从党[①]到政府[②]的各种权威，一律加以批判和否定。“不破不立”，“一分为二”，“斗争哲学”……在一定意义上正是毛早年的“与天奋斗”、“与地奋斗”、“与人奋斗”、“其乐无穷”的继续[③]。但从早年起并在中年获得重大成功的“经验理性”却越来越被推置一旁，这当然与毛越来越脱离群众和社会生活有关。毛原来制衡得很好的自己的思想构架，自1949年以后便开始片面发展，到“文革”达到了顶峰。

例如，民粹主义的理想和革命战争时代军事共产主义的成功，使毛总怀念着供给制，赞赏“大锅饭”，要求“破除资产阶级法权”，希望首先从分配、消费上来实现共产主义。1958年“大跃进”中，所谓“吃饭不要钱”、“公共食堂”，曾被毛所肯定而普及全国。毛不再真正深入地注意研究现代经济生活的实际。

此外，当然就是上述的道德主义。从大跃进时的“春风杨柳万千条，六亿神州尽舜尧”到“文化大革命”的“斗私批修”……

“以阶级斗争为纲”的斗争哲学，“斗私批修”的道德主义，“向贫下中农学习”的民粹主义[④]，构成了毛的晚年思想的一些

---

① 外国研究者特别注意毛在“文革”中“摧毁党”的特异做法，并认为毛一直有无政府主义思想。本文不同意这种看法。毛在青年时期确实接受过无政府思潮的影响，但似乎主要在于接受这一思想的反束缚和乌托邦理想社会方面而不在其非组织、反权威方面，接受马列主义后，毛一直是强调纪律、集中，反对“极端民主化”，要求“消灭……工作中的某些严重的无纪律状态或无政府状态”的（《毛泽东的读书生活》，第27页）。所以“文革”后期当《人民日报》批评“文革”造成无政府主义，毛大不以为然。

② 如“一月风暴”后成立上海公社，后改为“革命委员会”，而不再叫“政府”。

③ 参看本书《青年毛泽东》。

④ 到“文革”后期，某些地方连工人阶级也要下放劳动去“向贫下中农学习”。

基本特征。这些特征并非突然产生出来的，它们是既有其个人思想的由来已久的根源，又有中国社会的现实基础。

林彪和“四人帮”便在这种“毛泽东思想”的旗帜下做了“得力的助手”，他们在思想上谈不上什么自己的东西，但他们（特别是林彪）却的确把毛的上述某些思想发挥到了极端。例如为毛泽东所肯定的林彪“四个第一”的思想：

> 人的因素第一，政治工作第一，思想工作第一，活的思想第一。

此外，如林彪说：

> ……精神的东西可以转化为物质的力量。……像原子弹爆炸一样，爆发出很大的力量。
>
> 共产主义就是讲的一个“公”字，反对一个“私”字。要破私立公，……就要从灵魂深处爆发革命。

这位“林副统帅”（当时全国在形式上编为军队，所有机关单位都以军队建制）所“发展”的，不正是毛泽东许多思想的完全唯心主义化和封建主义化么？

林彪并直接倡导封建形态，把个人崇拜仪式化，如编制“语录”，搞“天天读”，把毛泽东的言论说成“最高指示”和“一句顶一万句”，“理解的要执行，不理解的也要执行”（这其实也来自军队习惯），以及搞“天才论”，说“毛泽东思想是最高最活的马克思主义”，是“当代马克思列宁主义的顶峰”等等。林彪不但在思想上而且也在组织上（如党章居然写上“接班人”名字）

企图以无产阶级专政和社会主义的名义来建立起子承父业的公开的传统王朝。

但是，重要的是，在林彪摔死事件发生以前，广大干部、群众和青年学生为什么对这一切并未感到格格不入而奋起抵抗？为什么广大群众、干部和学生都默默地接受了林彪搞的这一大套？当然，高压下的沉默并不等于真正的认同，但也确有不少的忠诚的信奉者，甚至在广泛的知识者之中。这就是因为，一则这一套有其传统的社会意识的根基、习惯，如“最高指示”与“圣旨下”连词句上也无多大区别，这与至今包括知识界也仍然接受甚至欣赏“伯乐”、包公、好皇帝，属于同一传统意识和心理积淀。二则，这一套也并非突然从天而降，它们是过去十七年不断的“社会主义思想教育”、“个人主义乃万恶之源”等等的延续。把“革命”当做目的本身来歌颂、崇拜和追求，把毛泽东作为偶像来崇拜，特别是把“老三篇”、“斗私批修”、“破私立公”的道德意识作为标准尺度来衡量一切，这是由来已久了。公私义利之辨，天理人欲之分，本是中国传统的文化心理，如今这一套以无产阶级革命意识和共产主义崇高理想而出现，便似乎成了最新最革命也最中国化的东西。中国知识分子很容易地接受了它，它从而使任何人（人总是有缺点、弱点和错误的，人总是有各种物质生活的要求、意向、愿望和享受的）都感到自己的罪孽深重，必须深刻检讨，努力忏悔……在张思德、董存瑞、雷锋、王杰这些“毫不利己、专门利人”以至牺牲自己生命的英雄、烈士面前，你能不自惭形秽、彻底悔过和无条件投降么？你能不为伟大的共产主义理想、为社会主义祖国贡献自己吗？能不为此而接受审查、批判，忍受痛苦、揭发别人和改造自己吗？

这也就是为什么林彪总要反复强调“老三篇”、“破私立公”

之类的秘密。

这里，与传统不同在于，这一套道德主义和公私义利之分是以阶级斗争为线索来贯串的，从而不再是比较复杂的、以稳定、和谐为目的和特征的传统的伦常观念，而是以更简化的“革命”的阶级观念来作为标准、尺度，这种公私义利、天理人欲的分辨更具有某种强制性的、公开的、“你死我活”的十分激烈的斗争性质。不仅在现实中，而且在心灵中。在革命旗帜下，在道德主义的要求下，人们都不但理智上要认为，而且要求情感上也感到自己确有错误，确需改造，确需勇敢卫护革命，贡献自己。于是不断检讨自己，批判别人，揭发“罪恶”，划清界限，指责、悔恨自己对“资本主义”、“修正主义”的喜爱或“放松警惕”……于是，有千千万万热情献身的红卫兵，有千千万万真心忏悔的老干部，有千千万万虔诚请罪的知识分子……

这样一种空前规模的群众性的斗争、检讨的运动就这样发生了。奇怪吗？也并不奇怪。如前所说，它不但是几十年思想改造和所谓“社会主义思想教育”的自然结果，而且也与数千年来的中国传统精神不无关联。

林彪“自我爆炸”的事实，“571 工程纪要”的公布才从根本上唤醒了人们，这倒的确像一颗“威力无比”的“精神原子弹”，炸醒了人们的痴迷和噩梦。原来一切都是假的，高举“语录”天天喊“三忠于”、“四无限”①的人原来是一群最大的骗子、坏蛋、野心家。什么“破私立公”，什么“灵魂深处爆发革

① “三忠于”是：“忠于毛主席，忠于毛泽东思想，忠于毛主席的革命路线”；“四无限”是：“无限忠诚”、“无限热爱”、“无限信仰”、“无限崇拜”毛主席。

命”，什么“四个第一”，什么“毛泽东思想是最高最活的马克思列宁主义”……多么虚伪！多么卑鄙！多么可笑！政治终于揭开了它自身的丑恶，一切原来化为道德的伪装愈发显示出了这道德本身的虚假。人们确乎被惊醒了，重新用自己的常识和健全的理智来观察、判断，来估计现实、生活和历史。以前的一切怀疑、问题、看法、意见一下子便明亮地被证实被想通了。当然，有从一开始甚至从五十年代初便有过正确的疑惑和深刻看法的人，但毕竟是极少数，广大干部和群众是通过“文革”后期特别是林彪事件而觉醒的。

“文革”是一个重要而漫长的故事，非本文所能详论。这里只想提出值得注意的两点：

一是这场看来似乎是失去理性的疯狂的“革命运动”，却并非完全是非理性的产物。尽管其中有某些类似宗教狂热的成分，如对毛泽东的个人崇拜，如在激烈派仗中的自我献身，如无端的兽性发泄、疯狂破坏和虐待狂式的酷刑取乐，等等，但其主体却仍然是以普通理智为基础的，即它是以一整套“持之有故，言之成理”的道德理论即关于公私义利、集体个体、关于共产主义理想和“两个阶级两条道路的斗争”等等为根本依据的。它仍然具有普通理智上的可接受性，它仍然是一种理性的信仰、一种道德的宗教。这是中国的“文化大革命”与譬如德国的纳粹运动、高扬道德主义的“斗私批修”理论与日耳曼种族优越论的不同或貌同实异之处。把二者等同视之，是既忽视了社会土壤的不同，也轻略了传统的本质差异。德国传统精神中的那种盲目冲动的非理性主义和中国传统的实用理性，是并不相同的，混淆它们无助于清醒地去认识自己。

另一是，正因为中国的“文化大革命”基本上（至少在指导思想上）仍在理智的主宰、支配下，所以对情感和人性的扭曲也是通过理智来进行的。正是这样，造成了精神上的极大苦痛和心理上的无比折磨。它要求人们从理智上去接受、运用阶级和阶级斗争的观点来“观察一切”、“分析一切”、“判断一切”，去“分清敌我”、“划清界限”，要求人们从理智上运用“斗私批修”、“一不怕苦，二不怕死”的道德标准来检查自己、反省自己，这样才能做到“六亲不认”、“大义灭亲”……于是社会上和传统中原来相当浓厚的父子夫妇兄弟朋友的人事关系和情感联系，便统统要求用这种阶级斗争的“革命的”道德主义或者说革命的集体主义去破坏和取代①。不是非理性的情感迷狂，而是要求一切情感必须经由“理性”批准，必须经过痛苦的“思想斗争”，而“思想斗争”能容许的惟一的情感是“革命的”“阶级感情”，一切人间的情谊、人际的关怀都必须放在这个新的道德标准下衡量估计、肯定否定。在这种“理性”的主宰摧残下，人们付出了极为高昂的情感代价。为了“革命”，为了“共产主义的伟大事业”……互相凶狠地毫无情面地揭发、批判，虔诚地忠实地穷根究底地交代、检讨……这里面有多少的痛苦、眼泪、血汗和生命！这里面造成了多少的人格分裂、精神创伤和人间惨剧！

当然，还不说那些借“文革”干坏事或思想污浊行为卑劣的人们，因为那是任何社会、时代和动乱时期都有的。尽管这些人中的一部分在这场“革命”中以及之前之后获得了暴利，但就整

① 在原始儒家本有所谓“子为父隐”（《论语》），舜弃天下窃负杀人的父亲而逃（《孟子》），都显示出血缘氏族的伦理本色。自秦汉以后，在所谓忠孝不能两全中，则多半“忠”高于“孝”，以国家名义的皇帝命令高于亲属要求，此即所谓忠君爱国的传统道德，这一切都以“革命的”服装在“文革”中上演。这里面尚有些有趣的复杂问题，暂略。

个社会和整个运动来说，毕竟居于次要的位置。

居主要位置的广大干部、群众在这场革命中，不但个性而且人性也遭到摧残扭曲，这种摧残扭曲都是以马克思主义的名义，在理性控制主宰下，由自己积极参与而造成的。这才是真正的巨大悲剧。

难道马克思主义应该是这样的么？为什么马克思主义在中国竟会结出如此难堪的果实？

为什么？为什么？……人们，特别是青年一代开始怀疑着、憎恶着、思索着。

四 1976 年—

一声惊雷，毛氏逝世。一个时代终于结束了。

“四人帮”很快就垮台，“凡是”派也没能支持几天。“实践是检验真理的唯一标准”这个以学术出现的政治命题在开始扫除人们走向新时期的思想阻碍：不能一切以毛泽东的是非为是非，必须从实际——人们的现实实践出发。这场讨论并没有真正的理论成果，它在完成了它的政治使命之后，也就没能再继续。

真正在马克思主义理论领域中展示出新时期特点的，是关于“人道主义”的论争。

如前所述，“文化大革命”把从上到下整个社会中的传统的与革命的信念、原则、标准统统破坏了，人们在思想、心理、身体、生活各个方面受到了空前的痛苦和损伤。人们或被迫或自愿地出卖自己、践踏自己、丧失掉自己。人不再是人，是匍匐在神的威灵下的奴仆、罪人，或者则成了戴着神的面具的野兽。

于是，神的崩溃便从各个方面发出人的呐喊。人的价值、人的尊严、人性复归、人道主义，成为新时期开始的时代最强音。它在文学上突出地表现了出来，也在哲学上表现出来。它表现为哲学上重提启蒙，反对独断（教条），反对愚昧，反对“异化”，表现为对马克思《1844年经济学—哲学手稿》的研究盛极一时。当然最集中地表现为呼喊人道主义，把马克思主义解释（或归纳或规范）为“人道主义”。强调马克思主义是“以人为中心”，“人是马克思主义的出发点”，等等。这当然是对“文化大革命”以及以前数十年把马克思主义强调是阶级斗争学说的彻底反对，是对“以阶级斗争为纲”的根本否定。

强调马克思主义具有人道主义性质是不错的，但把马克思主义解说为人道主义，或以人道主义来解释马克思主义，却并不符合马克思当年的原意。因为马克思主义主要是一种历史观，即唯物史观。它既有科学的内容，也具有意识形态的作用。马克思主义的世界观也就是这种历史观，或者说是建立在这种历史观的基础之上的。人道主义不可能是历史观，用人道主义来解释历史，来说明人的存在或本质，必然带有空泛、抽象或回到文艺复兴、启蒙主义的理论上去。人道主义强调“人”，主要是个体、个人。马克思主义历史观讲的人，主要是从人类总体出发，然后讲到个体。制造工具的“从猿到人”的“人”，并非个体而是群体。只有到共产主义，每个人的自由发展才是一切人自由发展的条件。个体的这种自由是以人类总体的历史性的行程为前提的。从而在这个行程中，“个体与群体、小我与大我到目前为止具有某种有时甚至是严重的矛盾和冲突，这需要作具体分析……东、西方目前有关的一些讨论有其具体历史的合理内容，在东方是反对封建官僚，在西方是对资本社会中各种异化的抗议。它们都要求人在‘物’的奴役压迫和束缚下解放出来，要求人掌握自己的命运，成为自己实践活动的真正主宰，因此都提出了人的存在价值和意义问题。……应该看到个体存在的巨大意义和价值将随着时代的发展而愈益突出和重要，个体作为血肉之躯的存在，随着社会物质文明的进展，在精神上将愈来愈突出地感到自己存在的独特性和无可重复性。

"重视个体实践，从宏观历史角度来说，也就是重视历史发展中的偶然。从黑格尔到现代某些马克思主义理论，有一种对历史必然性的不恰当的、近乎宿命的强调，忽视了个体、自我的自由选择并随之而来的各种偶然性的巨大历史现实和后果。我们一方面反对非决定论观点，因为无论如何，从原始社会到今天，从农业小生产到工业大生产，历史在进化，物质文明在成长，其中确有不以人们意志为转移的客观规律和历史法则，否认这点是不符合事实的。但是，另一方面也要看到，人类中任何个体自我的实践都是在主动地创造历史，其中充满大量偶然因素。注意研究这些偶然因素，才能更深刻地理解强调作为个体的人的伦理学主体性意义所在"①，才不至于重蹈前述道德主义把道德呐喊建筑在被异化的"集体主义"、"历史必然性"的宿命基础之上的谬误。因此，一方面应该反对在"革命的""集体的"旗号下种种抹杀、轻视个体性的所谓马克思主义的理论；另方面也要看到"大我"（人类总体）与"小我"（个体）之间的关系有一个极为复杂的具体的历史行程，用义愤、感伤、情绪以及价值判断、伦理原则是不能真正解释这个行程的。人道主义理论就有这方面的毛病。所以，我也仍然认为，"作为历史观的人道主义，其理论极为肤浅和贫乏，它不能历史具体地去深入分析现象，不能真

---

① 拙作《批判哲学的批判》（修订本），第432—434页。

正科学地说明任何历史事实，不可能揭示出历史发展的真相，从而经常沦为一堆美丽的辞藻、迷人的空谈、情绪的发泄。”①“我不赞成以人道主义代替马克思主义，那是肤浅和错误的。因为历史有时候并不是那么人道的。特别是在古代，需要通过战争，需要通过残酷的掠夺，才能发展。历史本身就是这样”②。用感伤、愤慨、好心来对待历史，用人性、人道主义来解释历史，是幼稚和不科学的；“人是马克思主义的出发点”的命题也是相当模糊的，“出发点”是什么意思？“人”又是什么意思？指个体还是指总体（人类）？便不清楚，首先便需要作番语义分析才能了解。可见，提倡人道主义虽有其现实合理性和正当性，但作为哲学理论，还需要仔细研究、充实和提高。如果停留在目前的水平上，而不加以严格的科学论证，那它就还不可能成为真正的理论创新。

但是，意识形态并不等于科学，也并没有所谓完全正确的理论，何况在理论上并不正确的东西在历史上却可以起重要的进步作用③。在粉碎了“四人帮”、中国社会进入“苏醒的八十年代”④的时候，多么必然也多么需要这种恢复人性尊严、重提人的价值的人的哲学啊！“自由”、“平等”、“博爱”、“人权”、“民主”……这些口号、观念充满着多么强烈的正义情感而符合人们的愿望、欲求和意向啊！它们在揭露林彪、“四人帮”的封建主

① 拙文《夜读偶录》，《瞭望》1984年第11期。

② 《美学与艺术讲演录》，第198页，上海人民出版社，1983年。

③ 恩格斯：“在经济学的形式上是错误的东西，在世界历史上却可以是正确的”（《马克思恩格斯全集》第21卷，第209页）。列宁重复了恩格斯这一论断并指出要“记住恩格斯的名言”（《列宁选集》第2卷，第322、431页）。

④ 拙作《中国近代思想史论》，末章。

义、“集体主义”的罪恶，表达对各种压迫、迫害的抗议上，多么切中时病啊！尽管它在理论上相当抽象、空泛、贫弱，不能深刻说明问题，而且情感大于科学，但是，它们表达了人们压抑了很久的思想、观念、情感、意识，激起了人们与以“文化大革命”为代表的旧传统相彻底决裂的斗志和决心，唤起人们去努力争取被否定了和埋葬了的个人的人格、个性、生活权利、正当欲求……所以，说“一个怪影在中国知识界徘徊——人道主义的怪影”①便是有其真实的现实依据的。这就说明，为什么人道主义的理论、观点、思潮，尽管被大规模地批判，却受到广大知识分子以至社会的热烈欢迎，并且它能与经济改革同步，配合和支持着改革，把社会推向前进。因为它们是在继续清算“文化大革命”，是在继续与封建主义作斗争。这也很清楚，为什么批判者们尽管引经据典，大造声势，力加驳斥，证明马克思主义的确并不是人道主义，却始终应者寥寥。这些批判文章强调集体主义，反对个人主义，提倡伦理价值，呼唤献身革命等等，一切似乎都很正确，但这已是几十年来人们早已熟知的论调。由于被“文革”以来的事实所彻底败坏，人们对这些老调不但不再信任，而且相当反感，于是对这种批判掉头不顾，置之不理，毫无兴趣，也就是很自然的了。从理论上说，这种批判的根本弱点，正在于它没能具体地科学地考察中国这股人道主义思潮的深厚的现实根基、历史渊源和理论意义，也就是说，这批判没有注意到这股人道主义思潮有其历史的正义性和现实的合理性。批判离开了这个活生生的现实，仍然是就理论谈理论，从而这批判也抽象、空泛、贫弱，离开了正在前进中的中国社会实践，它当然不能

① 王若水：《为人道主义辩护》，第217页，三联书店，1986年，北京。

取胜。

马克思主义在中国的确到了一个关键时刻，正像中国社会到了一个如何前进的关键时刻一样。马克思主义之需要创造性的发展和这种发展的重要意义，没有任何时候像今天在中国这样突出。从五六十年代东欧、苏联到七八十年代中国的人道主义潮流，共同展示了马克思主义理论传统本身由于强调社会、忽视个体所带来的巨大缺陷，但并未真正开辟如何走向未来的理论通道。如何概括总结百年来的世界经验，如何概括总结数十年中国经验，将是一个巨大的题目和远为艰难的工作，它也将经历异常困难、复杂的漫长过程。

千里之行，始于足下。这里只想最简略地说两点。

第一，应该回到历史唯物论（唯物史观）。应明确唯物史观才是马克思主义的基本理论（辩证唯物论等等是后来推演出来的）。历史唯物论又可以分作哲学层和科学层两个层面。后一层面将具体地研究生产力、生产关系、基础、上层建筑、国家、法律、文化、科技、家庭……问题。它将或分化或渗入或成为许多专门的社会科学学科。美国一些马克思学者用现代分析哲学、数学博弈论等等来解释历史唯物论和马克思主义，使之更加科学化，是很值得注意的。

就哲学层次说，历史唯物论即主体性的实践哲学，或称人类学本体论，它应包含工艺社会结构（人类学主体性的客观方面）和文化心理结构（人类学主体性的主观方面）这样两个方面。提出文化心理结构作为主体性实践哲学的一个方面，是有其重要意义的，它要求总结过去，认识自我（民族、社会、时代）。例如，如何在所谓“迷信中忍耐，保守中沉默”的国民性中，在上述道德主义的传统经验中，认识到它的致命的缺陷和仍然值得保存、发扬的优胜处，便是一件非常艰巨的工程。

第二，对马克思、列宁的经典理论的研究，需要改善和加强。这又有两个方面。

第一个方面是发掘经典作家本人由于当时现实斗争的各种原因没有或未来得及展开的思想、观念、学说、主张。“许多伟大的思想家早期在建立自己的整体世界观的进程中，具有多方面的异常丰富的思想，但在他以后的一生中，多半是自觉或不自觉地依据时代的需要，充分发展了他的世界观或思想中的某些方面而并非全部。……由于当时阶级斗争政治斗争和马克思本人专注于无产阶级革命事业的理论和实际，马克思本人和他的追随者继承者如恩格斯、伯恩斯坦、考茨基、李卜克内西、梅林以及普列汉诺夫、列宁、卢森堡、第二第三国际等等，都主要发挥发展了有关这一方面的理论学说……，而把《手稿》以及《政治经济学批判（1857—1858）手稿》中尚未详细论证的其他一些重要的、珍贵的思想忽略过去或暂时搁置起来了”①。这就把任务留给了我们。“人化的自然”思想便是一例。“人化的自然”不只是美学问题，它是一个根本哲学问题，是涉及文化心理结构、积淀、人性塑造问题，亦即涉及人的本质和存在问题。

第二个方面是重新审查、鉴定经典作家的论著、思想，发现问题，解决问题，不应再采取对待宗教教义的注经方式和迷信态度。例如在马克思本人那里，是否有基本理论（唯物史观）和战略策略（期望和号召无产阶级革命）之间的矛盾，便需要研究。当年，整个世界范围内主要是资产阶级民主革命，而马克思却期待德国的民主革命将导致无产阶级与资产阶级的决战，即实现社

---

① 拙文《艺术杂谈》，《文艺理论研究》1986 年第 3 期。

会主义性质的国际无产阶级革命，就是一例。即使在基本理论范围内，是否也有问题和矛盾呢？例如，对工具的使用、制造、更新，本是马克思所特别重视的问题，也是马克思主义的一个最根本的要点。因为正是它推动生产力的发展。但在《资本论》中，是否有脱离开工具，只着重分析论证“劳动力”的支出、买卖和创造剩余价值，而相对忽略了在劳动中科学技术、工具变化所带来的种种有关创造价值及剩余价值的问题呢？当科学直接成为生产力的今天，如何估计工具的巨大作用，如何计算与此有关的科技工作者的“劳动力”以及白领工人的地位等等问题，不是日益突出了么？从而，马克思主义应否看做只是（蓝领）工人阶级的世界观，而不更应是表达了人类总体的历史前景和知识分子的热情信念？

又例如，列宁关于管理国家的思想理论，也值得重新研究。《国家与革命》是列宁最重要的著作。其中认为：

> 资本主义文化创立了大生产、工厂、铁路、邮政、电话等等，在这个基础上，旧的“国家政权”的绝大多数职能已经变得极其简单，已经可以简化为登记、填表、检查这样一些极其简单的手续，以致每一个识字的人都完全能够行使这些职能……
>
> ……国家官吏的特殊“长官职能”可以并且应该在一天之内就开始用“监工和会计”的简单职能来代替，这些职能现在只要有一般市民水平的人就能胜任，只要发给“工人的工资”就完全能够执行了。
>
> ……无产阶级革命实现以后，就可以而且应该从这里开始做起。在大生产的基础上，这个开始自然会使一切官吏

机构逐渐“消亡”，……日益简化的监督和统计表报的职能将由所有的人轮流行使，然后再成为一种习惯，最后就不成其为特殊阶层的特殊职能了。①

毛泽东晚年的某些乌托邦思想，如人民公社、群众专政等等，也有与此类似之处。

但几十年来高度发展了的现代生活，却恰恰证明资本主义经济管理不是变得十分简单而是更为繁忙复杂，更需要种类繁多各式各样的专门家来主持操管。韦伯（Max Weber）关于工业大生产必然涌现出一个技术和行政管理者的官僚阶层的理论，反而更加符合事实。在政治制度上，列宁曾对资本主义社会的议会制度予以猛烈抨击，所以十月革命后便加以废除而代之以工兵苏维埃。苏维埃在革命初期的列宁时代的确比议会制更民主，任何士兵代表、工人代表都可以在苏维埃上发言、争辩、讨论。但曾几何时，苏维埃制度在斯大林手上却变成了一块橡皮图章，所谓“代表”只剩下举手的荣誉了。由于苏维埃兼有立法与行政职能，似乎最大限度发扬了民主，让所有劳动者都参与国家管理；但实际却为少数几个人以至一个人的高度集权，甚至独裁专制制造了条件，因为再没有资本主义社会众多法律以及舆论之类的束缚限制了。于是，无产阶级专政变成了党专政政治局专政，以致最后变成了斯大林一个人的独裁。

这些历史教训难道不需要从理论上重新加以检讨、研究吗？

总起来看，“自第二次大战以后，世界进入了后帝国主义时期，殖民地纷纷成立，构成了庞大的第三世界，现代科技和生产

① 《列宁选集》第2卷，第207、212—213页。

力的猛增，跨国公司的强壮，中小工业的繁荣，白领工人的扩大……使世界的经济、外交、文化日益在进入一个新的多元化的阶段。……就中国来说，时代最大特征之一是开始结束了几十年和几千年的封闭状态，中国文明将第一次跨入世界之林，与其他文明作真正的对话和交流。物质文明在走上现代化的道路，那么，中国的马克思主义哲学该怎么办呢?”

“……到目前为止，许多人（包括西方的一些马克思主义者）还认为马克思主义只是革命的理论、批判的理论。诚然，马克思主义是革命的理论、批判的理论，但它不只是这种理论。在现时代，不论在东方还是西方，光坚持或只谈革命的理论，就不够了。它只是马克思主义理论的一个方面，尽管曾经是主要的基本的方面。但无论如何，阶级、阶级斗争、革命都只和一定的历史阶段联系。在漫长的人类历史上，它毕竟是比较短暂的现象。不能天天革命，岁岁战争。阶级斗争不能‘年年讲月月讲天天讲’，并且阶级迟早还要归于消灭。如果认为坚持和发展马克思主义，就是坚持和发展批判、革命，老是不断革命，这就要走向反面。所谓‘无产阶级文化大革命’不是最沉痛的教训吗？所以，我认为，应该明确马克思主义不仅是革命的哲学，而且更是建设的哲学。不但因为我们现在主要建设，而且因为建设文明（包括物质文明与精神文明），对整个人类来说，是更为长期的、基本的、主要的事情，它是人类赖以生存和发展的基础。光批判，是并不能建设出新文明的。我们要从人类总体的宏观历史角度来鲜明地提出这个观点。”①

---

① 拙作《艺术杂谈》，《文艺理论研究》1986 年第 3 期。

二十世纪中国（大陆）文艺一瞥

一瞥者，快速之印象短论也。之所以要从思想史“瞥”一下文艺者，在于文艺能表达非思辨、理论、学说、主张所可表述之心态故也。理论、思想是逻辑思维，文艺是形象思维。形象思维的特征之一，就在于它大于思维。从大于思维中又恰好可以看到中国近现代思维的某些要点。这就是写这篇印象草记的来由。

既然是从思想史角度而并非从文艺史或美学角度来看中国近现代文艺，本文所拟记录涉及的，便只是通过文艺创作者的心态，以观察所展现的近现代中国所经历的思想的逻辑，即由心灵的历程所折射出来的时代的历程。在现代中国，文艺（又特别是文学）一直扮演着敏感神经的角色。

因此，这里的近现代文艺显然不可能是全面的论述，而只是片面的印象。它之所以是近现代，也正因为它以知识分子心态变异为历程，其起点得追溯到二十世纪初，而不直接以五四新文学为开端。

一　转换预告

戊戌变法前后，对中国许多传统士大夫知识分子来说，是一个空前的心灵震撼时代。尽管自鸦片战争、太平天国以来，已不断有先进的士大夫知识者开始具有新的思想、观念、论议、主张，但不仅为数极少，有如凤毛麟角；而且这些思想、主张也仅仅停留在理智认识的水平，尚远未构成为某种真正的心态变化。这种变化开始于1894年在甲午战争中中国战败割地求和所掀起的爱国热情（像谭嗣同就是在这时由具有顽固保守思想的士大夫，一跃而变为宣扬平等自由的思想家的），经由庚子（1900年）之后大批留日学生的涌现，中国传统的士大夫知识层开始向近代行进和转化，不仅在思想上、认识上，而且也开始在情感上和心态上。

当然，后者比前者，在中国当时的情况和条件下，其变异和行进要缓慢、模糊和不自觉得多。人们在理智上认识、接受、容纳、许可的东西，在情感和心态的大门前都常常被禁阻入内。在这方面，传统的力量毕竟更有影响，支配和控制得也更久长。新旧模式的激荡和纠缠混杂也更为繁复、多样和难以清理。“剪不断，理还乱，是离愁，别是一番滋味在心头”。是坚决离别传统、告别过去的忧伤哀愁，还是别有一番滋味在心头呢？

例如，二十世纪初的好些留学生知识分子曾不惜个人生命，献身革命，其中有好几位知名人士蹈海自杀。他们之所以选择死亡，不是因为“不值得活下去”，也不是为了在自我的毁灭中求欢乐的疯狂，而是为了要把自己的死与民族国家的生联结起来。他们不是如现代海德格尔所说只有在死面前才知道生，而仍然是传统的“未知生，焉知死”（孔子），因为知道了生的价值才去死，即以一己的死来唤醒大众的生。

所以，尽管这批第一代中国近现代知识分子已经在政治上、思想上接受了西方的自由、民主和个人主义，但他们的心态并不是西方近现代的个体主义，而仍然是自屈原开始的中国传统的承续。在中国这一代近现代意义的知识分子身上所体现的，倒正是士大夫传统光芒的最后耀照。

> ……吾至爱汝，即此爱汝一念，使吾勇于就死也。吾自遇汝以来，常愿天下有情人都成眷属；然遍地腥云，满街狼犬，称心快意，几家能够？司马春衫，吾不能学太上之忘情也。语云：仁者“老吾老以及人之老，幼吾幼以及人之幼”。吾充爱汝之心，助天下人爱其所爱，所以敢先汝而死，不顾汝也……（林觉民：《与妻书》）。

这是一封在起义前夕写在白布方巾上的真实的家书，并不是有意创作的文学作品。但是，今日读来，却仍然比许多文学作品要感人得多。作者果然在起义中被捕就义。它本是血泪凝成的文字，其中有好些细节描述是极其亲切精致的。那种在选择死亡面前凝聚着的夫妇伦常的真实情感，仍以一种传统的光辉感染着人们。此外，如谭嗣同“我自横刀向天笑，去留肝胆两昆仑”；秋瑾引古诗作绝笔的“秋风秋雨愁煞人”；黄兴吊刘道一的“……我未吞荒恢汉业，君先悬首看吴荒……眼底人才思国士，万方多难立苍茫”；辛亥后宁调元被杀前的“……死如嫉恶当为厉，生不逢时甘作殇；偶倚明窗一凝睇，水光山色俱凄凉”，以及名盖一时的南社诗人们的许多创作，……它们所构成的这个世纪初的悲壮的革命进行曲，基本上仍然是中国传统士大夫家国兴亡责任感和人生世事凄凉感在新时代里的表达。西方近代文化观念的洗礼，还只输入和停步在理知层的意识领域。他们当时主要是企望创造一个民主、共和、强大、独立的新中国，对人生世事、对人际情感以及各种有意识无意识的心态积淀，仍然是传统中国的，传统式的悲愤、感伤、哀痛和激昂。

繁荣的文艺创作是晚清的重要文艺现象。从《官场现形记》、《文明小史》、《二十年目睹之怪现状》到鸳鸯蝴蝶派小说，以及“点石斋”版画，展现出种种世俗风习的画面，它们有片断复现的写实性，如鲁迅所说，“他（指《点石斋画报》主笔吴友如）画的‘老鸨虐妓’、‘流氓拆梢’之类，却实在画得很好的，我想，这是因为他看得太多了的缘故，就是在现在，我们在上海还常常看到和他所画一般的脸孔”（《二心集·上海文艺一瞥》）。但在心态、情感上却并没有真正的新东西。他们没有新的世界观和新的人生—宇宙理想，来作为基础进入情感和形象思维，而旧的儒家道家等等又已经失去灵光。因此，尽管他们揭露、谴责、嘲骂，却并不能给人以新的情感和动力。这就是晚清小说之所以失败的重要原因。

但是，毕竟在开始转换。欧风美雨毕竟在逐渐进入人的内心。拜伦热、林译小说和苏曼殊三大史例，似乎表现着中国士大夫传统的文化心理结构，在西方冲撞下，开始了某种转换的萌芽。

罗素打破常规，在他的《西方哲学史》中奇特地给拜伦写了一章。罗素并没讲出拜伦有多少哲学，只是指出：“在国外，他的情感方式和人生观经过了传播、发扬和变质，广泛流行，以至成为重大事件的因素”[1]。罗素的所谓“在国外”指的是欧洲大陆，他心目中不会想到中国。但是，正是这位出身高贵、满脸傲气、放荡不羁、难容于祖国俗议的叛逆诗人，在二十世纪初成了中国青年革命者、知识分子所顶礼讴歌、有着强烈共鸣的对象。鲁迅说，“裴伦既喜拿破仑之毁世界，亦爱华盛顿之争自由；既心仪海贼之横行，亦孤援希腊之独立……自由在是，人道亦在是”（《坟·摩罗诗力说》）。鲁迅所谓“别求新声于异邦”的中国的知识分子，与拜伦有了可以感通认同之处。马君武、苏曼殊所译拜伦诗被传诵一时，拜伦那傲岸不驯、愤世嫉俗被罗素名之为“贵族叛徒者”的气质，一方面可与中国传统的英雄主义相沟通，另方面又成了当时知识分子刚起步的个体独立的意识觉醒。罗素说，“贵族叛徒者既然有足够吃的，必定有其他的不满原因……他们的有意识的思想中却存在着对现世政治的非难，这种非难如果充分深入，便采取提坦（Titan）或无边无际的自我主张的形式，或者……采取撒旦主义的形式……这种叛逆哲学都在知识分子和艺术家中间灌注了一种相应的思想情感方式”（“……inspired a corresponding manner of thought and feeling among intellectuals and artists”）[2]。正是这样，以拜伦为象征的西方近代的浪漫主义，那呼号个体独立的“思想情感方式”，在爱国救亡的英雄激情的掩映和保护中，悄悄地、无意识地在中国青年知识群中浸润、出现、传播了。也正因为拜伦具有这两个方面，才使他在中国知识者心中打响了头炮。

从这个角度便能估计林译小说的意义。它之所以风行，不止

---

① 《西方哲学史》下册，第295页，商务印书馆，1976年，北京。

② 同上书，第295—296页。

在于异邦图景和故事的开人眼界，而更在于它是一种新的“思想情感方式”的输入。所以，在改换心态的历程上，它比当时那些中国人写的谴责小说要重要得多。

林纾不识外文，却翻译了百十种小说。古今中外，大概很少有这种事例。这位在五四运动时期拼命反对白话文的落伍者，在辛亥时期却是有其进步的思想的。请读他的《新乐府·知名士（叹经生、诗人之无益于国也）》诗：

> 知名士，好标格，词章考据兼金石。考据有时参说文，谐声假借徒纷纭。辨微先析古钟鼎，自谓冥披驾绝顶，义同声近即牵连，一字引证成长篇。高邮父子不敢击，凌轹孙、洪驳王、钱。既汗牛，复充栋，骤观其书头便疼。外间边事烂如泥，窗下经生犹做梦。……即有诗人学痛哭，其诗寒乞难为读。蓝本全抄陈简斋，祖宗却认黄山谷……

这说明，这位外国文学的翻译者当时是很不满意中国士大夫传统的“经生”、“诗人”的文化心理结构，要求突破乾嘉朴学、同光诗体，从而才翻译引进了新的生活图景、人生观念、情绪感受……也即是新的“思想情感方式”。

这种新的“思想情感方式”如何具体地被输入，如何与传统的文化心理结构相碰击相融合，是一个值得仔细研究的问题。

例如，中国传统历来是“儒道互补”或“据于儒，依于老，逃于禅”，“儒治世，道治身，佛治心”。中国近现代第一批知识群从极热到极冷，从革命斗士到和尚沙门的两极渗透和互补，也是当时的一种特色。谭嗣同、章太炎把这种互补表现在理论和思辨中。弘一法师（李叔同）等人则表现在实际行动上：一个新话剧运动的首倡者很快就扔弃一切热闹，遁入空门以缁衣终身。在清末民初，与革命并行的是佛学昌盛。冷热两极的文化心理互补构架，使章太炎在革命途中想退身去做和尚，连鲁迅在民初也读佛经。为什么？这些开始具有近现代观念和学识的知识者们，仍然在走着传统的路吗？

好像要更复杂一些。已有论文认为，由于对资本主义异化世界的恐怖，章太炎“对古典的资产阶级人本主义从肯定转为不定，对自己的人性学说，也从理性主义转为反理性主义；从科学主义转向反科学主义；从乐观主义转向悲观主义；从面向尘俗世界、面向未来转向鄙弃尘俗世界、鄙弃未来的虚无主义”①，“已基本上从资产阶级古典的人文主义转向现代型的批判人文主义”②。以此来描绘章太炎，似乎太夸张了一些。但如以此来解释从章太炎到鲁迅，特别是解释以鲁迅为代表的那股近现代中国最深刻的思想暗流——那大力倡导启蒙又不停留于启蒙的深沉的“思想情感方式”，则是相当准确的。近现代中国在接受西方十六至十九世纪的社会政治学理的同时，便也同时感受到由拜伦到尼采对历史走向一个可怕的资本主义异化世界的坚决的反叛。于是，启蒙主义的理性、乐观、进化思潮与二十世纪的非理性、悲观、反历史思潮相冲突而并来，同在最敏感的中国知识分子心魂中投下了身影。近代与超近代（现代）、理性与反理性、乐观主义与悲观主义、历史主义与虚无主义……使心魂结构变得复杂了。这就超出了“儒道互补”的旧有模式，他们的“逃于禅”，也已经渗入了新的“思想情感方式”。

---

① 姜义华文，见《复旦大学学报》（社会科学版），1985 年第 3 期，第 206、214 页。
② 同上。

似乎可以在这种理解下来读苏曼殊。五四时期便有人说，“曼殊上人思想高洁，所为小说，描写人生真处，足为新文学之始基乎？”①并从而被引为“新文学”的同道。郁达夫也认为苏曼殊的诗出于龚定庵，而又“加上一脉清新的近代味”②。

且看苏诗及小说：

年华风柳共飘萧，酒醒天涯问六朝，猛忆玉人明月下，悄无人处学吹箫。

春雨楼头尺八箫，何时归看浙江潮？芒鞋破钵无人识，踏过樱花第几桥。

……阿蕙何在？……周大泪涟涟答曰：嫁一木主耳……先见一老苍头，抱木主出。接阿蕙至礼堂，红灯绿彩，阿蕙扶侍女，并木主行婚礼既毕。旋过邻厅，即其夫丧屋也，四顾一白如雪。其姑乃将缟素衣物，亲为阿蕙易之，阿蕙即散发跪其夫灵前，恸哭尽礼……

周大言毕，生默不一言。……自后粤人亦无复有见生及周大者云。惟阿蕙每于零雨连绵之际，念其大父、阿姊、独孤公子（即生）不置耳。（《焚剑记》结尾）

……

也并没有什么特殊，不就是漂亮绝句和婉丽的言情小说么？但是，为什么当年会被青年们那样激赏？只是由于“优美婉丽”

---

① 《新青年》，3卷2号，1917年4月。

② 柳无忌编：《曼殊大师纪念集》，第427页，正风出版社，1944年，重庆。

“缠绵凄楚”么?

似乎又不是。苏曼殊描述的爱情已不复是《聊斋》里的爱情,也不再是《牡丹亭》、《红楼梦》里的爱情,当然更不是《恨海》里的爱情。陈独秀在为苏的小说《绛纱记》作序时说:“人生最难解之问题有二,曰死曰爱。”①古往今来的文艺总缠绕着这两个永恒主题。苏的小说和短诗中的这两个主题的特征似乎在于,尽管如何颓废伤感、孤独哀凄,却传出了某种黎明前的清新气息。这位曾经热衷于“革命加恋爱”、而后却“行云流水一孤僧”所反思的爱与死,是在世俗故事中企求超脱,即他似乎在寻求超越爱与死的本体真如世界。而这个真如本体却又实际只存在于这个世俗的情爱生死之中。正因为这样,苏作在情调凄凉、滋味苦涩中,传出了近现代人才具有的那种个体主义的人生孤独感与宇宙苍茫感。他把男女的浪漫情爱和个体孤独,提升为参悟那永恒的真如本体的心态高度。它已不是中国传统的伦常感情(如悼亡)、佛学观念(色空)或庄子逍遥。它尽管谈不上人物塑造、情节建构、艺术圆熟,却在这身世愁家国恨之中打破了传统心理的大团圆,留下了似乎无可补偿无可挽回的残缺和遗憾。这是苦涩的清新所带来的近现代中国的黎明期的某种预告。这些似乎远离现实斗争的浪漫小诗和爱情故事,却正是那个新旧时代在开始纠缠交替的心态先声。感伤、忧郁、消沉、哀痛的故事却使人更钟情更怀春,更以个人的体验去咀嚼人生、生活和爱情。它成了指向下一代五四知识群特征的前兆。四顾苍凉侵冷,现实仍在极不清晰的黑暗氛围中,但已透出了黎明的气息。苏曼殊的小说发表仅在五四前几年。

其他文艺部类呢?在国画领域,任伯年似乎显露出与传统高

---

① 《甲寅》第1卷,第7号,第2页。

雅有某种离异的上海滩的脂粉味，又仍然清秀可喜。吴昌硕跨越了扬州八怪，泼辣的色彩和金石味的骨力，似乎宣告传统在走向终结。这些是否也在间接意义上反映出某种新的心态、情感呢？很难说，还需要研究。

二 开放心灵

辛亥这一代的心态只开始转换，传统还占压倒优势；五四这一代却勇敢地突破传统，正式实现着这一转换。如果说，前者还只是黎明前的序幕，那么，新时代的黎明现在便正式揭幕了。

这种转换有其现实的基础。几千年皇帝专制在政治体制和观念情感上对知识分子主宰地位的消失或消退，“学而优则仕”的传统科举道路的阻塞，西方文化如潮水般的涌进……给新一代年轻知识者以从未曾有过的心灵的解放，展现在他们面前的图景和道路是从未曾有过的新鲜、多样、朦胧。

之所以新鲜，是由于皇权政治体制的覆灭，与“君君臣臣”连在一起的传统世界观人生观已经崩溃或动摇；而革命年代又已成为过去，悲歌慷慨以身许国不再是急迫课题；从而，作为个体的人在国家、社会、家庭里的地位和价值需要重新安放，这带来了对整个人生、生命、社会、宇宙的情绪性的新的感受、体验、思索、追求和探询。

之所以多样，是由于知识者原来“学而优则仕”的传统单一道路被打破，不再有延续了数百年之久的科举制了，经商、办报、工程师、教员、律师、医生……多种多样的谋生途径和生活机会平等地展开在人们面前。社会生活开始具有了近代性，知识者们不必再把心灵寄托在读书做官这个固定的焦点上，人生目标不再有恒久不变的模式。包括济世拯民、救亡图存、田园隐逸、佛门解脱等传统模式，也不再是理想的高峰和意向的极致。多样化的人生和心灵之路在试探、蛊惑、引诱着人们。

之所以朦胧，则不仅在于传统政体的解体、古旧秩序的破坏，带给未来中国走向何处的前景是含混未定的，而且正因为传统价值和旧有观念控制力量的褪色，人生道路和生活目标的多样可能，个体不再完全依附于官场、制度和群体，自我选择的突出，自我责任感的加重，个体对前景的探索、追求也是朦胧未定的。

一批又一批的青年知识者开始由四面八方汇集到大中都市来“漂泊”、“零余”，为谋生，也为理想。但怎样才能谋生以及如何生活？理想又是什么？有什么可以值得真正信奉的？我到底干什么呢？……一切都是并未有现成答案的渺茫。

与传统的告别，对未来的憧憬，个体的觉醒，观念的解放，纷至沓来的人生感触，性的苦闷，爱的欲求，生的烦恼，丑的现实，个性主义、虚无主义、人道主义……所有这些都混杂成一团，在这批新青年的胸怀中冲撞着、激荡着。

他（她）们已不像上一代曾经长期沉浸和捆缚在传统的观念和生活中，他们是在中国空前未有的自由氛围中开始寻求自己的道路。尽管仍有各种旧的束缚如主观上有意识和无意识的礼教观念，客观上贫穷、困苦、腐败的社会现实在压迫、管制、阻挠着他们。然而，新的生命新的心灵对新的人生新的世界的憧憬，却仍然是这一代的“思想情感形式”和人生观的主要标志。在理论、思想上，五四前后出现了那么多的五花八门的“主义”、学说、思潮，弥漫一时。在文学上，抒发胸怀而不成系统，倾吐心臆而尚未定形，散文或散文似的新诗便成了此代心魂的最佳的语言寓所。“如同它的新鲜形式一样，我总觉得，它的内容也带着少年时代的生意盎然的空灵、美丽，带着那种对前途充满了新鲜活力的憧憬、期待的心情意绪，带着那种对宇宙、人生、生命的自我觉醒式的探索追求。刚刚经历了五四新文化运动的洗礼之后的二十年代的中国，一批批青年从封建母胎里解放或要求解放出来。面对着一个日益工业化的新世界，在一面承袭着故国文化，一面接受着西来思想的敏感的年轻心灵中，发出了对生活、对人生、对自然、对广大世界和无垠宇宙的新的感受、新的发现、新的错愕、感叹、赞美、依恋和悲伤”①。“这样一种对生命活力的倾慕赞美，对宇宙人生的哲理情思”②便是中国现代的 Sentimental，是黎明期开放心灵的多愁善感。它具体表现为敏感性、哲理性和浮泛性的特征。

你看，二十岁刚出头的女学生冰心的作品，她那几年的《繁星》、《春水》、《寄小读者》，便第一次以脱去传统框架的心态，用纯然娇弱的赤裸童心，敏感着世界和人生；憧憬着光明、生长、忠诚、和平，但残酷的生活、丑恶的现实、无聊的人世到处都惊醒、捣碎、威胁着童年的梦，没有地方可以躲避，没有东西可以依靠，没有力量可以信赖，只有逃到那最无私最真挚最无条件的母爱中，去获得温暖和护卫。这似乎才是真正的皈依和归宿，才是确实可靠的真、善、美。这里没有超世的神仙，没有人间的礼法，没有各种复杂错综的关系，单纯如水晶般的诚挚的母爱就构成了一个本体世界。所以，这就不再是传统伦常的母爱，不再是“哀哀父母，生我劬劳”、“慈母手中线，游子身上衣”的

① 《李泽厚哲学美学文选 · 宗白华〈美学散步〉序》，第 450 页，湖南人民出版社，1985 年，长沙。

② 同上。

古典咏叹，而是新时代新青年对整个宇宙人生多愁善感的母爱。

> ……浓睡之中猛然听到丐妇求乞的声音，以为母亲已被她们带去了。冷汗被面的惊坐起来，脸和唇都青了，呜咽不能成声……“你最怕我凝神，我至今不知是什么缘故；每逢我凝望窗外，或者稍微呆了一呆，你就过来呼唤我，摇撼我，说：‘妈妈，你的眼睛怎么不动了’，我有时喜欢你来抱住我，便故意地凝神不动……”当她说这些事的时候，我总是脸上堆着笑，眼里满了泪，听完了用她的衣襟来印我的眼角，静静地伏在她的膝上。这时宇宙已经没有了，只有母亲和我。最后我也没有了，只有母亲，因为我本是她的一部分。（《寄小读者·通讯10》）

每个人都有童年，都得到过母亲无私的爱，都有过上述种种体验感受。但旧文学里就没有这样描写过，是冰心第一次把它们写了出来。冰心把这种极其普普通通的母女（子）感情带进了本体世界：

> 造物者——
> 倘若在永久的生命中，
> 只容有一次极乐的应许，
> 我要至诚地哀求，
> 我在母亲的怀里，
> 母亲在小舟里，
> 小舟在月明的大海里
> ……（《春水105》）

一切风雨，一切恐惧、烦恼和忧伤，一直到整个肮脏的世界，都要在这伟大的普泛的母爱中消融而洁净。这种爱似乎毫无任何具体的社会、时代的内容，然而它却正好反射了那个觉醒的新时代的心声。对充满着少年稚气的新一代知识者来说，爱，总先是母爱，闪耀着近代泛神论的哲理光亮。

在充满柔情的“父亲、母亲的膝下怀前，姊妹兄弟的行间队里”（《寄小读者·通讯11》），冰心把中国传统的血缘伦常感情放大为“人类在母亲的爱光之下，个个自由，人人平等”（《寄小读者·通讯10》）的宇宙之光和心理本体了。

同样是二十年代的名篇朱自清的《背影》，是写父爱的。它现实、具体得多，渗入了社会生活的具体景象，它以其更可触摸的实在剪影，同样表现了新一代知识者在走上人生道路中对传统的转换了的感受和体验：那就是摆脱了传统礼教观念（所以心中可以“暗笑”父亲），回到了真正原本的亲子之爱。读《背影》，谈冰心，直到今天，也仍然使人感到返璞归真、保存或回到那纯真无私、充满柔情人性的亲子之爱中的可贵。所以，尽管它们没有多少现实的内容或思想的深度，却可以长久打动人心，有益地培育着千万颗童心。它们几十年来成为中小学优秀教材，是有道理的。

二十年代是一个童年稚气的时代，更是一个正成长着的少年浪漫时代。除了母爱，性爱便更是思绪和情感的主要课题所在，据统计，恋爱占据了当时90％小说的内容和题材。性爱在这里同样具有某种浮泛性。它们作为小说是极其不成功的。想象贫弱，抒情浅陋，构思单调，形象单薄，形式单一，它的重要性只在于它传达了那种把爱情作为人生意义的敏感（甚至病态）的心境情绪：

知识我也不要，名誉我也不要，我只要一个能安慰我体谅我的心，一副白热的心肠！从这一副心肠里生出来的同情！从同情而来的爱情！我所要求的就是爱情。（郁达夫：《沉沦》）

尽管似乎只是爱情，尽管大部分作品集中于婚姻自主，但实际却是对人生意义的寻觅。鲁迅的《伤逝》是最典型也最成功的。像茅盾对二十年代庐隐等人的创作评论，也很具有代表性：

在庐隐的作品中，我们也看见了同样的对于“人生问题”的苦索。不过他是穿了恋爱的衣裳……“人生是什么”的焦灼而苦闷的呼问在她的作品中就成了主调，她和冰心差不多同时发问。……所有的“人物”几乎全是一些“追求人生意义”的热情的然而空想的青年在那里苦闷徘徊，或是一些负荷着几千年传统思想束缚的青年在狂叫着“自我发展”，然而他们的脆弱的心灵却又动辄多所顾忌。这些人物中的一个说：“我心彷徨得很啊！往哪条路上去呢？”……

同样的心情，我们在孙俍工的《前途》也看到了。这一篇借火车开行前的忙乱、焦灼、拥挤以及火车开行后旅客们的“到了么？”“几时才到？”“能不能平安无事的到？”——种种期望的心情，来说明“人生的旅路”上那渺茫不可知的“前途”……（茅盾：《现代小说导论》〈一〉）

对“渺茫不可知的前途”的惶恐、困惑、寻觅、苦闷、彷徨……正是构成这一代文艺内容包括恋爱问题的真正主题和背景。传统的框架、规律、标准已在这新一代知识者心中打破，但新的生活、道路、目标、理想还未定型。路怎么走呢？走向何处呢？一切都不清楚。感受、体验到的只是自己也说不清的各种苦恼、困惑和彷徨。正因为还没有确定的目标、道路和模式，也还没有为可确定的将来而奋斗的行动、思考、意愿和情感，于是一切便都沉浸在当下纷至沓来、繁复不定的各种自我感受中、意向中。于是他们这种自我就呈现为一种主观性的多愁善感主义即敏感主义（或伤感主义）。它既不是真正的浪漫主义，更不是现实主义。理性启蒙与浪漫抒情在这敏感中携手同行，使这种多愁善感呈露出朦胧的哲理内容而向人微笑。它表现为多样化的风格，共同的却是空灵、轻快，并无深意却清新可读。

像徐志摩：

轻轻的我走了，
正如我轻轻的来；
我轻轻的招手，
作别西天的云彩。
……
寻梦？撑一支长篙，
向青草更青处漫溯；
满载一天星辉，
在星辉斑斓里放歌。
但是我不能放歌，
悄悄是别离的笙箫；
夏虫也为我沉默，
沉默是今晚的康桥！
……（《再别康桥》）

像许地山：

……

林下一班孩子正在那里捡桃花底落瓣哪。他们捡着，清儿忽嚷起来，道："嘎，邕邕来了！"众孩子住了手，都向桃林底尽头盼望。果然邕邕也在那里摘草花。

清儿道："我们今天可要试试阿桐底本领了。若是他能办得到，我们都把花瓣穿成一串璎珞围在他身上，封他为大哥如何？"

众人都答应了。

阿桐走到邕邕面前，道："我们正等着你来呢。"

阿桐底左手盘在邕邕底脖上，一面走一面说："今天他们要替你办嫁妆，教你做我底妻子。你能做我底妻子么？"

邕邕狠视了阿桐一下，回头用手推开他，不许他底手再搭在自己脖上。孩子们都笑得支持不住了。

众孩子嚷道："我们见过邕邕用手推人了！阿桐赢了！"邕邕从来不会拒绝人，阿桐怎能知道一说那话，就能使她动手呢？是春光底荡漾，把他这种心思泛出来呢？或者，天地之心就是这样呢？

你且看：漫游的薄云还是从这峰飞过那峰。

你且听：云雀和金莺底歌声还布满了空中和林中。在这万山环抱的桃林中，除那班爱闹的孩子以外，万物把春光领略得心眼都迷蒙了。（《春底林野》）

当然还有郭沫若：

啊啊！
生在这样个阴秽当中
便是把金刚石的宝刀也会生锈
宇宙呀，宇宙
我要努力把你诅咒
你浓血污秽着的屠场呀
你悲哀充塞着的囚牢呀
你群鬼叫号着的坟墓呀
你群魔跳梁着的地狱呀
你到底为什么存在？
……（《女神·凤凰涅槃》）

这是与上面那种莞尔微笑相对照的狂暴的愤慨、呼叫，但作为自我的倾泄、意义的探导，却是同一个倾向。二十年代的文艺知识群开口宇宙，闭口人生，表面上指向社会，实际是突出自己；提出似乎是最大最大的世界问题，实际只具有很小很小的现实意义；这种时代特征，"豪放派"与前述"婉约派"是完全相同的。鲁迅曾说，"那时觉醒起来的知识青年的心情，是大抵热烈而悲凉的。即使寻到一点光明，径一周三，却是分明地看见了周围的无涯际的黑暗"。冰心和郭沫若是在这"无涯际的黑暗"尚未真正扑来，但已初初感到的时候，或用"爱"或用"力"来要求抵御它们的娇弱柔情和粗犷喊叫。也正为此，许地山逃入佛宗，徐志摩顾影自怜，郁达夫沉湎酒色……

总之，无论是回到母亲的怀抱（冰心），或是"把日月来吞食"（郭沫若），无论是对母爱，对性爱，对强力的爱，对自然的爱，对哲理的爱，它们都以敏感和激情在创造性地转化传统的积淀。这是还未脱出古典传统的上一代和已卷入社会波涛的下一代所做不出的。他们在“思想情感的方式”(放大地说即文化心理结构)上，既承续了传统，例如前说的亲子之爱，同时又具有了近现代个性解放和自我独立的意识，那种种温柔、呼喊、苦闷、无聊、寻觅、伤感……已是近现代的个体所具有的特征。他们所高举远慕的，不再是儒家、道家或佛学，而是充满着近现代人的追求意识了。

其中，只有鲁迅是最深刻的。如另文所已指出，鲁迅那孤独而奋进的痛苦心灵，远远超越了启蒙期狂暴喊叫或多愁善感。尽管鲁迅的散文诗和小说也充满了这个时期的敏感主义的某些特征，但它由于包含着经过亲身经历所孕藏的巨大的思考重量，使他在根本上区别于前述任何一位仅仅从个体感性出发的呐喊或柔情。鲁迅文学作品中有思想的重量，这思想并不是抽象的教义或明确的主张，不是陈独秀锐利猛勇的斗争精神或胡适之平和肤浅的乐观主义，而是的确背负着因袭的重担，艰难地走向未来，深知前景的渺茫，路途的荆棘，从而具有沉甸甸的悲观情绪和浸透了反省理性的伟大感性。在上一个时期的辛亥革命前，鲁迅便已写过《摩罗诗力说》，比喊叫着“光”、“热”、“火”、“我”……的郭沫若早走了十多年；从而他在五四时期，便已超越这种敏感主义和个性解放而达到对所谓“本体”有了真正现代意识的把握。确乎悲观，也无所希冀，但仍然得活，活着就得奋斗。所以，“绝望之为虚妄，正与希望相同”。只有奋身前行是真实的，如Sisyphus的推石，生命意义也只在此处，只在此刻的奋进本身，这就是“此在”(Dasien)。前路如何？是玫瑰花还是坟，并无关紧要，也无何意义。重要的是不能休息。不为玫瑰花的乌托邦或坟的阴影所诱惑、所沮丧，不为裹伤的布、温柔的爱而停下来。……死火在冰谷里也要燃烧，尽管并无燃烧的前景，也无确定无疑的燃烧本身和燃烧办法，但总比冻僵了要强。鲁迅达到了现代性的世界高度，但那中国式的人道抒情风，那切切实实为广大人群为劳苦者服务的古典传统，又使它毕竟不同于彻底悲观的现代西方的个体主义①。

这就是中国的鲁迅。所以，《野草》、《在酒楼上》、《伤逝》、《孤独者》即使如何悲惨哀伤，最终给人的仍然是奋起前行的力量。如果对比下一代写实性的老舍的《骆驼祥子》悲哀的结局只给人以悲哀，便大不相同。

鲁迅的“呐喊”、“彷徨”是属于心灵开放的这一代的，是这一代的无可比拟的精华。它确乎空前绝后，无与伦比。它超出了个性主义和多情善感，成为指向了下一代的前驱和榜样。

在其他艺术领域里，这一代的特征也明显可睹。像刘半农作词、赵元任作曲的《教我如何不想他》，像“长亭外，古道边，芳草碧连天……一杯浊酒尽余欢，今宵别梦寒”的词、曲，同样是清新、空灵、惆怅、简洁、含蓄的多愁善感主义。并无任何深刻的现实内容，也不是真正浪漫的自我表现，它是夹杂着淡淡哀愁的人生意义的寻求、喟叹。它从形式到内容都是近代的，又明显有中国古典印痕。

丰子恺的漫画，林风眠的水墨，也有同样特点。它是近代的，又是中国的；完全不是具体的写实或激烈的浪漫抒情，却有着对整个人生的淡淡的品味、怅惘和疑问，从而耐人咀嚼。

这就是二十年代这一批知识群的文艺创作所反射出来的典型心态。尽管他们可以不必都具体地创作于这一时期，尽管其中有的人把这一时代风貌拉得很长以至终生，如周作人、俞平伯、丰

---

① 参看本书《胡适　陈独秀　鲁迅》。

子恺；有的人搁笔不写了，如沈尹默、宗白华、谢冰心、朱自清；有的则只是指向下一阶段的过渡，如郭沫若、冯雪峰和大多数小说作者，他们实际属于第三代。

三　创造模式

> 无情的生活一天一天地把我逼到了十字街头，像这样的幻美的追寻，异乡的情趣，怀古的幽思，怕没有再来顾我的机会了。
>
> 啊，青春哟，我过往了的浪漫时期哟！我在这儿和你告别了！
>
> 我悔我把握你得太迟，离别你得太速，但我现在也无法挽留你了！
>
> 以后是炎炎的夏日当头。（郭沫若）

是的，刚觉醒的青年知识者敏感期很快就过去，残酷的中国现代史的血腥斗争和内忧外患（军阀混战、五卅惨案、北伐战争……），很快就打碎了年轻人那种种温情脉脉的人生探求和多愁善感。严峻的现实使人们不得不很快就舍弃天真的纯朴和自我的悲欢，无论是博爱的幻想、哲理的追求、朦胧的憧憬、狂暴的呼喊……，都显得幼稚和空洞。冰心的爱，郭沫若的力，郁达夫的性的烦恼，许地山的哲理意味，俞平伯、宗白华的优美雅致……，都被迅速地推下时代的前台而不再吸引和感动人了。更年轻的一代已经不再有《桨声灯影里的秦淮河》里的闲情逸致和《春底林野》、《荷塘月色》里的清幽雅丽，已经没有那早春般观花赏月的心情意绪，已经是炎炎的夏日当头，他们得抓紧做事了。他们得选定一个目标、一个方向、一件件事情去实干了。事实上，二十年代的这批青年也都各自找到专业，有人出国又回来了，当上了教授学者，有人从政做官，有人办工厂企业，有人干革命了，有人成了专业作家、艺术家……反射在文艺上，不再能无限期地惆怅、伤感、求索，不再能长久徘徊、彷徨、喟叹，生活的目标、人生的道路在社会真正走入现代的经济政治的形势下，逼着人们作出选择。无怪乎 1921 年鲁迅还鼓励汪静之的《蕙的风》，到 1929 年，却对汪静之说，现在不是写爱情诗的时候了。鲁迅还说，“总而言之，现在倘再发那些四平八稳的救救孩子似的议论，连我自己听去，也觉得空空洞洞了”（《而已集 · 答有恒先生》）。对向往革命追求改造社会来说，一般的“社会批评”、“文明批评”也嫌不够了，走入革命的知识者正在进行更具体更直接的战斗。

只有少数人停留在第二代中。像冰心、周作人，但他们很快就失去其原有的广大影响，更年轻的一代拥簇着鲁迅、郭沫若、茅盾、巴金继续向前走去。

第二代是短促的，大约是在 1919 — 1925 年；第三代却较长，他们从 1925 年开始直到抗战爆发前夕。

这一代是在具体专业领域内创造模式的一代。无论在哪个方面，中国现代各个领域的处女地首先是由他们在其中自由驰骋而开拓的，革命事业中的毛泽东、周恩来、刘少奇、邓小平……科技事业中的李四光、竺可桢、梁思成、陈省身……史学领域的郭沫若、陈寅恪、李济、钱穆……正是他们开创和奠定了中国现代许多专业领域内的各种模式，带领和培养了一批批的门徒、学生，占领了统帅了各个事业的阵地，影响了几十年直到今天。

文艺领域内也如此。在这一时期，散文或散文诗退居次要，出现了真正的小说、戏剧和电影，也出现刻意讲求格调、音响、字句、意境的真正的诗歌。承接着鲁迅，现实主义成为主流，尽管思想内容不及鲁迅，但出现了长篇巨制。这里已不是“咀嚼着身边小小的悲欢”，而是面向了真正的社会、现实和生活；不再是那朦胧的憧憬和模糊的感受，而是比较确定、具体、复杂的态度和体验；不再是苍白贫弱的剪影或印象，而是有血有肉有个性有生命的人物、情景和故事。它的纯审美因素减弱了，它的社会性、现实性、目的性更鲜明了。人的各种脸谱及其变化，社会各阶层的不同生活及其特征：大家庭的腐朽的崩溃，农村的落后和毁坏，商人的暴发和破产，官场的黑暗和凶残……开始以其生活本身的面貌展现出来。

首先仍然是革命知识者的自身经验。其中轰动一时并具有开创性的是茅盾的《蚀》，特别是其中的《动摇》。《动摇》已完全不是五四时代那种种感伤、惆怅与人道的呐喊，而是活生生的丑恶现实的写照。即使有夸张、有浪漫，基本素质却是那场大革命中的知识者所见到、听到、遭遇到的种种事实。它具有了上一代所没有的那种社会写实性，从而突破了知识者主观悲欢情感的小圈子，而在一定程度上描写了、记录了、反映了那动乱中的生活相。《动摇》里描写的是 1927 年大革命中的湖北一个县城，其中有天真的革命者，有凶狡的反动派，有浪漫女性，有动摇青年，有男女性爱的情热，有杀人如麻的残酷，其中特别对一个先混入革命而后一下把大量妇女、青年杀戮在血泊中的胜利者的描绘，是如实地反映了中国近代阶级斗争的激烈特色的。从辛亥革命到 1927 年，甚至到以后，总有一批善于投机取巧左右逢源的变色龙谋取了高位，残害了大批真正革命的或真正进步的青年知识者。所以这种生活相由于并非表面现象的随意舍取，而是与时代重要动向——当时那场影响了中国前途的革命连在一起，从而这也与知识者的心境、观念、情感、思想联结在一起。例如，在残酷的阶级斗争面前，知识者只能扮演非常可笑又可怜的角色，幼稚得可笑，天真得可怜，那种种美妙理想、人生感叹、人道呼吁、个性解放……完全淹没在这血腥的烧杀奸淫中而毫无意义了。

《子夜》也是这样。这里没有血的厮杀，却有着另一种同样残酷、凶狠的金钱厮杀。这里没有知识青年的尸体、乳房、头颅，却同样在蹂躏、践踏、粉碎青年们本有的浪漫热情、天真探索、美好幻想。上一代散文诗的主观性成为过去。“《子夜》除了空前成功地塑造了民族工业资本家的形象外，还塑造了金融买办资本家赵伯韬、经济学教授何慎庵、工贼屠维岳以及一大批诸如妓女、交际花、经纪人，还有工人、农民、革命者等等众多的各色人物。《子夜》本身就是一个世界，一个赋有了现实世界的丰富性和复杂性的艺术世界”①。尽管《子夜》因为由概念支配创作，艺术上甚至不如《动摇》，对上述这些人物的塑造也并不能算是很成功，但无论如何，它空前展示了一个现实的客观世界。与五四时代的上一代比，这就是小说领域内的真正的创造。五四时代是所谓“问题小说”，实际并不成其为小说，它们只是一堆对人生意义、生活目标，对劳工、青年、民族、社会，特别是对婚姻、恋爱问题的主观疑问和自我抒发。所以，“‘人物都是一个面目的，那些人物思想是一样的，举动是一样的，到何种地步说什么话，也是一个样的’，这种‘一个样’的作品，显然与中国社会的真实面貌相去遥远……破除‘一个样’的模式，……具体地描绘出现实生活的真实图画，哪怕是一个家庭、一个角

① 余秋雨：《深夜里的社会写实》，见《文艺论丛》第14期，第197页。

落、一个人的一生——这是三十年代优秀长篇小说之所以能构示中国社会面貌的首要原因，它们从不同的出发点，殊途同归地达到了真实”[1]。三十年代的小说，开始多方面地展现出真实的社会生活：从经济到心理，从工厂到家庭，从战争到恋爱，众多作者带来了空前广阔的生活视野，迥然不同于以前。

> 茅盾在喧闹繁华的大都市里，截取了一个生活的横断面，巴金把我们带进一个数代同堂的大家庭的阴森大门，而老舍则记下了一个人力车夫艰难行走的排排足迹。《子夜》宏大，冷隽，深刻；《家》热烈，浓重，深切；《骆驼祥子》细致，诙谐，沉郁。如果说，茅盾是在浓墨重彩地细细描画着社会人物图，那么，巴金是在有血有泪地控诉，老舍则用平静甚至有时显得有点超然的口气讲述一个令人心酸的悲惨故事。但是，正因为这些作家和作品的不同的声音，从不同的角度，用不同的方法，真实而典型地反映了现实生活本来的样子，才使现实主义的文艺领域像现实生活本身一样丰富[2]。

这里还有沈从文的《边城》。与老舍那尘土风沙的北国城市的世俗风俗画相映对，是南方边远山区未被近代生活腐化的诗意化了的自然风景、社会环境和悲惨故事。与祥子的老实、虎妞的强悍对照的是翠翠的温柔、二老的刚烈。

这里还有曹禺的《雷雨》、《日出》、《原野》。从蛮野的农村到繁华的上海，从古怪的家庭到人事的巧合……戏剧性的情节展

---

① 余秋雨：《深夜里的社会写实》，见《文艺论丛》第14期，第191页。
② 同上书，第211—212页。

现了社会生活的多层面。

这里还有如《二月》、《小小十年》……这样一些不同的生活场景和人生画面。总之，二十年代那种种主观的问题，例如对恋爱自由、婚姻自主这个“头等”主题，到三十年代便有了真正客观的描述，例如觉慧对大家庭的反叛和那个腐朽环境中的形形色色……三十年代的作家们把二十年代提出了的问题客观化从而具体化了。

因之，这一代知识者的心态或“思想情感方式”便不再是那种泛神的宇宙憧憬和人生感伤，而是更为切实的具体的钻研探觅。三十年代的诗歌，也真正讲究形式、格律、音调、章法了：

撑着油纸伞，独自
彷徨在悠长、悠长
又寂寥的雨巷，
我希望逢着
一个丁香一样地
结着愁怨的姑娘。
……
她彷徨在这寂寥的雨巷，
撑着油纸伞
像我一样，
像我一样地
默默彳亍着，
冷漠、凄清，又惆怅

她静默地走近
走近，又投出

人散后，一钩新月天如水　　　丰子恺

角　斗　　　　　　　　野　夫

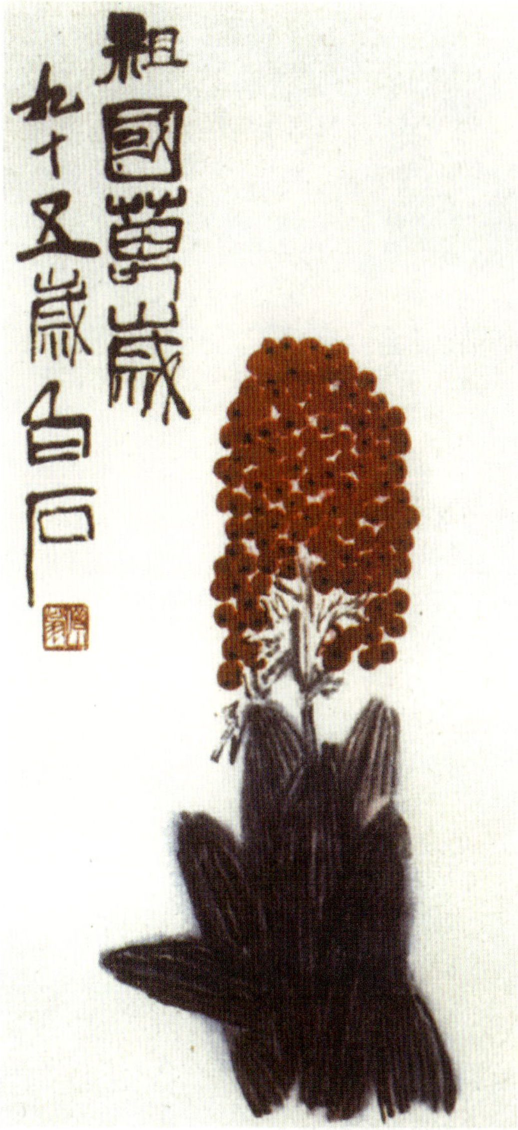

祖国万岁　　　　齐白石

十年动乱　　　　毛栗子

太息一般的眼光，
她飘过
像梦一般地，
像梦一般地凄婉迷茫

像梦中飘过
一枝丁香地，
我身旁飘过这女郎，
她静默地远了，远了，
到了颓圮的篱墙，
走尽这雨巷。
……(戴望舒：《雨巷》)

……
你站在桥上看风景，
看风景人在楼上看你。
明月装饰了你的窗子，
你装饰了别人的梦。(卞之琳：《断章》)

……
你从我们居住的小市镇流过，
我们在你的水里洗衣服，洗脚。
我们在沉默的火山中间听着你，
像听着大地的脉搏。
我爱人的歌，也爱自然的歌，
我知道没有声音的地方就是寂寞。

……(何其芳：《河》)

有点近似五四，实际并不相同。它们无论在感受上、音律上、诗境上都深化了，复杂了，精细了，形态多样了。它们不再是散文诗，而是真正的诗歌了。

三十年代另一开创模式并非常成功的文艺领域，是以夏衍、田汉为代表的左翼电影。它的特点也正在以描述的客观认识性取胜。尽管其中仍有中国小市民趣味的传统，但从《十字街头》、《马路天使》、《夜半歌声》等等一直延续到四十年代后期的《一江春水向东流》、《万家灯火》、《乌鸦与麻雀》，都如同小说一样，取得了现实主义的重要成就。这里并无哲理的深刻、抒情的浪漫，也没有高大的英雄、离奇的故事，却都有一定程度和范围内的生活的真实。这里重要特点之一，是把中国人所喜闻乐见的世俗悲欢故事渗透以新时代的思想情感，而具有了新意。它们也反映了这一代在专业化的创造模式中，将传统与现代相交融，无论是内容还是形式。有的是更加西化，更加扔弃传统了。有的却更加有意识地吸取、结合传统了；但西学为主，即用西方的观念、情感、形式来处理、对待、吸取传统以进行创造，则是共同的趋势。

这也是因为，文艺圈子基本仍在大中城市，不但创作者、文艺家、读者、观众如此，作品所描写、所反映、所表现的生活、现实、思想、情感也如此。在大中城市，传统已逐渐被西方文化所浸润、修正、改变。但真正的中国的时空实体——广大的农村和农民，却仍然远远没有真正走进这个为近代知识者所创造的文艺中来。反过来说，这也表示着、标志着中国现代知识分子的生活和“思想情感方式”还远远与真正的农村生活和农民群众相当隔绝和脱离。尽管作品里有为数不多的对农村和农民的描写，但离真实毕竟还有很大距离。在三十年代由茅盾、郑振铎向全国征文出版的《中国的一日》短篇巨册中，竟极少真实地揭示出中国农村的一日的。毛泽东青年时代所奇怪并愤愤不平于中国那么多的传统文艺作品中，竟没有描写农民的这一基本事实，在新文学里并未改变。不过，这改变很快也就到来了。

四　走进农村

俞平伯三十年代有首诗：

疏疏的星，
疏疏的树林；
疏林外，
疏疏的灯。
……

这使人蓦然记起另一首三十年代艾青的诗：

透明的夜。
……
村，
狗的吠声，叫颤了
满天的疏星。

同样的夜景，却是两个不同的世界。一叶惊秋，上代知识者心灵里的田园恬静和田园画面也进入了兵荒马乱。这就是走向四十年代的特点。本来，比起二十年代来，三十年代的许多文艺创作的政治性或政治内容已浓重得多，并且越来越具体化。这也是脱开五四时期的一般憧憬而走向客观化的人生所产生的结果。中国近现代历史一直以政治为轴心在旋转，政治局势影响着甚至支配、主宰着社会生活的各个方面，从经济到文化，从生活到心理。除了二十年代初略有间歇外，自十九世纪末起，中国一代接一代的青年知识分子总是慷慨悲歌，以身许国，这当然也表现在文艺领域。二十年代"为艺术而艺术"的创造社，很快就一百八十度地转弯，呼喊着无产阶级文艺，到三十年代的自由主义的新月派等等，也完全抵挡不住左翼文艺的凌厉攻击。"为人生而艺术"既有着"文以载道"的古典传统观念的意识和下意识层的支持，又获得了革命政治要求的现实肯定，左翼文艺便日益顺利地在青年知识分子的"思想情感方式"上取得了统治地位，而所有这一切都是与日趋紧张的救亡局势和政治斗争分不开的。但如果说，在抗日战争爆发以前，由于创作者和接受者大多是城市里的知识青年，他们与广大的农村劳苦大众还相当隔膜；那么，到了抗日战争，便彻底地改变了这一局面，中国知识分子第一次真正大规模地走进了农村，走近了农民，不只是在撤退逃难中，而且更在共产党领导下的战斗生活中。

中国的知识者本来大半出身于小康温饱之家，即他们大多是地主的儿女们，现在是在空前的广阔地域内亲身经历着国破家亡，第一次切身体会下层人民的苦难。如果说，五四一代尽管高喊："劳工神圣"，赞美人力车夫，但最后仍然是坐了上去，"拉到内务部西"（胡适：《尝试集》）。如果说，第三代及其文学已经开始描写工农，像《春蚕》、《包身工》，热切关注着工农大众，但他们本身却还没有进入工农生活，并未与他们真正打成一片，那么在抗日战争共产党领导的军队和地区中，这一点才真正实现了。知识分子真正亲身体会劳苦人民（主要是农民）那没饭吃没衣穿的沉重的真实的物质苦难。

……八岁时母死，父病，家贫如洗，即废学。伯祖父八十开外，祖母年过七十，三个弟弟无人照管，四弟半岁，母死后不到一月即饿死。家中无以为生，先卖山林树木，后典押荒土，最后留下不到三分地。家中一切用具，床板门户，一概卖光。几间茅草房亦作抵押，留下两间栖身，晴天可遮太阳，下雨时室内外一样。铁锅漏水，用棉絮扎紧，才能烧水。衣着破烂不堪，严冬时节，人着棉衣鞋袜，我们兄弟还是赤足草鞋，身披蓑衣，和原始人同。

我满十岁时，一切生计全断。正月初一，邻近富豪家喜炮连天，我家无粒米下锅，带着二弟，第一次去当叫花子。讨到油麻滩陈姓教书老先生家，他问我们是否招财童子，我说，是叫花子，我二弟（彭金华）即答是的，给了他半碗饭、一小片肉。我兄弟俩至黄昏才回家，还没有讨到两升米，我已饿昏了，进门就倒在地下。我二弟说，哥哥今天一点东西都没有吃，祖母煮了一点青菜汤给我喝了。

正月初一日算过去了，初二日又怎样办呢！祖母说，“我们四个人都出去讨米。”我立在门限上，我不愿去，讨米受人欺侮。祖母说，不去怎样办！昨天我要去，你又不同意，今天你又不去，一家人就活活饿死吗！？寒风凛冽，雪花横飘，她，年过七十的老太婆，白发苍苍，一双小脚，带着两个孙子（我三弟还不到四岁），拄着棒子，一步一扭的走出去。我看了，真如利刀刺心那样难过。

他们走远了，我拿着柴刀上山去砍柴，卖了十文钱，兑了一小包盐。砍柴时发现枯树兜上一大堆寒菌，拣回来煮了一锅，我和父亲、伯祖父先吃了一些。祖母他们黄昏才回来，讨了一袋饭，还有三升米。祖母把饭倒在菌汤内，叫伯祖、父亲和我吃。我不肯吃，祖母哭了，说："讨回来的饭，你又不吃，有吃大家活，没有吃的就死在一起吧！"

每一回忆至此，我就流泪，就伤心，今天还是这样。不写了！

在我的生活中，这样的伤心遭遇，何止几百次！

以后，我就砍柴，捉鱼，挑煤卖，不再讨米了。严冬寒风刺骨，无衣着和鞋袜，脚穿草鞋，身着破旧的蓑衣，日难半饱，饥寒交迫，就是当时生活的写真。

这不是文学。这是《彭德怀自述》的第一页。它是彭大将军幼年生活的纪实，是二三十年代文学里并没有很好展现过的真实的苦难和苦难的真实。但多么令人感动，文学的确有愧于此。到四十年代，这种情况才改变了过来。劳动人民（主要是农民）的真实生活和真实苦难和他们的心声第一次大规模地进入了文学。

中国新一代中一大批青年知识分子真正走进农村，在这个过程中，"思想情感方式"起了极为剧烈的动荡。其中，有一点值得留意。

这就是知识者迈向这条道路上的忠诚的痛苦。一面是真实而急切地去追寻人民、追寻革命，那是火一般炽热的情感和信念；另一面却是必须放弃自我个性中的那种种纤细、复杂和高级文化所培育出来的敏感、脆弱，否则就会格格不入。这带来了真正深沉、痛苦的心灵激荡。

其实，瞿秋白在二三十年代便典型地最早呈现了这种具有近代文化教养的中国知识者，在真正的血火革命中的种种不适应的复杂心态。从《饿乡纪程》到《多余的话》，由一个纯然知识青年（瞿自称的所谓“半吊子文人”）到指挥斗争、领导革命，在残酷的阶级斗争和党内斗争中，瞿秋白深深感到力不胜任，“半年（指1930年8月到1931年1月后中央领导岗位时）对于我确乎比五十年还长，人的精力已经像完全用尽了似的”（《多余的话》）。心理已经极度疲乏，深深感到自己虽然向往革命、参加革命、领导过革命，临终也终于不过是一个“中国的多余的人”：

> 寂寞此人间，且喜身无主，眼底烟云过尽时，正我逍遥处。花落知春寒，一任风和雨，信是明年春再来，应有香如故[①]。（《卜算子》）

如果对比二十多年后毛泽东的《卜算子》：

> 风雨送春归，飞雪迎春到，已是悬崖百丈冰，犹有花枝俏。俏也不争春，只把春来报；待到山花烂漫时，她在丛中笑。

---

① 瞿同时所作的另几首诗词（包括集唐人句）表达了同一音调，相当优美：“廿载浮沉万事空，年华似水水流东，枉抛心力作英雄，湖海栖迟芳草梦，江城辜负落花风，黄昏已近夕阳红。”“山城细雨作春寒，料峭孤衾旧梦残，何事万缘俱寂后，偏留绮思绕云山。”“夜思千重恋旧游，他生未卜此生休，行人莫问当年事，海燕飞时独倚楼。”

以及郭沫若的和词：

曩见梅花愁，今见梅花笑，本有春风孕满怀，春伴梅花到。风雨任疯狂，冰雪随骄傲；万紫千红结队来，遍地吹军号。

三词都写得不坏，但多么不同。一个是已经失去知识者独立心灵的谀词闹曲，一个是向世界挑战的成功者的健壮自颂，一个是在革命路途上异常疲乏、眷恋、哀伤的知识者在临终时复杂的痛苦心灵。这个心灵在抗战中路翎长篇小说《财主的儿女们》中，作了充分的展露。路翎把知识分子强烈追求革命、同情人民却又悲苦、苍凉、孤独、格格不入的心态和“思想情感方式”，成功地描绘到了极峰。在强烈的个人主义奋斗者蒋纯祖卷入了大撤退的各种士兵中，经历了原始的生存情欲与人性的道德观念相混合的真正的战乱生活，经历了与那些打着“集体主义”旗号的“革命人士”也完全合不来的进步剧团，最后逃避到和病死在四川僻远乡村的小学教师行列中，这位具有思想情感深度的个体英雄，这个热情之极的进步青年，一方面蔑视中上层社会和世俗的一切，另方面又与真正的动乱生活和下层士兵们仍然是那样格格不入，思想情感不能相通。他只好无所作为地悲苦死去，这确乎深刻地象征着当时中国知识分子已走不通约翰·克利斯朵夫那种道路了。当年中国的前景已不是知识分子的个性解放和个人独立，而是农民群众的武器批判。

蒋纯祖，像一切具有强暴的、未经琢磨的感情的青年一样，在感情爆发的时候，觉得自己是雄伟的人物，在实际的人类关系中，或在各种冷淡的、强有力的权威下，却常常软弱、恐惧、逃避、顺从。……在这片旷野上，蒋纯祖便不再遇到人们称为社会秩序或处世艺术的那些东西了。但这同时使蒋纯祖无法做那种强暴的蹦跳。……在这一片旷野上，在荒凉的、或焚烧了的村落间，人们是可怕地赤裸，超过了这个赤裸着的感情暴乱的青年，以致于使这个青年想到了社会秩序和生活里的道德、尊敬甚至礼节等等的必需。于是这个青年便不再那样坦白了。①

这是蒋纯祖病危临终时的心态：

蒋纯祖软弱了……他重新看见那一群向前奔跑的庄严的人们，他抛开他心里那一块沉重的磐石了。他觉得，他被那件庄严的东西所宽容，一切都溶在伟大的仁慈的光辉中，他的生与死，他的题目都不复存在了。②

这个以个人奋斗毕其生却始终没有入列的“小资产阶级”知识分子，却并没有被那庄严的革命所宽容。胡风所预言“时间将会证明，《财主的儿女们》的出版是中国新文学史上一个重大的事件”③，远远没有被证实。相反，中国革命把它们和他们陆续打进了冷宫以至地狱。

这个所谓“光明、斗争的交响和青春的世界的强烈的欢乐”

---

① 《财主的儿女们》下册，第741—742页，希望出版社，1948年，上海。
② 同上书，第1396页。
③ 同上书，上册，第1页。

（路翎），是这一代知识者走向真实革命的痛苦、悲怆和欢乐，是一种“思想情感方式”的主观曲调，所以这本描述客观现实的“史诗”却充满了最大的主观性，以致一些批评家把书中的人物都看做精神病者：那么多的深奥的沉思、纤细的情感、悲凉的心境……连工农兵也知识分子化了。

时代的主题却恰好相反，是要求知识分子工农化。这就要求从真实人物的瞿秋白到艺术虚构的蒋纯祖，都得进行“脱胎换骨”的改造。把知识者那种种悲凉、苦痛、孤独、寂寞、心灵疲乏统统抛去，在残酷的血肉搏斗中变得单纯、坚实、顽强，“雄关漫道真如铁，而今迈步从头越”。

知识者终于表白这种行程、决心和认识：

> 不用太息，
> 我将远去：
> 我随历史的战斗行进；
> 我，从单个人
> 走向人群。
> 我，
> 于我何所有。（天兰：《无题》）

> 老是把自己当做珍珠，
> 就时时怕被埋没的痛苦；
> 把自己当做泥土吧，
> 让众人把你踩做一条大路。（鲁藜：《泥土》）

艾青著名的《火把》、《向太阳》，真诚地表达了青年知识者走向人民、走向革命的“思想情感方式”：

……
我看见过血流成的小溪，
看见过士兵的尸体堆成的小山。
我知道了什么叫做“不幸”，
……
我淋过雨，饿过肚子，在湿地上睡眠，
但我无论如何苦都觉得快乐，
同志们对我很好，我才知道
世界上有比家属更高的感情。（艾青：《火把》）

……
今天
奔走在太阳的路上
我不再垂着头
　　把手插在裤袋里了
嘴也不再吹那寂寞的口哨
不看天边的流云
不彷徨在人行道
……
今天
太阳吻着我昨夜流过泪的脸颊
吻着我被人间世的丑恶厌倦了的眼睛
吻着我为正义喊哑了声音的嘴唇
吻着我这未老先衰的

呵！快乐佝偻了的背脊
……
我奔驰
依旧乘着热情的轮子
太阳在我头上
用不能再比这更强烈的光芒
燃灼着我的肉体
由于它热力的鼓舞
我用嘶哑的声音
歌唱了：
　　“于是，我的心胸
被火焰之手撕开
陈腐的灵魂
搁弃在河畔……”
这时候，
我对我所看见所听见
感到了从未有过的宽怀与热爱
我甚至想在这光明的信念中死去……（艾青：《向太阳》）

但是，这还不够。这还是知识者自己的心声，还不是为农民所喜闻乐见的呼喊。《在延安文艺座谈会上的讲话》终于出来了，于是有《王贵与李香香》、《李有才板话》、《李家庄的变迁》，有《太阳照在桑干河上》、《暴风骤雨》。

王九的心里像开了锅，

几十年的苦水流成河。
你逼死我父命一条，
你逼着我葱葱女儿上了吊！
我十几年的苦营生没挣过你的钱，
你把我全家十冬腊月往外赶……①

（张志民：《王九诉苦》）

羊肚子手巾脖子里围，
不是我哥哥是个谁！
两人见面手拉着手，
难说难笑难开口；
……
挣扎半天王贵才说了一句话：
咱们闹革命，革命也为了咱！（《李季：《王贵与李香香》）

《李有才板话》……是大众化的作品。……第一，作者是站在人民立场写这题材的，他的爱憎分明，情绪热烈，他是人民中的一员而不是旁观者，而他之所以能如此，无非因为他是不但生活在人民中，而且是和人民一同工作一同斗争；第二，他笔下的农民是道地的农民，不是穿上农民服装的知识分子，一些知识分子那种“多愁善感”、“担心空想”的脾气，在作者笔下的农民身上是没有的；第三，书中人物

① 转引自王瑶：《中国新文学史稿》下卷，第291—292页，新文艺出版社，1954年，上海。

的对话是活生生的口语，人物的动作也是农民型的；第四，作者并没多费笔墨刻画人物的个性，只从斗争（就是书中故事）的发展中表现了人物的个性；第五，在若干需要描写的地方（背景或人物），作者往往用了一段“快板”，简洁、有力、而多风趣，……试一猜想，当这篇小说在农民群众中朗诵的时候，这些“快板”对于听众情绪上将发生如何强烈的感应。①

毛泽东算了此夙愿，中国文艺中终于出现了真实的农民群众、真实的农村生活及其苦难和斗争。知识者的个性（以及个性解放）、知识给他们带来的高贵气派、多愁善感、纤细复杂、优雅恬静……在这里都没有地位以致消失了。头缠羊肚肚手巾、身穿自制土布衣裳、“脚上有着牛屎”的朴素、粗犷、单纯的美取代了一切。“思想情感方式”连同它的生活视野变得既单纯又狭窄，既朴实又单调；国际的、都市的、中上层社会的生活、文化、心理，都不见了。如果以这些作品对比一下路翎以至艾青和五四以来的新文学，这距离已是多么之大。为工农兵，写工农兵，工农兵是文艺描写的主角……这便是延安整风运动后所带来的近现代中国文艺历史的转折点的变革。这变革所造成的创作上和理论上的统治局面，一直到八十年代初才有所变化。

这当然极大地影响以至规定了中国知识分子们的心态。自此以后，为工农兵服务，向工农兵学习，改造思想情感，便成了知识者、文艺家的当务之急和必经之途。这个改造又是以一定的理论或“世界观”来引领指导的。所以，有趣的是，在这些小说、

① 《茅盾文艺杂论集》下集，第1179页，上海文艺出版社，1981年，上海。

诗歌、戏剧等等文艺创作中，主观性又是极其鲜明突出的。这种主观性不是五四时代那种个体主义的多愁善感，恰恰相反，这里的主观性表现为所要求的“思想性”，即以明确的目的、意识和观念来指引创作。与路翎以至艾青那种冲动性、情绪性的主观性不同，这里的主观性是理知的、实用的、政治的甚至政策的，它高度重视创作中的理性因素，常常是遵循概念来安装故事、裁剪生活、抒写情怀，这是一种理智的主观性。在这里，包括形式也是理知地被安排着，这就是强调“民族形式”，而与五四以来借重外来形式的新文艺传统相脱离①。这里的“形式”当然远不只是具体的外形式或表现技巧而已，它是关于如何对待、处理本土传统与西方文化的问题。如果说，在瞿秋白等人那里，西化观念与中国上层的士大夫传统有所交融，那么，这里则主要是以中国下层农民传统战胜和压倒了西来文化。②

整个抗战文艺是发达的，特别是像《黄河大合唱》等昂扬的大众歌曲、黑白版画和立足于民间文艺基础的西北剪纸和《兄妹开荒》等秧歌剧等等。它们或以悲愤高亢传达出广大人民的抗战心声，或者以拙朴浑厚呈现着中国民族的雄强气派。

抗战的血火洗涤了物质世界，也荡涤了中国知识者的心灵。特别是在解放区和随之而来的三年解放战争期间，文艺知识分子的“思想情感方式”，在四十年代中，与以前几代相比，是极大地被变动了。

---

① 参看本书《记中国现代三次学术论战》。

② 同上。

五　接受模式

1949 年翻开了中国现代史新的一页，但并没翻开文艺史的新页。

第二代第三代的作家们大都停笔了，或者写些手不从心、主观上相当忠诚、客观上相当滑稽的作品。他们对中国革命胜利带来的国家的独立、统一和社会变动，是兴高采烈无比欢欣的。他们由此而衷心接受党对知识分子的“团结、教育、改造”政策，或封笔改造，或勉强自己去写那并不熟悉也并不一定能热爱的工农兵的大众生活。

第四代来自延安的文艺家们是胜利者，他们大都当了大大小小的干部、领导，他们仍然满怀信心地去继续已经开创了的事业——写工农兵和他们经历过的生活、斗争，因为他们已经成了工农兵的一部分或工农兵的代表了。知识分子的“思想情感方式”就这样被自上而下地规范了下来，在现实生活中，也在文艺创作中。

本来，在艰苦的革命战争环境下，知识者和文艺家的“我”融化在集体战斗的紧张事业中，没有心思和时间来反省、捕捉、玩赏、体验自己的存在。他（她）们是在严格的组织纪律下，在领导和被领导的协同和配合下，进行活动和实现任务的。知识者较少成堆，而是散布在海洋一般的农民群众之中。他们远不是自由的个体，也不只是文艺创作者，而更是部队的秘书、文书、指挥员、战斗员和领导农民斗争的“老张”、“老王”、“老李”(干部)。

但五十年代却不同了，紧张剧烈的战争已经过去，与农民共命运同悲欢的战斗已经结束，社会处在和平生活下，作为知识者的文艺家们又几乎全部回到了或进入了大中城市。尽管也有各式各样的“运动”和“下乡下厂”，但和四十年代毕竟大不一样。于是，毛泽东所说的“最干净的还是工人农民，尽管他们手是黑的，脚上有牛屎，还是比资产阶级和小资产阶级知识分子都干净……我们知识分子出身的文艺工作者，要使自己的作品为群众所欢迎，就得把自己的思想感情来一个变化，来一番改造。没有这个变化，没有这个改造，什么事情都是做不好的，都是格格不入的”，这段本有具体目的（发动农民打败日本）而且行之有效的文艺方针，到这时虽奉为至高无上的圭臬、指针，其实际意义却已大不相同了。它成了一种纯粹内省的修身之道，一种似乎以修身本身为目的的道德纯净的追求。

比起工农兵的单纯、明净、朴实、健壮来，知识者的心灵的确是更为复杂、肮脏、卑微、琐碎，他们有着各种各样的精细的个人打算、名利计较、卑劣情思，各种各样的嫉妒、贪婪、虚伪、做作，各种各样的钻营苟且、患得患失、狭隘小气以及无事生非、无病呻吟，等等，等等。中国本有这种道德主义的传统，宋朝理学家就说过“士大夫儒者视农圃间人不能无愧”[①]的话，五四时代知识分子高呼“劳工神圣”，以劳动养活自己为荣，工读主义盛行一时，瞿秋白以“忏悔的贵族”自况……也都表现出这一点。

这种传统的道德主义，经过现代这场胜利了的中国农民革命战争，便在知识者的心态中发展到了极致。不是吗？对比起那健壮、勇敢、坚强、纯朴的工农大众（主要又是农民）来，比起他们的苦难、斗争、血泪、牺牲来，比起他们如此高尚、圣洁的品

---

① 《陆九渊集》，第42页，中华书局。

格、道德来，知识分子能不“自惭形秽”么？能不心甘情愿地接受“思想改造”、忠诚老实地忏悔认错么？从五十年代初的大学里的思想改造运动，到六十年代后期知识分子下乡“接受贫下中农的再教育”，从白发苍苍的老教授到乳臭未干的大学生，都自感有罪，自惭形秽，于是忠诚地下乡“锻炼”、“改造”，以至畸形到承认知识是罪恶、大粪有香味……连中枢神经感知也被“改造”了。这种“思想改造”的重要特征恰恰在于它是自愿的，真心实意，无比忠诚的。反衬到文艺领域，第五代知识者在这种强大的思想改造面前，便完全消失了自己。他们只有两件事可干，一是歌颂，二是忏悔。

歌颂人民，歌颂祖国，歌颂革命，歌颂党。这里有《青春之歌》、《红岩》、《雷锋之歌》等等：

……

我的心

合着

　　马达的轰响，

　　和青年突击队的

　　　　　　脚步声，

是这样

　　剧烈地

　　　　跳动！

我

被那

　　钢铁的火焰，

　　和少先队的领巾，

照耀得
　　满身通红！
……我看见
　　星光
　　　　和灯光
　　　　　联欢在黑夜；
我看见
朝霞
　　和卷扬机
　　　　在装扮着
　　　　　　黎明。
春天了。
又一个春天。
黎明了。
又一个黎明。
呵，我们共和国的
　　万丈高楼
　　　　站起来！
它，加高了
　　　一层——
　　　又一层！
……（贺敬之：《放声歌唱》）

……
那红领巾的春苗呵
面对你

顿时长高；
那白发的积雪呵
在默想中
顷刻消融……
今夜有
灯前送别；
明日有
路途相逢……
“雷锋……”
——两个字
说尽了
亲人们的
千般叮咛；
“雷锋……”
——一句话，
手握手，
陌生人
红心相通！……(贺敬之：《雷锋之歌》)

不能说没有强壮的气势，不能说没有真实的感情，不能说它不是那一时期令人振奋的强音，这是一种明朗、单纯的美。一切知识者细腻的、苦痛的、复杂的、纤弱的思想情感，都完全消失在这对集体的功业或道德的高大的歌颂中去了。对比郭沫若《女神》的反叛呼喊，冰心《春水》、《繁星》的呢喃温情，徐志摩的温文尔雅，艾青的苍凉悲愤，这里是以群众气势、以集体力量、以道德光芒取胜的另一个世界。

避开其他一切，专门歌颂集体，歌颂光明，塑造英雄，舍去阴暗，高扬道德精神、牺牲至上……其中也有一些可读作品，但可惜，这条通道一直走到了“文化大革命”中以“样板戏”为代表的文艺创作。而那便不再是文艺，只是教义的号筒；那里已没有知识分子的“思想情感方式”或任何心态可言，而是被“语录歌”、“忠字舞”弄得头脑万分愚蠢、心魂已被摄去的机械创作了。“三突出”、“三结合”、“主题先行”①，这也就走到了文艺的尽头。

知识者除了歌颂，便是忏悔。这一代大都是忘我工作，逆来顺受，不怨天，不尤人，勤勤恳恳，任劳任怨，家居陋室仍克己奉公，席不暇暖以侍候首长（包括侍候“马列主义老太太”）。他们忠诚地信奉“革命的事再小也是大事，个人的事再大也是小事”的“螺丝钉”和“驯服工具”的哲学，恪守着“非礼勿听，非礼勿视，非礼勿言，非礼勿动”的纪律信条，忠诚老实地进行着自我修养和思想改造。如果说，第一代是旧模式的解脱，第二代是新模式的呼唤，第三代是新模式的创立，第四代是扩展，那么这一代便只是接受。他们于各个方面，从科技到文艺，从政治到生活，都很少创造立新。一切“创造”都转向内心，不是转向内心的丰富、复杂和发展，而是转向内心的自我束缚、控制和修炼。

张贤亮的《绿化树》呈现了这一思想史的真实。“《绿化树》确乎不……那样单纯、明了和痛快，而要复杂得多。其中除

---

① “三突出”是突出正面人物，在正面人物中突出英雄人物，在英雄人物中突出主要英雄人物。“三结合”是群众（出生活）领导（出思想）作家（出创作）三结合。“主题先行”是首先要有明确的革命的主题思想。

结尾的败笔和描写饥饿等可贵的细节真实外，有对那原始、质朴、粗犷、富有生命力的阔大的美的歌颂，在这背景上衬托出知识者个体的渺小与浅薄；在这些‘没文化无知识’的刚健的劳动者面前，一肚子学问文章、满脑子心思巧计的知识者是可以也确然会自惭形秽的。我曾说它有点屠格涅夫《猎人笔记》中描写歌手等篇的味道，尽管作者说他并没有读过这本书。其实，其中还有一些像陀思妥耶夫斯基的东西：通过对肉体和精神的极度痛苦、折磨和摧残来寻得道德上的超升或灵魂的净化：读《资本论》就像读《圣经 · 启示录》，不好的家庭出身就好像被注定了原罪……本来，每个人总都是有缺点错误的，在‘全知全能’的上帝面前，便都可以感到自己有罪过，觉得需要改造，需要检讨、忏悔；正好像‘文化大革命’一开始许多干部感到自己的确犯了修正主义错误，需要好好检查一样。而每个人也可以就此寻根究底上纲上线，并通过检讨罪过、否定自己而得到精神上的宽慰和意念上的新生，即所谓‘脱胎换骨’。二十世纪仍然演出这种道德神学式的狂热，回顾起来，似乎是不可思议的愚蠢；然而，只要是过来人，便知道那是有其现实的、历史的甚至人性上的根由。我曾问过张贤亮同志，引那么多《资本论》是不是有点嘲讽的意义？他严肃地回答说：‘没有。当时确乎是非常认真的。’我完全相信他的话。本来，追求道德上的完善、精神上的圣洁又有什么不好呢？它本来就是件值得毕生努力（所谓‘活到老、学到老、改造到老’）的极端严肃认真的事情。中国儒家几千年来就有‘一是以修身为本’的准宗教性的道德教义……”①

这种修养、忏悔、改造，对今天的中年人来说，是亲身经历

---

① 参看拙文《两点祝愿》，《文艺报》1985 年 7 月 27 日。

过的对“革命”作出的崇高的自我牺牲和奉献；对今天的青年人来说，则是一种不可理解的极端愚昧和个性毁灭。所以中年知识分子同情地接受着《绿化树》，而青年知识分子却愤怒地拒绝它。中国知识分子群的这个第五代的确忠诚老实、驯服听话、品格纯洁、“行不逾矩”，但同时又眼光狭隘、知识单一、生活单调、思想浅薄……他们善良、真诚却机械、死板，他们的感性生命已被号称集体的理性所彻底吞食和异化掉了。

包括在身上流着最活跃的五四血液的蒋纯祖（路翎的心爱的主人翁），都有知识分子的自我谴责、自我忏悔，那么，在这一代人身上又重新呈现出古旧传统和革命传统相结合的这种道德主义和自我修养，又有什么奇怪呢?！这一代的精神和知识与外在世界已被隔开，他们的“思想情感方式”还比不上五四和三十年代那么开放和自由。从而这种愚蠢的高尚心态能长久保持并获得肯定性的赞赏，又有什么奇怪呢?！

总有不和谐音，即使是在众口一词唯唯诺诺的年代。这主要表现在王蒙《组织部新来的年轻人》、刘宾雁《本报内部消息》等作品中。这些作品开始敏锐地表现出以集体名义的新官僚、官僚机器与知识分子的矛盾。这本是第一只春燕，但众所周知，很快就被打击消埋下去了。直到今天，这一主题才重新被作家艺术家们拾起，而也仍然有着各种各样的阻挠和困难。

对道德主义的着意追求和鼓励，必然出现一大批假道学、伪君子，他们是各种形态的两面派，或狐假虎威，或奴颜婢膝，或暗箭杀人，或唯唯诺诺。他们打小报告，搞阿谀逢迎，高喊革命却卑劣之极，他们怯懦而凶残，却总是那样左右逢源，青云得志。这种时代产物可惜在我们的文艺中还远没有被写出。

与这一时代特征相适应，是整个文艺的古典之风的空前吹起。“革命的”与“民族的”几乎成了不可分离的口号。从而，齐白石的画[①]、梅兰芳的戏，一时之间成了家喻户晓的荣光骄傲。闭关自守的爱国主义使传统获得了金光闪闪、不可一世的最高奖赏，这与五四的确相距更遥远了。中国确乎有极可珍贵的传统，梅兰芳、齐白石也无疑是难以逾越的古典典范，但是，他们能代表现代的心声吗？

六　多元取向

物极必反。历史终于翻开了新页，十亿神州从“文革”噩梦中惊醒之后，知识分子特别是青年一代（即“红卫兵”一代）的心声就如同不可阻挡的洪流，倾泻而出。它当然最敏锐地反映在文艺上。

一切都令人想起五四时代。人的启蒙，人的觉醒，人道主义，人性复归……都围绕着感性血肉的个体，从作为理性异化的神的践踏蹂躏下要求解放出来的主题旋转。“人啊，人”的呐喊遍及了各个领域、各个方面。这是什么意思呢？相当朦胧，但有一点又异常清楚明白：一个造神造英雄来统治自己的时代过去了，回到了五四时期的感伤、憧憬、迷茫、叹惜和欢乐。但这已是经历了六十年惨痛之后的复归。历史尽管绕圆圈，但也不完全重复。几代人应该没有白活，几代人所付出的沉重代价使它比五四要深刻、沉重、绚丽、丰满。这个时期的文艺成果，尽管才不

① 齐白石受人们喜爱，还因其作品的活泼开朗、生意十足，其中确乎渗浸着劳动者的气质和热情，不同于其他许多纯然上层趣味的画家（参阅拙作《纪念齐白石》，《人民日报》1983年12月20日）。

过数年，却一下就超过了以前的任何时期，无论在质量和数量的平均水平上，也无论在文学、音乐和绘画、雕塑各个领域里。尽管不断有阻挠，有禁令，有批判，这股新生的自由之风却始终挡不住，骂不倒，在为数庞大的青年知识群中获得空前广泛的一致支持。因为它道出了他们的心声、心态和“思想情感方式”。

> 星星美展……所采取的那种不同于古典的写实形象、抒情表现、和谐形式的手段，在那些变形、扭曲或“看不懂”的造形中，不也正好是经历了十年动乱，看遍了社会上下层的各种悲惨和阴暗，尝过了造反、夺权、派仗、武斗、插队、待业种种酸甜苦辣的破碎心灵的对应物么？政治上的愤怒，情感上的悲伤，思想上的怀疑；对往事的感叹与回想，对未来的苦闷与彷徨；对前途的期待和没有把握，缺乏信心仍然憧憬，尽管渺茫却在希望，对青春年华的悼念痛惜，对人生、真理的探索追求，在蹒跚中的前进与徘徊……所有这种种难以言喻的复杂混乱的思想情感，不都一定程度地在这里以及在近年来的某些小说、散文、诗歌中表现出来了吗？它们美吗？它们传达了经历了无数苦难的青年一代的心声。无怪乎留言本上年轻人写了那么多热烈的语言和同情的赞美。①

这是1980年为《星星美展》写的，当时心里想的主要正是朦胧诗。我想着在斗室里悄悄地读着《今天》油印小刊上的北岛诗作，我想着不断传来的对舒婷、顾城的斥责声……一切都似乎如此艰难，黎明的风仍那么凌厉，我准备

---

① 拙文《画廊谈美》，《文艺报》1981年第2期。

再过冬天……但曾几何时，却已春暖花开，连小说园地也开始了千红万紫；我当年把它看做新文学第一只飞燕的朦胧诗，终于"站起来了"，没有任何力量、任何手段，"能把我重新推下去"。[①]时代毕竟在迅速前进，尽管要穿过各种回流急湍，但一代新人的心声再也休想挡住了，历史就是这样的无情而公正。[②]

如五四时代的散文诗一样，朦胧诗确乎是这个新时期的第一只春燕。它们最先喊出了积压已久的酸甜苦辣和百感交集。首先是那么温柔的感伤、忧郁和迷茫：

第一次被你的才华所触动
是在迷迷蒙蒙的春雨中
今夜相别，难再相逢
桑枝间呜咽的
已是深秋迟滞的风
……(舒婷：《秋夜送友》)

我还不知道有这样的忧伤，
当我们在春夜里靠着舷窗。
……
我知道你是渴求风暴的帆，
依依难舍养育你的海港。

① 均为舒婷《一代人的呼声》中的诗句。
② 拙文《诗与美》，《读书》1986年第1期。

但生活的狂涛终要把你托去，
呵，友人，
几时你不再画地自狱，
以便同世界一样丰富宽广。

我愿是那顺帆的风，
伴你浪迹四方
……(舒婷：《春夜》)

……
江水一定还那么湛蓝湛蓝，
杭城的倒影在涟漪中摇荡。
那江边默默的小亭子哟，
可还记得我们的心愿和向往？

……
榕树下，大桥旁，
是谁还坐在那个老地方？
他的心是否同渔火一起，
飘泊在茫茫的江天上
……(舒婷：《寄杭城》)

多么像五四那些散文诗，但比五四要深沉、凝重和复杂多了。它们写于“文化大革命”晚期的七十年代，在那肃杀萧瑟中，受满了创伤的又一代青年知识者就依然有这么清新的深情歌唱。当然，除了柔情，更有愤怒：

卑鄙是卑鄙者的通行证，
高尚是高尚者的墓志铭。
看吧，在那镀金的天空中，
飘满了死者弯曲的倒影。
……
我不相信天是蓝的；
我不相信雷的回声；
我不相信梦是假的；
我不相信死无报应。
如果海洋注定要决堤，
就让所有的苦水都注入我心中；
如果陆地注定要上升，
就让人类重新选择生存的峰顶。
新的转机和闪闪星斗，
正在缀满没有遮拦的天空，
那是五千年的象形文字，
那是未来人们凝视的眼睛。（北岛：《回答》）

到处都是残墙断壁
路，怎么从脚下延伸
滑进瞳孔里的一盏路灯
滚出来，并不是晨星
我不想安慰你
在颤抖的枫叶上
写满关于春天的谎言
来自热带的太阳鸟

并没有落在我们的树上
而背后的森林之火
不过是尘土飞扬的黄昏
……(北岛:《红帆船》)

……
即使明天早上
枪口和血淋淋的太阳
让我交出自由、青春和笔
我也决不交出这个夜晚
我决不会交出你
让墙壁堵住我的嘴唇吧
让铁条分割我的天空吧
只要心在跳动,就有血的潮汐
而你的微笑将印在红色的月亮上
每夜升起在我的小窗前
唤醒记忆(北岛:《雨夜》)

这种愤慨、否定和呼喊,便完全不同于《女神》和《向太阳》那样稚气和单纯,它充满了更多的人生思索和命运疑问。中国新一代知识者的“思想情感方式”熬炼了过多的苦难,比任何其他一代都更顽强、深沉和成熟了。

七十年代后期和八十年代初,这种接近于五四的敏感主义,几乎是遍及各文艺领域的一个主调。它并且呈现为一条美丽的女性画廊——充满着抒情哀伤的女性主人公的苦难倔强,引动着、触发打动着人们。从《报春花》(话剧)里的白洁到《星光啊星光》（歌剧）的蒙蒙，从小说《公开的情书》里的真真到油画《1968年×月×日初雪》中的红卫兵女俘虏，从电影《我们的田野》里的七月到电视剧《今夜有暴风雪》的裴晓芸和女指导员，以及一下涌出的一批女作家群（从张洁到张辛欣）……都似乎比那些或刻意描写的、或当做主角的“文革”中受迫害的“党委书记”以及好些男子汉，要光彩夺目、引人注意得多。

为什么？也许女青年们在这场“史无前例”中感受得更多？也许因为比男性毕竟在身心上更脆弱、更敏感，同一事件落在她们心理上的重量比男性更沉重、更难堪，所付出的真诚、所遭受到的苦痛、忍耐、等待和丧失也就更多？从而，情感的解脱、寄托、抒发、表现也就更强烈？电影《十六号病房》的女主人公说：“将来，会好的，会好的。将来一切都会好的。”“医药费能找到，工作能找到，对象能找到，什么都能找到，但有一件东西……”失去了的青春还能找到吗？人生的意义还能找到吗？从而，“我的心还能热起来吗？”……这种深沉的伤感和心灵的苦痛大概只能出自女性。

当然，也许这样说不公平，男性毕竟也有深沉的和更有力量的地方。在感伤音调之后，文艺进入了一个探索的世界。在这个世界里，多样化的男性的力量终于表现了出来。这是一个向各方面特别是向内心世界追求、寻找、探索的世界。探索、追求、寻找着自己的前景、理想、力量和生命。

宗教的世界被叩问，那是《晚霞消失的时候》。斗争根源被强力地去思索，那是《拂晓前的葬礼》。向荒蛮世界去找寻没被文明侵蚀没被权势异化的超个体的原始主宰和生命力量，这是《黑骏马》。向传统文化去追寻民族生存的渊源和活力，这是“寻根文学”（阿城、郑义、贾平凹……），在音乐领域，有荒野的呼喊和传统的反思；在电影，有《黄土地》、《良家妇女》。所有这些，或高亢，或拙朴，或冷峻，或幽默，所传达所反射的都是这种复杂的追寻。这种追寻是非概念而有哲理，非目的性而有意向，因为它们是对于整个人生、命运的询问。所以，它们虽出于对“文化大革命”的舍弃、反省、批判，却已经超越了它们而有了更普遍的意义。

所以，紧接着，很快一些更年轻的几乎没有真正参与过“文化大革命”的作家艺术家出现了。他（她）们扬起了真正的现代之帆，即对自己被扔进去的世界的抗议和嘲弄。“与《绿化树》迥然相异的《你别无选择》（刘索拉），采用了远非镜子的音乐式的文学手法，但也很真。那是与《绿化树》完全不同的另一代人的真。似乎疯疯癫癫、稀奇古怪，却表现出在生活的荒诞无稽、无目的、无意义中要追求点什么。如果说《绿化树》是在灵魂净化中追求人生，那么这里便是在认定人生荒诞中探寻意义。也许，探寻意义本身便无意义？也许，人生意义就在这奋力生活之中而并不在别处？加缪不是这么写过吗？……这大概是我第一次看到的真正的中国现代派的文学作品。它并不深刻，但读来轻快，它是成功的。”①这是《你别无选择》，也是《无主题变奏》。恰好是两个“无”——一切是虚无，连虚无也虚无，于是像 Sisyphus 徒劳无益，却仍然必须艰难生活着，整个人生便是这样。有什么办法？你别无选择！人不去自杀，就得活。活就得吃饭、睡觉、性交、工作、游玩……嘲弄这个生活，嘲弄你自己，嘲弄一切好的、坏的、生的、死的、欢乐、悲伤、有聊、无聊……这就是一切。一切就是荒诞，荒诞就是一切。

---

① 《两点祝愿》，《文艺报》1985 年 7 月 27 日。

荒诞是否能通过嘲笑而不荒诞呢？不知道。也许。

但就社会的客观行程说，中国与西方发达国家还整整差一个历史阶段。中国要走进现代化，欧美要走出现代化。自二十世纪初起，西方就有对现代社会的抗议呼喊，至少从立体主义、艾略特、卡夫卡便已开始，一直延续至今，成为这个世纪文艺和整个文化的主要潮流。中国自五四起，却主要是以十八、十九世纪的启蒙主义、理性主义为模仿和追赶目标。尽管有现代非理性主义的哲学——文艺思潮的传人，但始终没占主要位置；包括在鲁迅那里，亦然。这一点似乎表示着，中国还没有到“吃饱了怎么办”的那种人生意义的追求阶段，中国现在还是为吃饱穿暖住好，为国家的富强繁荣、生活的安康幸福、个体的自由发展而奋斗。这个看法虽然是老调常弹，却依然是生活现实。既然人还得活着，于是今天就得挤公共汽车，就希望能有更大一点空间的住房和搞点电气化（有电冰箱可以贮存食物，有电炉可做方便烹调……），……为这点追求，也仍然耸立着巨大的怪物（官僚主义、关系学、落后体制……）的严重阻挡。

正因为这，从《人妖之间》到《新星》，便如此得到社会的广泛欢迎。尽管艺术上毫不成功，甚至不一定是艺术品，但它们以其对具体的实实在在的生活的关怀、描写、揭露、抨击、议论，引动了人们首先是知识分子的共鸣。

未来呢？未来的中国文艺会如何发展和走向哪里呢？不知道。任何预言或告诫指引，都将是多余和荒谬的。大概必须多种风格、流派、思想、情感、意向、理想的并行不悖，可以有各种各样的创作、议论、讨论、争论。不应该再去要求其中某一种来代表或统率其他。

中国六代知识分子艰难悲惨地走过了五分之四的二十世纪，

从文艺上反映出来与历史主流如此紧密同步的心态，到底是历史的悲剧还是正剧？是中国士大夫传统遗存的优点还是弱点？如果不同步，又有超越或超脱的可能吗？周作人的教训又如何呢？

但是，现代心态的形而上学对这六代知识者包括作家艺术家大概仍比较陌生？不可能提出世界历史性问题大概是鲁迅少数中短篇后迄无铄古震今大作品的原因之一？那么，未来能如何呢？未来不可预测。

从文艺史看，则经常有这样一种现象：一些作品是以其艺术性审美性，装修着人类心灵千百年；另一些则以其思想性鼓动性，在当代及后世起重要的社会作用。那么，怎么办？追求审美流传因而追求创作永垂不朽的“小”作品呢？还是面对现实写些尽管粗拙却当下能震撼人心的现实作品呢？当然，有两全其美的伟大作家和伟大作品，包括如陀思妥耶夫斯基、托尔斯泰、歌德、莎士比亚、曹雪芹、卡夫卡等等。应该期待中国会出现真正的史诗、悲剧，会出现气魄宏大、图景广阔、具有真正深度的大作品。但是，这又毕竟是可遇而不可求的。如果不能两全，如何选择呢？这就要由作家艺术家自己作主了。反正是自己选择，自己负责，自己的历史自己去写。选择审美并不劣于或低于选择其他，“为艺术而艺术”不劣于或低于“为人生而艺术”。但是，反之亦然。世界、人生、文艺的取向本来就应该是多元的。

如果是我，大概会选择后者。这大概因为我从来不想当所谓不朽的人，写不朽的作品，不想去拿奖金、金牌，只要我的作品有益于当下的人们，那就足够使我欢喜了。所以在文学（不是文艺）爱好上，我也更喜欢现实主义，容易看，又并不失其深刻。

可惜，我从来不是也不可能是作家或艺术家。所以，这只是空话，就以这空话来结束这已经拖得够长的枯燥文章。

略论现代新儒家

1982年10月，台湾《中国论坛》曾以"当代新儒家与中国现代化"为题举行座谈会和出了专刊。提到的"当代新儒家"为熊十力、梁漱溟、张君劢、唐君毅、徐复观、牟宗三、钱穆。大概因为政治原因，其中没有现代新儒家的重镇冯友兰。讨论开头提出"当代新儒家"的定义和标准问题，但并未展开，更没获结论。讨论者大体均以上述数人的思想为新儒家或现（当）代新儒家的范围、标准和代表。

本文也不拟对现代新儒家（或现代新儒学）作定义式的规范，因为这还需要作更多的研究。大体说来，本文以为，在辛亥、五四以来的二十世纪的中国现实和学术土壤上，强调继承、发扬孔孟程朱陆王，以之为中国哲学或中国思想的根本精神，并以它为主体来吸收、接受和改造西方近代思想（如"民主"、"科学"）和西方哲学（如柏格森、罗素、康德、怀特海等人）以寻求当代中国社会、政治、文化等方面的现实出路。这就是现代新儒家的基本特征。

二十世纪在中国的六七十年中，从哲学思想和整个意识形态说，主要是马克思主义在各方面的凯歌行进。这个行进伴随着政治斗争的强大优势和最终胜利而占据了整个历史舞台的中心。其中，从毛泽东到艾思奇对马列哲学的中国化和通俗化，一方面在引导青年学生群理智地选择革命道路和人生信仰，起了巨大作用；更重要的方面是，强调实践—认识—实践即理论联系实际的原则，马列哲学作为经验论的方法论在指导具体革命工作所取得的辉煌成就，的确到今天还为曾有过这种经历的革命老一代所津津乐道。这方面，在精神实质上却与以儒家为主体的中国哲学特征有深刻的内在关联。此将再另书论述。

除了马列哲学外，中国现代输入了不少其他的西方哲学和思想。杜威、罗素早在二十年代初先后来中国讲学。康德、柏格森、黑格尔、马赫等等也都被介绍过翻译过，在学术界和大学讲堂上也取得了地位。但它们却都谈不上特别重要的影响，也没人能依据它们作出真正创造性的发挥。自由主义在中国始终没能创造出自己的真正独立的哲学。

因之，除了马列哲学的中国化之外，在现代中国思想史、哲学史上，比较具有传承性特色和具有一定创造性的，就只能数“现代新儒家”了①。只是比起马列来，他们的力量、影响、作用确乎渺不足道。不过，伽达默尔说得好：“一个人需学会超出迫在咫尺的东西去视看——不是为了离开它去视看，而是为了在一更大的整体中按照更真实的比例更清楚地看它……在希望与恐惧中，我们总是被最接近我们的东西所影响，从而也就在它的影响下去看待过去的证言。因此，始终必须力戒轻率地把过去看成是我们自己对意义的期待。只有这样，我们才能以这样的方式

① 至于国民党的哲学，从戴季陶到陈立夫，都并无重要创造，在思想界或学术界也很少影响，暂不论。

来倾听过去：使过去的意义成为我们所能听得见的。”①

现代新儒家还难得算是过去的历史，它近在眼前，从而也更容易被同样近在眼前的更巨大的东西所彻底覆盖（海内）；或者则是为了有意对抗这个更巨大者而被极度夸张（海外）。按照解释学，“成见”不可避免，而且必需。但除了上述两种“成见”之外，是否还可以有第三种真正的“成见”：即站在现代中国的此在的历史性的基础上来解释现代新儒家。这是本文所拟采取的立场。因此，本文不拟对现代新儒家作哲学史式的体系介绍、分析，而只想摘引一些资料，来看看现代新儒家如何企图承接传统，继往开来，以对应现实问题和外来挑战。前者（他们的体系）是没有多少价值的，后者却有意义。

从这一观念和标准出发，在上述这些现代新儒家中，真正具有代表性，并恰好构成相连接的层面或阶段的，是熊十力、梁漱溟、冯友兰、牟宗三四人②。钱穆、徐复观基本上是历史学家或思想史家。张君劢、唐君毅虽属哲学家，但他们的思想及体系相对来说庞杂无章，创获不多。熊、梁、冯、牟却各有某种创造性，且思辨清晰，条理井然。

一　熊十力

第一位是熊十力。熊的主要代表作是《新唯识论》。文言文本出版于1932年。

熊在思想成熟上略晚于梁漱溟，而且还受过梁的影响。本文

① 《真理与方法》，第2篇第2章，译文引自《哲学译丛》1986年第3期，第57页。
② 拙作《中国古代思想史论》，第261页。

之所以将他列为榜首，是因为无论从思想背景和产生土壤说，或从现代新儒家的逻辑线索说，熊都站在序列的最前面。

正如研究者们所已指出，熊是“身处于五四之后，心却在辛亥之时”①。他作为辛亥革命的热情参加者，在辛亥以后军阀混战、百事皆非的现实刺激下，才从事于哲学，希望从中寻求到人生本质、宇宙本体。“余之学儒学佛，乃至其他，都不是为专家之业，而确是对于宇宙人生诸大问题，求得明了正确之解决”②。在宇宙与人生二者之间，宇宙毕竟又从属于人生。这是熊自觉意识和明确解释的“圣学血脉”，也正是宋明理学的根本精神③。“故真治哲学者，必知宇宙论与人生论，不可判而为二。非深解人生真相，决不能悟大自然之真情。尽己性以尽物性，此圣学血脉本论所承也”④。熊紧紧站在他所经历所感受和所领悟的人生立场上，来构造其宏大的宇宙论。这是他的思想和体系的主要特征之一。

熊所经历、所感受的是辛亥前后的热情和失败，他所接触和了解的学问是儒、佛与某些西方自然科学知识片断。对西方哲学虽偶有所闻所读（译本），但所知不多。

在生活感受和学识基础这两个方面，熊与上一阶段的谭嗣同、章太炎等人倒一脉相承，比较接近。他们构造体系和酝酿思想的资料、手段和途径，都主要是通过引佛入儒或由佛返儒以融合儒佛来构建新学。但谭嗣同的急风骤雨式的《仁学》思想，与

① 郭齐勇：《熊十力及其哲学》，第39、91页，中国展望出版社，1985年，北京。

② 《新唯识论》（壬辰语体文本），1：b。下称壬辰本。

③ 参看拙作《中国古代思想史论·宋明理学片论》。

④ 壬辰本，癸巳赘语，1：b。

其彗星般的行动性格一样，作为哲学是破绽百出不堪细究的。章太炎不满意谭，自己写了不少，但也没有建成任何真正的哲学体系，这仍然是政治斗争的任务影响和支配了章的精力和时间的缘故。因此，这个任务便是由熊十力在辛亥革命后十年通过摈除一切干扰，闭门苦读，苦思力想才完成的。本文同意论者们所指出的，熊“为上升时期的资产阶级补造了更为完备却已经过时了的哲学体系”[①]。从谭嗣同、章太炎到熊十力，标志着近代中国第一代知识者企图站在传统哲学的基地上，来迎接新的世界和创造新的哲学。熊十力在这方面表现了突出的原创能力。

在纷至沓来的西方思潮和世变日亟的现实生活中，熊十力由佛归儒，并自觉以此来批判佛学与西学：

> ……佛家生灭不生灭折成二片……西哲则实体与现象终欠圆融。《新论》确救其失……脱然超悟吾人与宇宙本来同体，未尝舍吾心而求体于外，其学不遗思辨，要以涵养为本。求心、养心与扩充心德之功日密。（孟子云求放心，又云养心，又云扩充，并与佛家归本唯心有相近处。但孟子之学本于易，无趣入寂灭之弊。）去小己之私而与天地万物同于大通，直至内外浑融，始于当躬默识天德，方信万有根源不离吾心而外在，何劳向外推寻哉。此是与西洋学者天壤悬隔处[②]。

熊十力以“体用不二”为其哲学体系的根本，来与佛学西学

---

① 郭齐勇、李明华：《试论熊十力哲学的性质》，《江汉论坛》1983年第12期。

② 壬辰本，6：b—7：a。

相区别。熊认为“体用不二”这个儒学根本来自《周易》，但实质上他是以宋明理学的精神来解释《周易》，即从心性论角度来阐释《周易》。他是在近现代中国较少直接论述社会政治问题，较少把哲学与社会政治思想融混在一起的哲学家。“《新论》谈体用，在《易》，则为内圣学方面，而于外王学不便涉及”①。

这样，与康有为先写《人类公理》（《大同书》初稿）建立起外在的广大世界观作为政治理想的基石，与谭嗣同从议论“无量沙数”的无限宇宙开始直接落实于政治改革，与章太炎高谈“五无”、“四惑”，提出“用宗教发起信心，增进国民的道德”，“用国粹激励种姓，增进爱国的热肠”都不同；熊十力扭转了哲学与政治的直接关联，改变了近代中国哲学上述“内圣外王”一锅煮并以“外王”为主的基本倾向，集全力于建设纯粹的哲学。这个哲学是以“内圣”——“求心”为方向的。

尽管熊也抨击宋明理学，也曾表彰荀子，并且也不专谈心性，但他强调哲学与科学的分途，以追求非理知认识（理知认识被称为“量智”）所能达到的本体境界（“性智”），却确乎可以看做是宋明理学在中国现代的新发展。这个“新”在于，它既承接发扬了宋明理学的“内圣”心性理论，又在现代条件下，完成了康、谭、章的哲学事业，即再次融会儒、佛以对付西学的挑战，强调西学（科学、认识、“量智”）虽可辅助中学（“性智”、本体），但低于中学。在表面上，他是在批判佛学，实质上却是针对西学的。所以它才是现代条件下发展了的宋明理学。中学西

---

① 壬辰本，7：b。熊曾说：“尝欲造大易广传一书，通论内圣外王而尤致详于太平大同之条理，未知暮年能遂此愿否？”（同上）但熊始终没写出此书。《原儒》中有“原外王”章，但无何特色。

学的区别，在熊看来，乃是：

> 中学以发明心地为一大事（借用宗门语，心地谓性智），西学大概是量智的发展，如使两方互相了解，而以涵养性智，立天下之大本，则量智皆成性智的妙用……[①]
>
> 西洋学者所谓本体，毕竟由思维所构画，而视为外在的。《新论》则直指本心，通物我内外，浑然为一，正以孟氏所谓“反身而诚”者得之，非是思维之境……盖东方哲人一向用功于内，涤尽杂染，发挥自性力用。其所谓体认，是真积力久，至脱然离系、本体呈露时，乃自明自见。[②]

所以，熊十力哲学最“吃紧”处，是他将传统儒家哲学，其中主要是宋明理学（又特别是陆王心学）所突出的内圣极致的“孔颜乐处”[③]给予了本体论的新论证，即把宋明理学的伦理学和人生观翻转为宇宙观和本体论。

这个论证便是强调“本体现象不二，道器不二，天人不二，心物不二，理欲不二，动静不二，知行不二，德慧知识不二，成己成物不一”[④]。总起来说，便是“体用不二”。熊说，“余之学宗主《易经》，以体用不二立宗”[⑤]。“本论以体用不二为宗，本

---

① 《新唯识论》，第678页，中华书局，1985年，北京。

② 同上书，第679页。

③ “宋明理学家经常爱讲‘孔颜乐处’，把它看做人生最高境界，其实也就是指这种不怕艰苦而充满生意，属伦理又超伦理、准审美又超审美的目的论的精神境界。”（参看拙作《中国近代思想史论》，第298页）

④ 《原儒》序，1956年。

⑤ 《体用篇》，第6页，学生书店，1980年，台北。

原、现象不许离而为二，真实、变异不许离而为二，绝对、相对不许离而为二，质、力不许离而为二，天、人不许离而为二。”①可见，“体用不二”是熊氏哲学的根本。

什么是“体”？《新唯识论》首章第一句：

> 今造此论，为欲悟究玄学者，令知实体非是离自心外在境界及非知识所行境界，唯是反求实证相应故。②

又说：

> 哲学家谈本体者，大抵把本体当做是离我的心而外在的物事，因凭理智作用，向外界去寻求。由此之故，哲学家各用思考去构画一种境界，而建立为本体，纷纷不一其说。……此其谬误，实由不务反识本心。易言之，即不了万物本原与吾人真性，本非有二。③
>
> ……以其主乎身，曰心。以其为吾人所以生之理，曰性。以其为万有之大源，曰天。故“尽心则知性知天”。……尽心之尽，谓吾人修为工夫，当对治习染或私欲，而使本心得显发其德用，无一毫亏欠也。故尽心，即是性天全显，故曰知性知天。知者证知，本心之炯然内证也，非知识之知。……吾心与万物本体，无二无别，其又奚疑？④

---

① 《体用篇》，第336页，学生书店，1980年，台北。

② 《新唯识论》，第43页。

③ 同上书，第250—251页。

④ 同上书，第252页。

这明显是承接王阳明而来。但熊把王学“心即理”的简括命题通过和加进佛学的许多东西，翻演成一整套的宇宙论和本体论。从而，宇宙论上的“体用不二”，反而在一定程度上掩盖了“心物不二”的心性论。熊最喜欢用以解说其思想的比喻是屡屡谈到、引用不已的海水与海浪的关系。一方面：

> 宇宙自有真源，万有非忽然而起。譬如临大海水，谛观众沤，故故不留，新新而起。应知一一沤相，各各皆以大海水为其真源。①

另一方面：

> 须知，实体是完完全全的变成万有不齐的大用，即大用流行之外，无有实体。譬如大海水全成为众沤，即众沤外无大海水。体用不二亦犹是。②
>
> 总之，譬如大海水偏现为一一沤，即此一一沤皆涵有大海水全量。每一沤都与大海水无二无别。一一物各具之心与宇宙之心无二无别，亦复如是。③

熊如此强调体用不二，批判佛学、道家和西方哲学分裂本体与现象，其目标在于反对君临、主宰，反对超越于万物、现象之上的“道”、“性”、“本体”和上帝。熊强调后者即在前者之中，

---

① 《体用篇》，第 8 页。

② 同上书，第 10 页。

③ 《新唯识论》，第 327 页。

无前者即无后者。这显然又与继承王船山的思想有关。王船山正是宋明理学的殿军和集大成者。无怪乎熊十力以孔子和二王（王阳明、王船山）为自己的崇奉对象。本来，中国哲学中就有“体用一源”、“显微无间”的传统，宋明理学关于“太极”、关于“阴阳”即有“不离不杂”的说法，佛学体统中也有“真如即万法之实性”的论点。但熊继承又不满它们的正在于，所有这些仍有将本体与现象分割、将前者君临后者之上的倾向和结果。例如所谓“不杂”，就有追求抽象实体的味道。所谓“实性”，亦即意味现象并非实在。熊之所以反复以海水与波浪作例，即在说明现象即本体，现象是实在的，并非空幻，“当知实体即万物万象自身，譬如大海水是无量众沤的自身”。

为什么反对割裂本体与现象，为什么体用本来不二？熊认为，这是因为现象乃本体的功用，现象即功用。而所谓“功用”，便是变动、流行、生生不息，而这也就是本体。本体自身就是这样永恒变动，流行不已：

> 如实体流行一语，或人以为由实体发生功用，是名流行。彼意盖云，实体是独立的，功用是从实体发生出来的。故实体不即是功用。易言之，实体不即是流行。倘以此说为然，则实体乃与造物主不异，何可若是迷谬乎？余说实体流行一语，本谓实体即此流行者是。譬如大海水，即此腾跃的众沤相即是。倘不悟此，将求实体于流行之外，是犹求大海水于腾跃的众沤之处，非甚愚不至此也。①

① 《体用篇》，第247—248页。

熊正是因此而崇奉大易反对佛家的。“体用之义，创发于变经”[①]（即周易）。“体用之义，上考之变经益无疑，余自是知所归矣（归宗孔子）”[②]。

否认离“用”（功用、现象）的本体，强调此生生不息变动，不居刹那生灭灭生的万法现象世界即是真实、本体、法性。强调“本体”自身即运动、变化、生生不息、生灭不已，反对某种以“静”、“空”、“主宰”为实质的造物主、第一因或本体，这既反映了现代中国空前巨大迅速变动中的哲学感受，同时也表现了近代中国哲学家追求主动、活动和变化的基本精神。在这方面，熊十力与谭嗣同的主动反静、强调生灭不已的根本态度，便相当近似。熊通过哲学正是强调儒家的刚健主动、积极入世的传统，以此与佛、道相区别：

> 道家偏向虚静中去领会道，此与大易从刚健与变动的功用上指点，令人于此悟实体者，便极端相反[③]。佛家说无常，即对于诸行有呵毁的意思。本论谈变……则以一切行只在刹那刹那生灭灭生，活活跃跃绵绵不断的变化中。依据此种宇宙观，人生只有精进向上，其于诸行无可呵毁，亦无所染着。此其根柢与出世法全不相似也。[④]

熊十力以“翕辟成变”来具体解说这本体的永恒运动和变

---

① 《体用篇》，第1页。
② 同上书，赘语，第7页，第一章，第2—3页。
③ 同上书，赘语，第3页。
④ 同上书，第1章，第2—3页。

化。"翕"、"辟"是从周易中所借用的两个辞语，但又不同于原义①，是指凝聚（翕）与开发（辟）两种动力势能的组合统一，而形成本体的变易和运动。要注意的是，"翕""辟"又并不是可以相互分离或可割裂的两个东西，而只是一个东西的两个方面，正是这两个方面（也许可以说两个活力方向，或一是动力，一是势能）在一起，才可能有这"一个东西"即运动、变化和"恒转"。但在这二者中，"辟"是主导的，"辟是健动、升进、开发之势"，"翕是凝聚、摄聚，而有趋于闭固之势"。"用非单纯的动势，必有两方面，曰翕曰辟（翕、辟只是方面之异，自不可看做截然二片的物事）。辟乃谓神（神即心），翕便成物（现似物质，而非果有实质）。物有分限，神无分限（心是无在无不在……），神遍运乎物而为之主。"②"……神故生，神故化，神故流行不息，是故称之以大用也。用也者，言乎其神也，即体即用也……是故用外无体，体外无用……用也者，一翕一辟之流行不已也"③。熊十力的"翕辟成变"既是宇宙论，也是心物论。因为所谓"辟"就是"心"，"翕"则是"物"，这个心既是"宇宙的心"④，又是个体的"心"。"一切物内部确有一种向上而不物化的势用即所谓辟潜存着。……及到有机物发展的阶段，这种势用便盛显起来，才见他是主宰乎物的"⑤。而个体的心与宇宙的心又是一个心，在这里争论熊是主观唯心论还是客观唯心论，似乎

① "《新论》言翕辟，实与系传言坤静翕动辟之文无关。……大概说来，辟与乾之义为近，翕与坤之义为近。"(《新唯识论》，第647—648页）

② 《新唯识论》，第467页。

③ 同上书，第463页。

④ "我们把这个辟说名宇宙的心"，同上书，第326页。

⑤ 同上书，第326页。

没多少意义。熊强调的是心（体）不能离物，并且只有物才见心。尽管他把“辟”作心，“翕”作物，强调变易运动由心发动，但他之强调“心”又正是为了强调“物”的变易、运动。所以，他不满意宋明理学的静观态度，而强调心的向外的能动作用。

> 宋明以来理学诸哲人，皆以为本心感物斯通。因此只须有静养工夫，使本心不失其澄明，不必役其心以逐物……我的意思，人当利用本心之明，向事物上发展，不可信赖心的神灵，以为物来即通。①

简括地总起来看，熊十力究竟在何种意义上承继了又超越宋明理学，而成为现代新儒家的第一人呢？

从上所引，熊直接承接王阳明，参之以王船山（道器不离和辩证运动等思想）是很明显的。宋明理学诸大家都重视《周易》，但像熊十力抬高和崇奉到如此至高无上的地位者（例如认为《周易》高于《论语》等等）比较少见。他着重发挥《易》的生生不息的动态过程，把它与刚健进取的人生态度，融为一体来作为心性本体。在他这里，宇宙论本体论不再是程朱那种僵硬的外在框架，而是活生生的生命力量，这种生命力量又不只是陆王那种否认外物的纯粹心灵，而是具有某种感性物质性能，这就是他超越程朱陆王处。熊十力将肯定感性世界的儒学基本立场②赋予了新的论证，提到了一个新高度。“人本”、“动态”、“感性”

---

① 《明心篇》，第150页，学生书店，1979年，台北。

② 参看拙作《中国古代思想史论》。

这三者，我以为便是熊承继和发展了儒学基本精神之所在。在这三种特征或三个方面上，例如在以动态的感性万象世界乃实在而非虚幻，以动不以静作为本体的基本性格，便都超过了宋明理学。同时也超过了近代的谭嗣同和章太炎等人。谭嗣同重动反静，不主故常，但因接受佛宗，视世界为空幻，缺乏熊这种经过仔细思辨后反佛老重感性的自觉的人本精神。比章太炎，就更如此。尽管章也由佛归儒，但在哲学上也没有这种活泼、乐观的积极精神。

但是，由于对现代自然科学以及与之密切相关的近代西方文明缺乏了解，对这个物质世界由大工业带来的改造历史和状况缺乏足够认识，不仅使熊的“外王学”和“量论”（认识论）写不出或写不好，而且使他的这种本应向外追求和扩展的动态的、人本的、感性的哲学仍然只得转向内心，转向追求认识论中的“冥悟证会”的直觉主义和“天人合一”的精神境界。现实的逻辑逼使这个本可超越宋明理学而向外追求的现代儒家，又回转到内收路线，终于成为“现代的宋明理学”（新儒学）了。

熊十力强调科学与哲学的划分，强调科学不能解决人生问题、哲学问题：

> 科学在其领域内之成就，直夺天工，吾无间然。然人类如只要科学，而废返己之学，则其流弊将不可言。返己之学废，即将使万物发展到最高级之人类内部生活，本来虚而不屈、动而愈出者，今乃茫然不自识，其中藏只是网罟式的知识遗影堆集一团，而抛却自家本有虚灵之主……①

---

①《明心篇》，第200—201页。

熊所谓人的“内部生活”，指的是“良知”、“仁”，也就是由“用功于内”、“涵养性智”而达到的“天人合一”。因之，在认识论上，熊着重讲的是超概念超逻辑超思辨的直觉“体认”，“穷理入无上甚深微妙处，须休止思辨，而默然体认，直至体认与所体认浑然一体不可分。思辨早自绝，逻辑何在施乎。思辨即构成许多概念，而体认之极诣，则所思与能思俱泯，炯然大明，荡然无相，则概念涤除已尽也。余之学，始乎思辨，而必极乎体认。但体认有得，终亦不废思辨，唯经过体认以后之思辨，与以前自不同”①。这种超概念思辨的体认，在现代心理学和现代科学上确有其依据和地位，这也一直是中国的“智的直觉”传统，像庄子、禅宗便如此②。而“……所有这些，又与从孔学开始重视心理整体（如情感原则），而不把思维仅作为推理机器的基本精神，是一脉相通的，即不只是依靠逻辑而是依靠整个心灵的各种功能去认识、发现、把握世界，其中特别重视个体性的体验与领悟……在今日的思维科学中有重要借鉴意义”③。

但是，中国传统和熊十力讲的这种非逻辑非思辨的个体“体认”，又决不只是认识论而已。远为重要的，是通过这种直觉体认所能达到的哲学形而上学的本体存在，此即宋明理学标榜的“孔颜乐处”，亦即熊讲的所谓“浑然与天地万物同体”的人生境界。这个人生境界，照熊看来，也就是宇宙本体。这是他的哲学开步发始的立足据点，也是他的哲学追求论证的最后目标。

熊十力写了不少书，反复叮咛，不厌其烦，但所申明的，如

---

① 壬辰本，卷下之二，55：b。

② 参看《中国古代思想史论·庄玄禅宗漫述》。

③ 同上书，第6章。

简括起来，也就是上述这点基本思想。有趣的是，熊讲了许多佛学，并批判唯识论，佛学界却认为“熊君于唯识学几于全无所晓”[①]，“惟兄所知佛学太少……强不知以为知，其处亦太多矣”[②]。在佛家正统学者看来，熊不但不懂佛学，而且强把西方哲学如本体论宇宙论之类概念与佛学拉扯在一起，实在是“时俗滥调”，莫大罪过。这倒从反面证明了，熊确乎是把佛学以及西学作为构建自己新儒学体系的手段、桥梁和资料的。根据熊的几次自叙，他是因为对现实失望和对汉学宋学的不满，转而研究佛学，并从研究唯识有宗而研究空宗，终于舍弃“空有二宗”而“归本大易”，《新唯识论》便是“不满有宗之学而引发”、批判唯识论的。尽管佛学家对熊的批判极不满意，但熊的要点本不在批判，不过借批判以树起自己的儒学体系而已。所以，他晚年的《体用篇》一书，便已很少讲佛宗，而是直谈儒学，并说“此书既成，新论两本（指文言文本与语体文本的《新唯识论》）俱毁弃，无保存之必要”[③]。

《体用篇》简明好懂，精炼纯粹，虽写定很晚（五十年代），但可概括和代表他在《新唯识论》中的主要思想。因之，所以本文多所征引。熊谈纯粹哲学，并未涉及政治，其哲学始终处在中国革命洪流之外，也自然地为这一洪流所彻底掩盖。熊所著书及其哲学在中国社会及思想界影响极小，“在现代中国哲学的势力最小，地位最低，而知道他的人亦最少”[④]。从过去到现在均如

---

① 《破新唯识论》，见《新唯识论》，第235页。

② 《吕徵复熊十力书》，见《中国哲学》第8辑，第174页。

③ 《体用篇》，赘语，第5页。

④ 《近五十年中国思想史》，转引自吕希晨、王育民：《中国现代哲学史》，第457页，吉林人民出版社，1984年，长春。

此。纵观未来，恐怕也不会有巨大的变化，尽管今天有人极意抬捧，但似乎不大可能在未来某日会有熊十力哲学热的到来。它毕竟晚产了，已与时代进程脱节。他完成了谭嗣同、章太炎等人的哲学未竟之业，却没有也不可能发生上述诸人的重大思想影响了。它那未经现代观念洗礼的混沌整体哲学观念和直观模糊的思维方式，尽管在外貌上可以近似于某些现代西方哲学（如怀特海），但在基本性质上，是并不相同的。它那活泼的动态、感性、人本精神和直观智慧也许仍可能给后人以诗意的启迪，但就整体说，这晚熟的产品只能以博物馆奇珍的展览品的意义，存留在中国现代思想的历史上。这也正是本文将熊列为现代新儒家之首的重要原因。

二　梁漱溟

就影响和名声说，梁漱溟要大于熊十力。他思想的成熟和著作的发表也较早，是五四时期西化派（陈独秀、胡适等）的对立面。他的主要著作《东西文化及其哲学》（1921 年）曾不断为现代革命人士所批判、反对，但此书与熊十力的著作一样，今天读来仍可以感到某种兴味。这就颇不简单了。

熊十力讲纯哲学，梁漱溟却从文化立论讲哲学。根据自叙，梁自己喜欢佛家，但他从佛改儒，宣讲孔子，是因为“为中国人设想”，反对“浅薄”的西化主张。

> 我从二十岁以后，思想折入佛家一路，一直走下去，万牛莫挽，但现在则已变。……我反对佛家生活，是我研究东西文化问题替中国人设想应有的结论……看见中国人蹈袭西

方的浅薄，或乱七八糟弄那不对的佛学，却可见其人生的无着落，我不应当导他们于至善至美的孔子路上来吗？[①]

梁从不满意五四时期以“与自然融洽”（中）与“征服自然”（西）、“静”（中）与“动”（西）、或有没有科学与民主以及种种“平列的”[②]表面比较来作中西文化的分别，他要求追寻更深一层的中西文化相区别的原因或因素。这个因素，梁追寻到底，认为就是“意欲”（Will）：

你且看，文化是什么东西呢？不过是那一民族生活的样法罢了。生活又是什么呢？生活就是没尽的意欲（Will）……和那不断的满足与不满足罢了。[③]

梁曾列举中西文化的各类差异，如“学”（西）与“术”（中）、“喜新”（西）与“好古”（中）、“法治”（西）与“人治”（中）、“剖析”（西）与“直观”（中）、“平等”（西）与“尊卑”（中）、“个体”（西）与“家族”（中）、“社会公德”（西）与“伦常私德”（中）……等等，然后指出，所有这些差异有其共同的根本原因，这个根本原因不在客观，即不是地理环境或经济变迁

---

① 《东西文化及其哲学》自序，商务印书馆三版本，第2—3页。

② 梁引李大钊所列举的中西比较为例：“一为自然的，一为人为的；一为安息的，一为战争的；一为消极的，一为积极的；一为依赖的，一为独立的；一为苟安的，一为突进的；一为因袭的，一为创造的；一为保守的，一为进步的；一为直觉的，一为理智的；一为空想的，一为体验的；一为艺术的，一为科学的；一为精神的，一为物质的；一为灵的，一为肉的；一为向天的，一为立地的；一为自然支配人间的，一为人间征服自然的。”同上书，第23页。

③ 《东西文化及其哲学》，第24页。

所决定，也不是唯物史观所讲的生产力；而在主观，即这些文化差异是因主观的不同“精神”所决定的。这“精神”不只是意识，而是比“意识”远为广大的生活动力，亦即是梁所说的“意欲”。

> 我以为人的精神是解决经济现象的，但却非意识能去处置他。……欧洲人精神上有与我们不同的地方，由这个地方既直接的有产生“德谟克拉西”之道，而间接的使经济现象变迁以产生如彼的制度……①
>
> 考究西方文化的人，不要单看那西方文化征服自然、科学、德谟克拉西的面目，而需着眼在这人生态度、生活路向。②

把文化归因为生活路向和人生态度，把生活和人生又归因为“意欲”的不同精神，这就是梁漱溟的文化哲学。梁认为，西方文化是“以意欲向前为根本精神”，“中国文化是以意欲自为调和折中为其根本精神”，“印度文化是以意欲反身向后要求为其根本精神”③。中、西、印三种文化的不同“就是生活中解决问题方法的不同”：西方是“遇到问题……对于前面的下手，这种下手的结果就是改造局面，使其可以满足我们的要求”。中国则是“遇到问题不去要求解决，改造局面，就在这种境地上求我自己的满足”。印度则是“遇到问题，他就想根本取消这种问题或要求”④。

---

① 《东西文化及其哲学》，第 47 页。
② 同上书，第 57 页。
③ 同上书，第 55 页。
④ 同上书，第 53—54 页。

解决生活问题还并不就是生活本身，更不就是解决了人生意义问题。那么，究竟什么是生活，什么是人生意义？什么是“生活”与“解决生活问题”的区别呢？梁从这里较深入地接触了哲学根本问题。梁说：

> 要晓得离开生活没有生活者，或说，只有生活没有生活者——生物。再明白地说，只有生活这件事，没有生活这件东西，所谓生物只是生活。宇宙完成于生活之上，托于生活而存者也。①
>
> 当我们作生活的中间，常常分一个目的、手段。譬如避寒避暑、男女之别，这是目的。造房子，这是手段。如是类推，大半皆这样。这是我们生活中的工具——理知——为其分配打量之便利而为分别的……若处处持这种态度，那么就把时时的生活都化成手段——例如化住房为食息之手段，化食息为生殖之手段——而全一人生生活都倾欹在外了。不以生活之意味在生活，而把生活算作为别的事而生活了。其实，生活是无所为的，不但全整人生无所为，就是那一时一时的生活亦非为别一时生活而生活的。……事事都问一个“为什么”，事事都求其用处……这彻底的理智把直觉、情趣斩杀得干干净净，其实我们生活中处处受直觉的支配，实在说不上来“为什么”的。②

这就是说，生活就是此时此刻的自意识的当下存在，它本身

---

① 《东西文化及其哲学》，第48页。

② 同上书，第133—134页。

即是目的，即是意味，即是人生，而并不在于别处。不能把生活化为手段，化为工具性的生活者和理性的存在物。除了理智，生活更重要的是情感、直觉、情趣。梁漱溟并未能预见现代存在主义哲学的出现，但他从中、西、印文化的比较角度，却相当敏锐同时又相当肤浅地提出了与“此在”有关的问题。他当时浅尝辄止，并未深入探究这个深刻的哲学问题。因为他的兴奋点集中在如何能从这里论证儒家孔子的特征和优越性。梁说，“孔子的东西不是一种思想，而是一种生活”①。因之，中西文化之异便根本不是历史阶段的差异，不是西方比中国更先进，而是所选择和采取的生活“路向”的区别。作为中国路向代表的孔子所强调的“仁”，就是一种超功利的“无所为而为”的生活和生活态度。这种生活和生活态度因超功利，所以不用理智而重情感和直觉，这样也才能“不管得失成败利钝而无时或倦，所谓知其不可而为之。在以理智计算者知其不可则不为矣，知其不可而为之，直觉使然也”②。这种直觉的生活态度也就是儒家的“乐天”、“知命”，也就是宋明理学讲的“孔颜乐处”，亦即是“仁”。在这种生活中，直觉、情感是比理智更根本的东西，“孔家本是赞美生活的，所有饮食男女本能的情欲都出于自然流行，并不排斥；若能顺理得中，生机活泼，更非常之好的。所怕理智出来，分别一个物我而打量计较，以致直觉退位，成了不仁。所以朱子以无私心合天理释仁，原从儒家根本的那形而上学而来，实在大有来历。……仁就是本能情感、直觉”③。但梁又认为，纯任直觉、情感也不行，

---

① 《东西文化及其哲学》，第214页。
② 同上书，第139页。
③ 同上书，第128页。

还是需要具有理智因素在内的“回省”和理智性的“中庸”：

> 孔子之作礼乐，其非任听情感而为回省的用理知调理情感，既其明了，然孔子尚有最著明说出用理智之处，则此中庸之说是也。……于直觉的自然求中之外，更以理智有一种拣择的求中。双、调和、平衡、中，都是孔家的根本思想。①

这也就是梁所谓的：“（一）西洋生活是直觉运用理智的；（二）中国生活是理智运用直觉的；（三）印度生活是理智运用现象的”②。

总之，在梁看来，中西文化具有根源的不同，这根源在于由意欲的不同行进方向而造成的生活的不同。这生活的不同又表现为理智与情感、直觉的关系的不同，表现为它们与处理人生的态度的关系的不同。在梁看来，“西洋人近世理智的活动太盛太强……人对人也是划界线而持算账的态度，成了机械的关系。……至于精神生活一面，也是理智压倒一切”③。“然而他们精神上也因此受了伤，生活上吃了苦。这是十九世纪以来暴露不可掩的事实”④。“西洋人风驰电掣地向前追求，以致精神沦丧苦闷，所得虽多，实在未曾从容享受”⑤。对比起来：

> 虽然中国人的车不如西洋人的车，中国人的船不如西

---

① 《东西文化及其哲学》，第144页。
② 同上书，第158页。
③ 同上。
④ 同上书，第63页。
⑤ 同上书，第152页。

洋人的船……中国人的一切起居享用都不如西洋人，而中国人在物质上所享受的幸福，实在倒比西洋人多。我们的幸福乐趣，在我们能享受的一面，而不在所享受的东西上——穿绵缎的未必便愉快，穿破布的或许很乐。①

西洋人是要用理智的，中国人是要用直觉的——情感的；西洋人是有我的，中国人是不要我的。在母亲之于儿子，则其情若有儿子而无自己；在儿子之于母亲，则其情若有母亲而无自己；兄之于弟，弟之于兄；朋友之相与都是为人可以不计自己的，屈己以从人的。他不分什么人我界限，不讲什么权利义务，所谓孝弟礼让之训，处处尚情而无我。……家庭里、社会上处处都能得到一种情趣，不是冷漠、敌对、算账的样子。②

这也就是所谓建筑在人际情感关系基础上的"东方精神文明"胜过建筑在个人主义竞争基础上的"西方物质文明"的"著名"代表论调。梁把这论调赋予上述意欲——生活——理智抑直觉情感的哲学理论的解说。

梁在叙述了"机械实在是近古世界的恶魔"③，机械生产带来资本主义社会的痛苦，以及引起社会主义等等之后，认为，"人类文化要有一根本变革：由第一条路向改变为第二条路向，亦即由西洋态度改变为中国态度"④。因为社会、经济等"低的

---

① 《东西文化及其哲学》，第151页。
② 同上书，第152—153页。
③ 同上书，第99页。
④ 同上书，第162页。

问题”解决之后，精神问题、情感问题等“高的问题”就会出来，人的情感愈益敏锐发达，人生苦恼也就愈来愈多，“以对物的态度对人，人类渐渐不能承受这态度……以前人类似可说在物质不满意的时代，以后似可说转入精神不安宁时代。物质不足必求之于外，精神不宁必求之于己”①。因此，或者彻底否认人生、生活，这就是宗教亦即印度文化的“路向”，或者“于人生中为人生之慰勉”，把情感、直觉寄托在人生、生活本身，不让情欲因不断向外追求而陷于“焦惶慌怖苦恼杂凑”之中，而是无欲、无我、超功利、超理智，与自然、宇宙“融合无间”，“什么人生有意义无意义，空虚不空虚，短促不短促，他一概不晓得”②，即忘怀得失与道合一的人生态度，即以孔子儒学为本的中国“路向”，这是一种“似宗教非宗教，非艺术亦艺术”的精神境界。这样，也就能解决人生意义的苦恼和精神无着落等问题。所以，“质而言之，世界未来文化就是中国文化的复兴”③。

既然如此，梁便认为，今日对待西方文化只能批判地接受和根本地改造，最重要地还是“批评地把中国原来态度重新拿出来”④：

> 明白的说，照我的意思，是要如宋、明人那样再创讲学之风，以孔、颜的人生为现在的青年解决他烦闷的人生问题。……有人以五四而来的新文化运动为中国的文艺复兴，

① 《东西文化及其哲学》，第166页。

② 同上书，第168页。

③ 同上书，第199页。

④ 同上书，第202页。

其实这新运动只是西洋化在中国的兴起，怎能算得中国的文艺复兴？若真中国的文艺复兴，应当是中国人自己人生态度的复兴，那只有如我现在所说可以当得起。①

只有在复兴起这种“孔颜乐处”的人生态度的基础之上，才可以去学习西方。“只有踏实的奠定一种人生，才可以真吸收溶取了科学和德谟克拉西两精神下的种种学术、种种思潮而有个结果。否则我敢说新文化是没有结果的”②。

这便是梁的最后结论。

在打倒传统和西化浪潮的高峰中，梁举起儒学孔家的旗帜，重新解释和估计传统，真可说是勇敢地“逆天下潮流而动”。与熊十力相比，梁的理论中更明显地可以看出西方哲学的影响，例如关于“意欲”、关于“直觉”、关于理知与情感、生活的关系等等，都可以看到柏格森、倭铿（梁曾提到他们）以及叔本华（梁未提）等人的影响。尽管维护传统，梁已经在开始走出传统。那么，具体地说，梁又在哪些方面，在什么意义和程度上，是承续着又突破着儒学的呢？梁说：

宋学虽不必为孔学，然我们总可以说，宋人对于孔家的人生，确是想法去寻的。他们对于孔子的人生生活，还颇能寻得出几分呢！③

荀卿虽为儒家，但得于外面者多，得于内心者少。他之

---

① 《东西文化及其哲学》，第199页。
② 同上书，第202页。
③ 同上书，第148页。

> 说性恶，于儒家为独异。……从孔子那形而上学而来之人生观察，彻头彻尾有性善的意思在内，而荀卿苟得孔子之意志，亦必不为性恶之言矣。汉人传荀卿之经，孔子人生思想之不发达，固宜。①

很明显，反对向外寻求，强调从内心去追寻人生之道，“反身而诚”，反求于已，从心性立论，等等，这在根本上是遵循着宋明理学的哲学路线的。同时，梁又说：

> 我不喜欢用性理的名词，在孔子只有所谓人生，无所谓性理。性理乃宋人之言，孔子所不甚谈者。戴氏（指戴震）之思想对于宋人反抗……其以仁义礼智不离于血气心智，于孔孟之怀盖无不䜣合……有此反动，实为好现象②。

> “刚”之一义也可以统括了孔子全部哲学。……“刚”就是里面力气极充实的一种活动。……我今所要求的，不过是要大家往前动作，而此动作最好要发于直接的情感，而非出自欲望的清虑。孔子说，枨也欲，焉得刚？大约欲和刚都像是很勇的往前活动，却是一则内里充实有力，而一则全是假的——不充实，假有力。一则其动为自内里发出，一则其动为向外逐去。③刚者，无私欲之谓。④

① 《东西文化及其哲学》，第146页。
② 同上书，第150页。
③ 同上书，第211页。
④ 同上书，第139页。

看来，梁一面要求肯定人的情感、直觉、意欲等感性存在，并不完全赞同宋明理学的禁欲主义倾向，另一面又要求严格区分道德的感性力量与欲望的感性冲动，在这方面又完全赞同和承继着宋明理学。所以，与熊十力有所不同，梁漱溟肯定宋明理学的“寂”、“静”、“无欲”等等，认为它们是“体”，感通是“用”；同时认为这种“寂”、“静”、“无欲”都是为了求得一种心理状态的平衡，即“中庸”，即“仁”，它并不脱离感性。总起来看，重情感、直觉、生活，轻概念、思辨、逻辑，认为此时此刻的生活本身就是本体，这就是梁的基本哲学思想。

熊十力是从纯粹哲学形而上学上，梁则主要从文化哲学上，殊途同归地承继和发展了儒学传统和宋明理学。与熊相同，梁也以《周易》为依据，说“中国这一套形而上学……大约都具于《周易》”[①]。与熊相同，梁也盛赞生命，说，“生字是最重要的观念，知道这个就可以知道所有孔家的话”[②]。与熊相同，梁也强调生活的活泼、流动、感性愉悦。与熊相同，梁也强调中国传统的天人合一，人与自然、宇宙的“契合”一致，反对求于外而主张“反身而诚”，求于内心。与熊相比，梁的特点在于从文化角度突出了西方现代生活因异化而带来的困惑、苦恼、失落感等等情感方面问题。梁作为与陈独秀、胡适、鲁迅同时的五四时期的思想领袖，相当敏锐地展示了中国近现代第二代知识分子的感受敏锐、思路开阔、建立思想范式（paradigm）的独创精神。直到今天，谈中国文化和中西文化比较，很多人便仍然停留在梁所规范所描述的框架和问题中。

---

① 《东西文化及其哲学》，第117页。

② 同上书，第121页。

然而，梁毕竟处在中国前现代化的阶段，尽管他提出的问题似乎涉及后现代化[①]，但由于他没有经历过现代化所必然包含的科学化的洗礼，梁的这些思想本身以及他的论点、论证和概念、范畴，便显得相当模糊、笼统和粗糙。这一点在当时就被西化派所抓住。胡适批评说：

> 梁先生的出发点就犯了笼统的毛病，要想把每一大系的文化各包括在一个简单的公式里，这便是笼统之至。事实上完全不是那一回事。印度的宗教何尝不是极端地向前要求？梁先生曾提及印度人“自饿不食，投入寒渊，赴火觅灼……”是向后吗？还是极端的奔赴向前，寻求那最高的满足？……这种人是不是意欲极端的向前要求？[②]

陈独秀批评说：

> ……他说“富于情感是东方人的精神”。又说，“这情感与欲望的偏盛是东西两文化分歧的大关键”。他这两层意思，我都不大明白。情感果然都是美吗？欲望果然都是恶吗？情感果然能绝对离开欲望吗？……欲望情感的物质的冲动是低级冲动，是人类的普遍天性（即先天的本能，他自性没有善恶），恐怕没有东洋西洋的区别。欲望情感的超物质的冲动，是高级冲动，也是人类的普遍天性，也没有东洋西

---

① 参看本书《漫说“西体中用”》。
② 胡适《读梁漱溟先生的东西文化及其哲学》。

洋的区别。所以，就是极不开化的蛮族也有他们的宗教。①

这些批评未必击中要害。如果不以辞害意，梁对中国文化和哲学的观察有其深入的一面。与鲁迅揭示“国民性”的劣根性一面相反，梁着重揭示了贯彻在“国民性”中的中国传统和哲学优良的一面。这一面也许被他极大地夸张了，但以所谓“似宗教非宗教，非艺术亦艺术”作为儒学的人生态度和极高境界，以及认“仁”、“乐生”、“刚健”、“情理中和”为儒学基本精神，这在今天看来，也还是有其描述的准确性的。

但毋庸讳言，梁的论点、论证和概念、范畴不但都极不清楚，经不起认真的分析推敲，例如究竟什么是“直观运用理知的”和“理知运用直觉的”，梁当时自己便声明是“拙笨不通的话”②。而所谓“直觉”、“理知”、“情感”、“欲望”、“意欲”以及“向前”、“向后”，等等，也如此。把这些心理学的现象和词汇与哲学形而上学以及社会学、文化学混在一起讲，就更加浑沌一团，难以真正解释说明问题。梁只是比较敏锐地描述了中国传统文化及其哲学的一些现象，这些现象的本质、内容、由来、演变，则并未能真正涉及。例如，梁对不同文化的起源，即他所说的“走这条路是怎样走上去的呢”的问题的回答就是非常简单肤浅的。他认为这是少数天才创造的结果：“中国之文化全出于古初的几个非常天才之创造。”③并且认为“我总觉得中国古时的天才比西洋古时的天才天分高些，即此便是中国文化所由产生的

---

① 《独秀文存·基督教与中国人》，第411页。

② 《东西文化及其哲学》，第158页。

③ 同上书，第154页。

缘故”[1]。这就可说完全回到圣人创制立教和盲目自大的庸俗说法了。而以情感直觉、理知相区分等粗糙简略的心理学观念来解说文化、人生、生活，也毋宁是相当表面的。

中国近现代是从前现代走向现代化，因之这种不满意资本主义、尖锐揭示西方现代化社会的病痛，要求以中国传统来补救的理论，在客观历史上却恰恰成了阻碍中国前进的绊脚石，它具有某种民粹主义的性质和色彩[2]。社会斗争和政治逻辑使梁的理论成为保守派所欢迎的思想学说。这也就是为什么梁漱溟七十余年一直为西化派、为马列主义者所批判所冷淡，在几代青年中并无影响的根本原因。

三　冯友兰

现代新儒学的第三位主要代表冯友兰，与熊十力、梁漱溟有显著不同。他不仅受过严格的现代学校和哲学的基本训练，留学美国，用英文发表过论著，而且，他完全是一个学院派教授而不是革命家（熊）或社会活动家（梁）。如果说，熊、梁之从事哲学，如他们自己所认为“都不是专家之业”，那么，在冯这里，却已是“专家之业”，而且如同现代西方一样，是大学教授们的专门职业了。梁漱溟直到晚年还一再声明，他并不是研究学问的专门家，而是直接致力于改造社会的“实践者”。冯友兰却不然，他一生在讲授中国哲学史的课堂上度过，只是他不满足于做

① 《东西文化及其哲学》，第154页。

② 参看拙作《中国古代思想史论》、《中国近代思想史论》，梁一生致力于乡村建设运动，也表现出这一点。

哲学史家，而是想通过哲学史建立起自己的哲学。继三十年代《中国哲学史》上下册出版后，在三十年代末四十年代初，他推出了自己的“贞元六书”的哲学体系[①]，成为真正以自己的哲学体系获得了比较广泛声望，成为世界公认的中国现代哲学家。

梁漱溟《东西文化及其哲学》有“极高明而道中庸”的提法，但只作了非常简单的说明。到冯友兰这里，这一命题被赋予了真正哲学的深刻解释，并成为冯的哲学体系的中心。

冯自觉地以程朱理学为自己的直接先驱，声明自己不是“照着讲”而是“接着讲”，即是继承而又改造发展着中国传统哲学，尽管也吸取承继了名家、道家、玄学、禅宗等的“不着实际”的哲学特色，但其基本核心和主要内容却是承继和发展程朱理学而来。冯给自己的哲学命名为“新理学”：

> 宋明道学没有直接受过名家的洗礼，所以他们讲的，不免著于迹象……新的形上学，须是对于实际无所肯定的，须是对于实际虽说了些话，而实是没有积极地说什么的。……利用现代新逻辑学对于形上学的批判，以成立一个完全“不著实际”的形上学。[②]

冯又说：

> 哲学中之观念、命题及其推论，多是形式的、逻辑的，而不是事实的、经验的……例如“凡人皆有死”之命题，在

① 四十年代为冯的思想高峰，此后的冯，不在本文范围之内。

② 《新原道》，第113页。

新逻辑中之形式为“对于所有的甲，如果甲是人，甲是有死的”，此对于实际中有否人之甲，并不作肯定；但肯定，如果有是人之甲，此是人之甲是有死的……哲学对于真际只形式地有所肯定，而不事实地有所肯定。①

在新理学的形上学的系统中，有几个主要的观念，就是理、气、道体及大全……这四个观念是没有积极的内容的。……四个形式的观念，就是从四组形式的命题出来的。②

所谓“理”就是各个事物之所以为各个事物的依据，“山之所以是山而不是非山，必因山有山之所以为山”，这个“所以为山”就是“山之理”，总所有这些“理”就是“理世界”，也就是“太极”。这个“理世界”的“太极”在逻辑上（而不是在事实上或时间上）先于实际的世界。它就构成了一个富有无限可能性的所谓“冲漠无朕，万象森然”的“洁净空阔的世界”。

所谓“气”就是事物的存在。这个存在又是不指具体事物的具体存在，而是指这具体事物存在的基础，即“一切事物所有以能存在者。而其本身，则只是一可能的存在……这就是新理学中所谓真元之气”③。

“气”不等于“理”。因为，“有存在之所以为存在者，不必即有存在”④。“理”是此物之所以成为此物的依据、规律，但此物能存在却不是“理”所能保证，这就要靠“气”的可能性的

---

① 《新理学》，第9—10页。

② 同上书，第114页。

③ 同上书，第116页。

④ 同上。

存在。所以，“气”在这里又并不是某种具体的物质、事件，而仍然只是一种逻辑上的存在，“只是一种可能的存在”。所以，冯又说，“气并不是什么，所以气是无名，亦称为无极。”①

于是，实际的存在便是“理”“气”不离，是“理”（太极）在“气”（无极）中的实现，或者说“无极”（“气”）来实现“太极”（“理”）。而这，就是“流行”。“流行”的总体便是“道体”。“道体就是无极而太极的程序”②。而所谓“大全”就是“一切底有的别名”，也就是宇宙。但不是物质的宇宙，而是所谓“太一”、“大一”、“妙一”，亦即哲学上讲的“一即一切，一切即一”。这个“一”、“大全”也仍然是形式的、逻辑的，并不指实际世界的有、关系等等。

“新理学”认为自己的任务就在提出这四组逻辑命题、四个形式观念，从而继承并纠正中国传统哲学：

> 易传所说的道，近乎我们所谓理，而又不纯是理。道家所说的道，近乎我们所谓气，而又不纯是气。……它们所表示的还不是“物之初”。此所谓“物之初”不是就时间说，是就逻辑说，理与气是“物之初”，因为理与气都是将事物分析到最后所得底。③

“理”、“气”这种新解释，似乎酷似亚里士多德的形式与质料（或形式之形式与质料之质料），但不同的仍在冯这里是纯逻

① 《新原道》，第116页。
② 同上书，第117页。
③ 同上书，第119页。

辑观念，亚里士多德那里还残存着具体的、实际的即如冯所批评的“图画式”（即仍具有现实形象）的内容的。

进一步的问题便是，构造这样一种“不着实际”的逻辑，这样一种完全虚空的哲学观念和哲学究竟有什么意义？冯回答得非常明确：没有什么实际的用途、成果或意义，但是它能提高人的境界：

“新理学知道它所讲的是哲学，知道哲学本来只能提高人的境界，本来不能使人有对于实际事物的积极的知识，因此亦不能使人有驾驭实际事物的才能”①。但是，“这些观念可以使人知天、事天、乐天以至于同天。这些观念可以使人的境界不同于自然、功利及道德诸境界……则哲学的无用之用，也可称为大用”②。

这就是说，哲学之所以为哲学，并不在于能使人获得任何具体的才能、知识、经验、智慧，并不在于能使人更有效地征服自然改造社会，而只在能使人提高自己的精神境界。提高了精神境界便自然而然会更聪明、更勇敢、更有效地处理任何实际事务。冯友兰认为自己这种哲学能使人所谓“经虚涉旷”而“廓然大公”，这也就是“圣人”的境界。所以这种哲学讲的是“使人成为圣人之道”③的学问。

而“圣人最宜于做王”。因为，“在他的境界中，他不与万法为侣，真是‘首出庶物’，所以他最宜于做社会的最高领袖”④。这就是说，正因为“圣人”的人生境界是超越了自然、功利、道

① 《新原道》，第 121 页。
② 同上书，第 122—123 页。
③ 同上书，第 123 页。
④ 同上。

德种种境界，超越了万事万物，所以也就能领导、指引万事万物。从而，“新理学是最玄虚的哲学，但它所讲的，还是内圣外王之道”①。从最不落实际、扔开任何现实具体内容的形式的、逻辑的观念开始，最终却结束在这非常具体、实际的结论中。这就是“新理学”的基本特征之一。

可见，与熊、梁相同，冯也是以“内圣”驭“外王”，即强调提高人的精神境界、人生境界（“乐天”、“同天”），作为哲学和生活的根本所在，这明显是承接着宋明理学的传统的。但与熊、梁又不同，冯以其现代西方哲学方法论和逻辑学的训练，通过严谨的逐步推理，构造出一个纯形式纯逻辑的框架体系，这就与熊、梁的直观的总体把握方式有根本的区别。不仅把握方式不同，而且也有了内容、气质的不同。冯友兰的“新理学”哲学没有熊十力体系的活泼流动的冲力，也没有梁漱溟体系强调此在生活的性格，它变得谨严而理智。与熊强调“体用不二”恰好相反，冯强调的是“理世界”的主宰性。与梁强调的“情感直觉”恰好相反，冯重视的是逻辑分析。与熊、梁那种变动不居的活泼本体（生命、生活、情感、直觉）不同，冯这里是秩序井然的静态本体。“新理学”自称承续程朱而非陆王，也可以看出冯与熊、梁的不同。但熊、梁的活泼、整体、直观等特色是前现代的哲学性格和非理性特征，冯却具有现代的哲学的科学性格和理性精神。

《新理学》作者虽然声称其哲学并不对实际有所主张或肯定，但仍然对文化、道德、社会、政治各方面作了大量论说。例如，依据“新理学”的哲学，从“别共殊”、“明层次”出发，指

---

① 《新原道》，第123页。

出中西文化并非各自特殊的类型，而是时代阶段的差异，即世界各文化乃古今时代之分而非中西地域之异，“一般人心目所有之中西之分大部分都是古今之异”[①]，“各类文化本是公共底，任何国家或民族俱可有之，而仍不失其为某国家或某民族”[②]。这就是说，文化的“理”是公共的，是各民族都有和必然会有的共相，但分别到每一具体民族、国家又各表现为不同形态即个性、特殊。冯明显强调的是共相，是“理世界”，所以中西文化便遵循着共同的规律（理），只是发展阶段不同罢了。

这与梁漱溟强调中西文化是一开始便是“路向”、“性质”的差异，完全相反。冯强调的是共性（一般），梁则是个性（特殊）。冯在《新事论》一书中的许多地方都用社会生产状态（农业还是大工业）、“经济制度”（“家本位”还是“社会本位”）来解释文化和各种社会现象，认为“中国现在所经之时代，是自生产家庭化的变化转入生产社会化的文化之时代，是一个转变时代”[③]，这里似乎有着唯物史观的影响痕迹。从此出发，冯赞赏“清末人”实际是指张之洞等人的买机器办实业[④]，而批评“民初人”实际是批评五四运动太着重文化，认为这反而耽误和延续了前者，以致中国未能富强。

这个具体看法并非完全没有道理[⑤]。但这个道理却从“新理学”那个“经虚涉旷”的哲学体系中推演不出来。那个“理世

① 《新事论》，第 14 页。

② 同上书，第 17 页。

③ 同上书，第 72 页。

④ 这可能也受陈寅恪“思想囿于咸丰同治之世，议论近乎湘乡（曾）南皮（张）之间”的影响。

⑤ 参看本书《漫说“西体中用”》。

界”虽号称具有一切事物的可能性（即事物必然出现之“理”），但丝毫没有在逻辑上也不可能推出任何具体的现实性。那么，这具体的现实性的结论如何来的呢？为何中西之分乃古今之异呢？“新理学”并没能从自己哲学中真正理论地引申出来。

“新理学”体系本身只是一个逻辑的空架子，它缺乏的正是这种现实的历史观念。因之，在这个“理世界”内如何运动迁移，即变化之“理”与其他的“理”在“道体”、“大全”内是何种关系，如何联结、沟通等等，冯并未谈到。他所反复申言的只是，“理”和“理世界”是不变的，实际世界是变化的。冯再三强调和以之为自己哲学核心的便是这个不变的共同的、普遍的、抽象的“理”。

> 不变的是社会或某种社会所必依照之理，变者是实际的社会，理是不变的，但实际的社会除必依照一切社会所必依照之理外，可随时变动，由依照一种社会之理之社会可变为依照另一社会之理之社会。①

一定社会、阶级、团体的“理”规定了一定的制度、道德、标准、规则，不同社会的“理”便有不同的制度、道德标准、规则。这种种都是“合理的”，但在不同层次却有事实上的不同或冲突。例如强盗团体有自己的道德，如勇敢、公平、义气等等，但强盗团体本身以及其道德对社会来说却又是不道德的。又例如，“负战争责任之国家之战争行为若从一较高的社会之观点

① 《新理学》，第175页。

看，是不道德的，但其勇敢的兵士之行为，还是道德的”[1]，战争可以是不道德的，但并不能因此而认为兵士勇敢作战为不道德。可见，有超越各种具体的变化着的实际道德之上的共同道德，这就是不变的“理”。它不是维系某一具体社会存在之“理”，而是维系所有社会存在的“理”。“大部分的道德是因社会之有而有的，只要有社会，就需有这些道德，无论其社会是哪一种体的社会，这是不变的。道德无所谓新旧，无所谓古今，无所谓中外”[2]。“我们是提倡现代化的，但在基本道德这一方面是无所谓现代化的……社会制度是可变的，而基本道德则是不可变的。……如所谓‘中学为体西学为用’者，是说组织社会的道德是中国人所本有的。现在所须添加者是西洋的知识、技术、工业，则此话是可说的。……中国所缺的，是某种文化的知识、技术、工业，所有的是组织社会的道德”[3]。“这种道德中国人名之曰常，常者，不变也。照中国传统的说法，有五常，即仁义礼智信”[4]。

> 五常……不是随着某种社会之理所规定之规律而有，而是随着社会之理所规定之规律而有。而这也就是“至善”。按照这种“道德的本质办法”去办事，先圣后圣，若合符节，即完全一致，可见道德中的至善及时中所依据的是客观（理）而非主观（心）的。

---

① 《新理学》，第170页。
② 《新事论》，第220—221页。
③ 同上书，第228—229页。
④ 同上。

……阳明之意亦不过是说，我们有良知；我们的良知，遇见事物自然而然知其至当处置之办法，我们只须顺我们的良知而行……究竟我们是否有如此的良知，现在不论。我们只问：所谓至当处置之办法，或所谓“天然之中”本是本然的有，不过我们良知能知之？抑或是此所谓至当或“天然之中”不是本然的有，而是我们的良知所规定者？若是我们的良知所规定，我们的良知于作此规定时，是随便规定，抑系于某种情形下，对于某种事物之处置必作某种规定？我们不能说，我们的良知可随便规定，因为如果如此，则即没有一致的道德的标准；逻辑上不能如此说，事实上亦无人如此主张。如说我们的良知于某种情形下，对于某种事物之处置，必作某种规定，此即无异说于某种情形下，某种事物之正当的处置办法，自有一定的，无论何人，苟欲于此求至当，必用此办法。此即无异说，所谓至当或“天然之中”本是本然的有，不过我们良知能知之[1]。良知即我们知之智者，我们的知愈良，即我们的知愈智。[2]

解“仁”（良知）为“智”，以“理”的客观性代替“心”的主观性，以不变的、公共的、超越的“理”和“理世界”来君临、主宰、对应变化、流动、活泼的实际世界，冯很明显地不同于熊、梁。如果说，熊只是耳闻某些西方哲学，梁拾取了西方哲学的某些重要观念（如“意欲”“生活”），那么，冯则自觉利用西方现代哲学来处理和建构自己的中国哲学。从上面所摘引的这

① 《新理学》，第187页。
② 同上书，第193页。

些段落，便可以从内容（基本观念）和形式（论证方式）上见出冯的这种特色：注意概念的清晰明白，论理的周详细密，强调哲学的逻辑性质。他用罗素等人的逻辑哲学和新实在论来承接和改造中国传统哲学，企望开孔孟儒门和宋明理学的“新统”。冯把程朱理学的“理”、“气”等基本范畴提升为完全舍去实际内容的极度抽象的逻辑世界，但又仍然落实在肯定现实世界各种制度、道德、规范、标准上，以“理”来论证“一切现实的都是合理的”。而这也就是“极高明而道中庸”。

冯既然在哲学路线上迥然不同于熊、梁，一重感情、生命、具体、冲力，一重理性、逻辑、抽象、稳态，但又所以仍然与熊、梁同属于现代新儒家，是不但因为冯自觉地明确地以承继发展程朱理学为目的，而且更重要的是，他提出了一个与“大全”同体的“大仁”，即所谓“天地境界”。这个境界高出于自然境界、功利境界和道德境界，它是由“穷理”“尽性”而“知天”“事天”从而达到“同天”。这与熊、梁所追求的宇宙精神、人生境界又是完全一致的：

“我们是以致知入手而得大全”①，“能自大全之观点以观物并自托于大全，则可得到对于经验的超脱及对于自己的超脱”②，“在超乎自己之境界者，觉其自己与大全，中间并无隔阂，亦无界限，其自己即是大全，大全即是其自己，此即所谓‘浑然与物同体’”③，“达到超乎经验，超乎自己之境界，而

① 《新理学》，第310页。
② 同上书，第305页。
③ 同上书，第311页。

又自知其达到此境界，则即可享受此境界”①。“一个人自同于大全，则我与非我的分别，对于他即不存在。……此等境界，我们谓之同天。……知天、事天、乐天等，不过是达到此等境界的一种预备”②，这种“同天”的“天地境界”，冯友兰说也就是儒家传统所说的“仁”、“诚”。它是超越经验、超越思辨、“不可思议”、“不可言说”的。“但不可思议者，仍须思议以得之，不可了解者，仍须以了解了解之。以思议得之，然后知其是不可思议的……学者必须经过思议，然后可至不可思议。经过了解，然后可至不可了解的。不可思议的，不可了解的，是思议了解的最高的得获”。③

追求“与天地万物同一”的形上的人生境界，是宋明理学以及熊十力、梁漱溟所共有的一种基本特质。把这种人生境界建筑在个体的不断修养、“觉解”上，即以“内圣”之道作为根本，以讲个体修养，从而达到最高人生境界为哲学的根本，是这个传统的基本特色。在这些基本方面，冯是与他们完全一致的。所以冯也同样贬低荀子、汉儒、陈亮，等等。他们的哲学作为体系的主要不同在于，熊以“心物不二”翻成宇宙论本体论，梁以情感、直觉作为文化哲学，都注意了感性的、人本的、动态的生命方面；冯则以逻辑的本体论建构强调了理性和理智的一面。以上述“不可思议”、“不可了解”、“不可言说”的“天地境界”来说，冯立论是必须通由“思议”、“了解”、“言说”而去达到，但熊、梁却强调通由理智、言说、思议、了解，不可能达到。因之，冯的这种“达到”便常常可以只是一种“认知”，而并非体

① 同上。

② 《新原人》，第96页。

③ 同上书，第98—99页。

验。不是以直觉、情感、冲力而是以“思议”、“了解”、“言说”来论证、说明、认知这个本体——精神境界，所以冯提出的仍然主要是“知”的方面。熊、梁强调的却正是不通由“知”的“体验”。总之，冯的主知特色在中国现代哲学以强调主观作用的主流（无论是共产党还是国民党，还是新儒家）中，是比较罕见和孤立的。同时在理论上也显得比较单薄，但它之优越于前人处在于它把现代性的逻辑论证和科学方法带进了这个领域。

冯友兰虽然只比梁漱溟小两岁，却是梁的学生辈。就整个中国近现代思想逻辑的六代说，他属于第三代。这一代知识分子的有成就者，大抵是在一些具体专业领域（政治、军事、学术……）开创一些具体的范式，它与第二代的范式不同，它们更为科学、更为实证、更为专门化，而不像上一代那样，虽宽广、开阔、活泼却模糊、笼统、空泛。这也是瞿秋白、毛泽东、冯友兰、陈寅恪、顾颉刚等人不同于李大钊、陈独秀、胡适、梁漱溟、钱玄同等人所在。这些就只能另文再论了。

四 牟宗三

牟宗三是本文所拟简述的第四位。与冯友兰一样，牟也是大学讲堂上的专业哲学家。这种现代型的哲学家之特色之一，便是哲学作为其专业，与其个性人格以及行为规范并无直接必然的联系，这也许正是冯、牟之不同于熊、梁所在。熊、梁属于前现代，道德人格与学问知识仍是混而未分，要求同一。讲堂哲学的哲学家却并不要求自己和自己的哲学具有直接实践的和同一的性格。

与冯友兰通过哲学史的研究和著述来提出和阐释自己的哲学相同，牟宗三也是通过大量哲学史的论述，来提出和阐发自己的哲学观点及体系的。他是熊十力的学生，严厉批评了冯友兰，要求回到“生命”：

> 理性之了解亦非只客观了解而已，要能容纳生命中方为真实，且亦须有相应之生命为其基点。否则未有能通解古人之语意而得其原委者也。①

牟的中国哲学史的著名命题，是高扬陆王，贬抑程朱，一反传统旧说，认为程颐朱熹是以《大学》为主旨的“别子为宗”，真正承继孔子，以《论》、《孟》、《中庸》、《易传》为主的是其他宋明大儒，而特别是胡、刘②。

牟分析理学之“理”有多种含义，认为宋明理学家讲的乃是“性理之学”即“心性之学”，这“性理之学”“亦道德亦宗教，即道德即宗教，道德、宗教通而一之者也”。“盖宋明儒讲学之中点与重点惟是落在道德的本心与道德创造之性能（道德实践所以可能之先天根据）上……此心性之学亦曰‘内圣之学’。‘内圣’者，内而在于个人自己，则自觉地作圣贤工夫（作道德实践），以发展完成其德性人格之谓也。……宋明儒所讲习者特重在‘内圣’一面”③。这当然明白无误地标出了所承续的新儒学传统。宋明理学本是一种准宗教性的道德哲学（参阅拙作《中国古代思想史论·宋明理学片议》），它无宗教的仪式、信仰、组

---

① 《心体与性体》，第1册序，第1—2页，正中书局，1973年，台北。

② 牟分宋明理学为三系：以《论语》、《孟子》为主的陆王系，以《中庸》、《易传》为主的（胡）五峰（刘）蕺山系，以《大学》为主的程颐朱熹系。

③ 《心体与性体》综论，第4页。

织，却有跻伦理于宗教的功能。牟指出这种“内圣之学”就是要建立一种“道德的宗教”，所以它是一种“道德的形上学”。“道德的形上学”，不是知性的道德哲学，而是通由道德而接近或达到形上本体的实践体验。这一点也正是牟反对冯的关键之处。

因此，牟认为所谓“性理”，“并非性即理，乃是即性即理”，不是离开“性”还有“理”，也不是别有“性之理”，而是作为“本心即性”的“理”即在“本心”之中，经验现象的道德本“心”与超经验的道德本“性”是同一个东西。“心体”与“性体”是合二而一的。因为“性”不是别的，“本心即性”，这个“本心”即是与“性”、与“天”（本体）合一的活泼泼的道德实践。这也才是孔子所讲的“仁”。“仁之全部义蕴皆收于道德之本心中，而本心即性。……作为一切德之源之仁，亦即是吾人性体之实也。此惟是摄性于仁、摄仁于心、摄存有于活动（重点原有），而自道德实践以言之”[①]。而小程（颐）、朱子“对于实体、性体，理解有偏差，即理解为只是理，只存有而不活动，此即丧失‘于穆不已’之实体之本义，亦丧失能起道德创造之‘性体’之本义”[②]。牟在细微、周密、反复地批判程颐、朱熹即程朱理学中，突出了牟所强调的孔、孟的“真传正宗”。

牟从哲学史上认为道家、告子、荀子以及董仲舒、王充等等，是“以生言性”，这就是宋儒所讲的“气质之性”，是具有生理气质内容的“性”，这不属宋明理学，当然不属孔门正统。程颐、朱熹大讲的“义理之性”，虽属宋明理学，但牟认为，也只是一种理论的形而上学，是某种知性抽象的逻辑结构，所以只

---

① 《心体与性体》综论，第26页。

② 同上书，第32页。

是“主智主义的道德形而上学”，“几近于柏拉图、亚里士多德之传统而与之为同一类型”①。因为程朱们把“性”与“情”(如“仁”与“爱”)、“所以阴阳”与“阴阳”分了开来，“只就‘存在之然’推证其所以然之定然之理以为定然之性。‘阴阳，气也’，是形而下者，‘所以阴阳’是道、是理，是形而上者。阴阳气化是实然的存在，有存在有不存在（有生灭变化），而其所以然之理则只是存有，无所谓存在与不存在。‘仁性爱情’，仁是对应爱之情之实然而为其所以然之定然之理，而此定然之理即是其性”②。这样，“此理不抒表一存在物或事之内容的曲曲折折的征象，而单是抒表一‘存在之然’之存在，单是超越地、静态地、形式地说明其存在”③，它实际不过是一种归纳法得来的普遍性的“类概念”而已，丝毫没有任何真正活泼的现实的感性内容，更不用说具有道德力量、实践活力了。这就是说，程朱把活生生的存在（道德实践）化而为君临、主宰存在的静态的、知性的、形式的“理”、“性”，便完全失去了存在（道德实践）本具有的自身行动的活力。因而这种静态的认知性的“义理之性”所宣讲的伦常道德，便实际只是一种他律道德，而不是自律道德，是“理超越地律导心”④，因为它是发自外在的普遍的概念义理，而不是发自个体内在的道德本心。而且，它把“知识问题与道德问题混杂在一起讲”⑤，更不能显道德的超越本性了。

---

① 同上书，第97页。
② 《心体与性体》，第82页。
③ 同上书，第89页。
④ 同上书，第50页。
⑤ 同上。

如果说，冯友兰以自己的现代逻辑训练在中国哲学史的研究上，首次分析了“天”的多种含义（物质的天、主宰的天、命运的天、自然的天、义理的天五种），成功地区辨了程颢与程颐的哲学根本差异等等，并借助纯粹的逻辑抽象发展了程朱理学的理智主义特征的话，那么，牟宗三却恰好是反对这一特征，他以其对现代存在主义的感受，在中国哲学史研究上深刻地区辨了程朱与陆王的根本差异，并借鉴康德哲学的实践理性高于理论理性的精神，发展了陆王心学的道德主体性。所以，牟宗三恰好是冯友兰的对立面。牟强调，绝对不是静态的、存在的、客观的“理”，而是活动的、存在的、主观的“理”即“心”，才是具体而真实的本体，才是自律道德的根源。这个“心体”也就是“性体”。所以“宇宙秩序即是道德秩序，道德秩序即是宇宙秩序”[①]，这个道德秩序和宇宙秩序是发自本心——道德主体的活生生的自律实践。这也就是“圣者仁心无外之‘天地气象’”[②]。

牟强调认为，只有这才是中国儒学“内圣之道”的独有的精髓，而为西方哲学包括康德哲学所无有：

> 彼方哲人言实体（Reality）者多矣。如布拉得赖有《现象与实体》之作，怀悌黑有《历程与实体》之作，柏格森有《创化论》之作，近时海德格之存在哲学又大讲“存有”，有《时间与存有》之作，即罗素之“逻辑原子论”亦有其极可欣赏之风姿。大体或自知识论之路入，如罗素与柏

---

① 《心体与性体》，第37页。

② 同上。

> 拉图；或自宇宙论之路入，如怀悌黑与亚里士多德；或自本体论（存有论）之路入，如海德格与虎塞尔；或自生物学之路入，如柏格森与摩根；或自实用论之路入，如杜威与席勒；或自独断的、纯分析的形上学之路入，如斯频诺萨与莱布尼兹及笛卡尔；凡此等等皆有精巧繁富之理论，读之可以益人心智，开发玄思。然无论是讲实体，或是讲存有，或是讲本体，皆无一有“性体”之观念，皆无一能扣紧儒者之作为道德实践之根据、能起道德之创造之“性体”之观念而言实体、存有或本体。无论自何路入，皆非自道德的进路入，故其所讲之实体、存有或本体，皆只是一说明现象之哲学（形上学）概念，而不能与道德实践使人成一道德的存在生关系者。……其中惟一例外者是康德。①

但康德虽由道德而达到本体，但仍然只把意志自由的实践理性当做一种公设（假设），仍只是“理应如此”，而并不能从理论上落实到它的真实存在，于是便仍然只是一套理智主义的空理论。只有肯定道德作为“呈现”而不是假设，是“人人所皆固有的‘性’”②，这样就能使自由意志或意志自律成为真实的、实在的。这就是“正宗儒家讲‘性’的密意”③。

“正宗儒家肯定这样的性体心体之为定然地真实的，……故其所透显所自律的道德法则自然有普遍性与必然性，自然斩断一切外在的牵连而为定然的、无条件的……孟子说，‘广土众民，

① 《心体与性体》，第37—38页。
② 同上书，第137页。
③ 同上。

君子欲之，所乐不存焉。中天下而立，定四海之民，君子乐之，所性不存焉。君子所性，虽大行不加焉，虽穷居不损焉，分定故也’……这才真见出道德人格之尊严，这也就是康德所说的‘一个绝对的善的意志在关于一切对象上将是不决定的’一语之意，必须把一切外在对象的牵连斩断，始能显出意志的自律”①。而它之所以是真正的自律，也正在于它不只是观念、理念，不是一般的认识或知识，而必须是在实践活动中“步步呈现”的“实践的德性之知”。它是一种直觉的体认、体证、证悟，“凡体证皆是直觉”②。这直觉的“体证”、“呈现”虽由具体的经验所提供，但它所证所悟，却是“虽特殊而亦普遍，虽至变而亦永恒”③。性体心体乃至意志自由就是这样在体证中，在真实化、充实化中而成为真实生命之系统里得到其本身的绝对必然性”④（着重号原有，下同）。只有这样，“照儒家说，始能显出性体心体的主宰性”⑤。这个“性体”“心体”这时便已不仅是成就道德行为，而是作为“天地之性”，具有形上学的宇宙论意义了。所以牟指出这是“道德的形上学”，不是“道德底形上学”。在前者，本体即是道德、心性；在后者，不过是给道德建造某种理论体系而已。

牟宗三多次谈到“德国理想主义”和海德格尔，认为新儒学的道德形上学超越了存在主义，因为海德格尔是“脱离那主体主义中心而向客观的独立的存有本身之体会走”，是向外开建“客

---

① 《心体与性体》，第137—138页。
② 同上书，第171页。
③ 同上。
④ 同上。
⑤ 同上书，第138页。

观自性的存有论”①，按照牟的话说，这只是“后天而奉天时”，即人“把自己掏空，一无本性，一无本质。然而完全服役于实有便是人的本性人的本质，即真实存在的人”②。这就与“先天而天弗违”相对立了，这就是“执着存在的决断而忘其体”③，以客观化的在忘怀了主观的此在。实际上，“良知的当下决断亦就是他（指海德格尔）的‘存在伦理’中之存在的决断，独一无二的决断，任何人不能替你做的决断”④。所以不能把本体论宇宙论与这个道德形上学分割开来，即是说，如果不把这种道德的“性体”“心体”作本体，就仍然是错误的。牟认为，怀特海的过程宇宙论和海德格尔的存在本体论却只具有美学的灵魂，而“人生真理的最后立场是由实践理性为中心而建立。从知性，从审美，俱不能达到这最后的立场”⑤。孔学所谓“成于乐”的境界并非由美的判断去沟通意志与自然，而是“践仁尽性到化的境界”，是“道德意志之有向的目的性之凸出便自然融化到‘自然’上来而不见其‘有向性’，而亦成为无向之目的、无目的之目的……是全部融化于道德意义中的‘自然’，为道德性体心体所透彻的自然，此就是真善美之真实的合一”⑥。总之，不是任何具有客观性的认知或审美，而只有道德实践才是人的主体性，也才是宇宙、本体、秩序，是真善美的主干。牟宗三极大地高扬了道德主体性，以之为本体，不但公开反对冯友兰的“理世

---

① 同上书，第186页。
② 《心体与性体》，第186页。
③ 同上书，第187页。
④ 同上。
⑤ 同上书，第188页。
⑥ 同上书，第177页。

界”，实际也并不满意于熊十力的宇宙论的本体观。他认为道德本体（性体心体）呈现在个人实践中便足够了，不再需要更多余的东西。它既可以“消化生命中一切非理性成分，不让感性的力量支配我们”①，又同时能使我们的自然生命更为光彩，甚至做到“四肢百体全为性体所润”，如此等等。

但是，这又究竟是如何可能的呢？牟并未详说。孟子的养气说②，牟似乎并未加以充分发展。牟只是反复申明这是孔孟陆王特别是王学的正宗儒家路线。但因为牟强调的是个体主体性的道德实践，这实践当然又不能脱离感性，与王阳明那里一样，这里便蕴涵着感性与超感性、活生生的人的自然存在与道德自律的内在矛盾，所以“为牟宗三抬为正宗的王学，不管哪条道路（龙溪、泰州或蕺山）都没有发展前途，它或者走入自然人性论或者走入宗教禁欲主义”③，牟自己的理论也将如此。现代新儒学不管是熊、梁、冯、牟，不管是刚健、冲力、直觉、情感、理智逻辑或道德本体，由于都没有真正探究到人类超生物性能、力量和存在的本源所在，便并不能找到存有与活动、必然与自然、道德与本体的真正关系。

牟的哲学著作及体系成熟在六七十年代。与熊、梁、冯刚好构成了一个相互连接的阶梯，这阶梯似乎表现为历史的和逻辑的正反合的整体行程。黑格尔的圆圈不可到处套用，但用在这里，倒好像合适。但这并不是认识论的圆圈。熊、梁大讲生命、情感、直觉，但是在一种相当广泛空阔的总体把握上来谈的。熊从

---

① 《心体与性体》，第179页。

② 参看拙作《中国古代思想史论·孔子再评价》中的《附论孟子》。

③ 《中国古代思想史论》第七章。

宇宙论谈，梁从文化谈。冯友兰反之，他用现代西方逻辑哲学为武器，构成了理智主义的“新理学”体系，从形式（推理论证方式）与内容迥然不同于熊、梁，他以程朱反陆王，是对熊，梁的一次否定。牟从上引文便可看出，他激烈否定冯，而回到熊。牟曾回忆一件往事：“三十年前，当吾在北大时，一日熊先生与冯友兰谈，冯氏谓王阳明所讲的良知是一个假设。熊先生听之，即大为惊讶说：‘良知是呈现，你怎么说是假设！’吾当时在旁静听，知冯氏之语的根据是康德……而闻熊先生言，则大为震动，耳目一新……‘良知是呈现’之义，则总牢记心中，从未忘也。”[①]牟确乎没有忘记熊十力所倡导的王学认心为体的路线，却以清晰明白的逻辑推论细致地逐层分析了宋明理学各个派别思想的异同，深刻地把作为实践理性的道德活动摆在突出的首要位置。冯友兰说，“人必须先说很多话然后保持静默”[②]，通过言说了许多话，然后知道有“不可言说”的；牟宗三却指出，这个“不可言说”的与言说与否并无关系。尽管牟自己为了说明它与言说无干而说了很多很多。同理，在牟这里，也就不必再像熊十力那样去建构庞大的宇宙论[③]，而是单刀直入、干净利落地认心性为本体。但实际上，牟的著作却又相当的无谓庞大，一点也不干净利落。

但无论如何，牟走完了这个现代新儒学的圆圈全程。看来，恐怕难得再有后来者能在这块基地上开拓出多少真正哲学的新东

① 《心体与性体》，第178页。

② 《中国哲学简史》，第395页，北京大学出版社，1985年，北京。

③ 梁漱溟对熊的构建也曾表不满，认为熊这种做法本身就背离了儒学精神，但梁没有牟的正面理论论证。

西来了。这个圆圈是无可怀疑地终结了。而且，现代新儒家虽以哲学为其课题，但其背景与近现代中国各派哲学一样，都有着对中国民族往何处去，传统如何能联结现代化，如何对待西方传来的民主、自由、科学等基本价值等巨大社会文化问题的深切关怀。有意思的是，与中国的马克思列宁主义的革命哲学一样，现代新儒家的特征也是强调道德主义，只是它是通过传统哲学（宋明理学）来强调和论证罢了。但是，这种儒家传统的道德主义与现代西方的科学、民主以及个体主义究竟有何关联，它应如何对待它们，现代新儒家未能作出深刻的交代。这种道德至上的伦理主义如不改弦更张，只在原地踏步，看来是已到穷途了。

但是，儒学却仍有可为。这就是彻底改变基地。现代新儒学之所以与宋明理学同一个“新”字，在于它自觉地以“内圣之学”为主导以至为全体。熊、梁、冯、牟四代均如此。牟宗三便承认，宋明理学“对于内圣面有积极之讲习与浸润，而对于外王面则并无积极之讨论”①。但对那些讲求功利、“外王”，反对“内圣”之学的人，牟又仍然指斥他们为“落入第二义第三义”，“不知孔子仁教之意义，复不知外王之根本”②。牟以极大篇幅痛责了“与孔子传统为敌”③的叶适。

实际情况并不完全如此。在“外王”方面，尽管中国传统哲学确乎没有达到讲“内圣”之学的宋明理学那种深妙入微的理论高度和鼓舞力量，但从荀子、《易传》、董仲舒、柳宗元、叶适以至康有为等人在反映表达和反作用于中华民族的生存发展上，却

---

① 《心体与性体》，第5页。
② 同上书，第195、225页。
③ 同上。

具有不可磨灭的重要意义，比宋明理学毋宁有过之而无不及者。难道其中没有可以提炼发挥的东西了吗？孔门“内圣之学”之所以在宋明理学中大放光彩，重要因素之一是由于吸收消化佛、道的缘故。它之所以在今天现代新儒学那里作为主体重现光彩，因素之一是由于吸收了西方现代哲学的缘故。那么，孔的“外王”之学今天为何不可以如此呢？

至少这里有两个问题。第一，“内圣”与“外王”的关系。“外王”，在今天看来，当然不仅是政治，而是整个人类的物质生活和现实生存，它首先有科技、生产、经济方面的问题；“内圣”也不仅是道德，它包括整个文化心理结构，包括艺术、审美等等。因之，原始儒学和宋明理学由“内圣”决定“外王”的格局便应打破，而另起炉灶。第二，现代新儒家是站在儒学传统的立场上吸收外来的东西以新面貌，是否可以反过来以外来的现代化的东西为动力和躯体，来创造性地转换传统以一新耳目呢？[①]

但所有这些都已不属本文范围。而且本文所论述的四位，也是因陋就简，非常粗略匆忙地勾画一个最简单的轮廓，是一个地地道道的“略”论，甚愿以后有机会作进一步研究述评。

（原载《文化：中国与世界》，1986年第3期，北京）

---

① 参看本书《漫说“西体中用”》。

漫说“西体中用”

在毛泽东逝世和“四人帮”垮台后，在理论、学术、文化所掀起的两次思想浪潮，都使人回想起五四。一次是关于启蒙、人道、人性的呐喊和争论[①]，一次是最近两年关于中西比较的所谓“文化热”讨论。

的确很热。从北京到上海，从官方[②]到民间，从研究生、大学生到老学者、老教授，统统出场。各种讲习班、研讨会此起彼落。九十余高龄已被人完全遗忘了的梁漱溟先生重登学术讲坛，再次宣讲他的中西文化及其哲学，仍然强调儒家孔孟将是整个世界文明的走向。

这是怎样发生的呢？“难道历史真如此喜欢开玩笑，绕了一个大圆圈，又回到了原来的起点？时间已经过去了七十年，难道今天二十几岁的青年，还要再次拾起他们的祖父曾祖父们的问题、看法，去选择、去思索、去争辩？”[③]1949 年中国革命胜利

---

① 参看本书《试谈马克思主义在中国》。

② 1986 年 5 月“上海文化战略会议”上，中共上海市市委第一书记、中共中央宣传部部长、国务院文化部副部长出席，见该月《解放日报》、《文汇报》。

③ 参看拙作《杨煦生编〈传统文化的反思〉序》。

时，毛泽东曾总结过近代中国“向西方学习”的历史。今天所谓的“文化热”，却是在惊醒了“最高最活的马克思主义”中国是“世界人民的革命灯塔”的迷梦之后，重新痛感落后而再次掀起“向西方学习”的现实条件下产生的。因此冷落多年的中、西、体、用之类的比较又重新被提上日程。

一 “中体西用”的由来和演化

要了解这种中西文化比较，便得追溯一下百多年来“西学”东渐的基本遭遇。不少人指出，西学东渐或“向西方学习”经历了科技——政治——文化三个阶段，亦即洋务运动——戊戌、辛亥——五四三个时期。由船坚炮利、振兴实业以富国强兵，到维新、革命来改变政体，到文化、心理的中西比较来要求改造国民素质，人们今天认为这是历史和思想史层层深入的进程。其实，戊戌变法前夕，湖南的保守派曾廉早就如此概括过：“变夷之议，始于言技，继之以言政，益之以言教，而君臣父子夫妇之纲，荡然尽矣。君臣父子夫妇之纲废，于是天下之人视其亲长亦不啻水中之萍，泛泛然相值而已。悍然忘君臣父子之义，于是乎忧先起于萧墙。”（曾廉：《瓠庵集 · 卷 13 · 上杜先生书》）这主要是针对当时谭嗣同、梁启超在湖南宣传民权平等即曾廉之所谓“教”而言的。曾廉看出，如果鼓吹西方这些文化思想，就将从根本上破坏中国传统的“君臣父子夫妇”的纲常伦纪，这是非常危险的，本来为抵抗外侮的变革将首先在内部引起动乱……

不能说这位顽固保守派的眼光不锐利，但他言之过早了一些，因为当时康有为、谭嗣同等人活动上和思想上注意的焦点，主要仍在政治，即进行变法维新的政治体制的改革。以后的革命派也如此。他们还没有从根本文化心理上来动摇传统的打算。不过，即使如此，“向西方学习”过程的本身，在客观上就带来了一个如何对待和处理中西文化即中学西学的关系问题。

在“言技”阶段，问题比较简单，“西学”不过是些声光电化、工厂、实业。顽固派是坚决反对的，认为这些东西是“奇技淫巧”，有害人心，应该坚决拒绝，因此在他们那里就没有中学西学的关系问题，只要统统排斥西学就行了。但对洋务派以及后来的改良者们，却有这个问题，即如何安排这两者。改良派的先驱冯桂芬最早提出，“以伦常名教为本，辅以诸国富强之术”（《校邠庐抗议》）。他的所谓“富强之术”，便主要是“制洋器”，重格致，他不仅承认船坚炮利不如人，而且开始承认“人无弃才不如人，地无遗利不如人，君民不隔不如人，名实必符不如人”，从而要求适当改革内政，即扩大士绅权力，改良赋税，精简官吏等等，以后1870年代的王韬、马建忠、薛福成直到1880年代的郑观应、陈炽等人，虽已努力把这种学习西方、改革内政的要求向前逐步推进，除了工艺科技之外，在经济上提出扶助民间资本，“振兴商务”，开办近代工业；在政治上提出从法律上保护民间资本，实行西方上下院代议制度；在文化上提出废科举，办学堂，等等，但他们仍然坚决排斥西方资产阶级社会政治的理论思想，无保留地拥护中国传统的“纲常名教”。他们认为西方的工艺科技以至政法制度只是拿来便可用的“器”；至于维护中国自身生存的“道”和“本”，则还是传统的“纲常名教”。他们说：“‘盖万世不变者，孔子之道也’（王韬：《易言跋》）；‘取西人器数之学以卫吾尧舜禹汤文武周孔之道’（薛福成：《筹洋刍议·变法》）；‘道为本，器为末；器可变，道不可变；庶知所变者，富强之权术，而非孔孟之常经也’（郑观应：《危言新编·凡例》)；‘形而上者谓之道，修道之谓教，自黄帝孔子而来至于今，未尝废也，是天人之极致，性命之大源，亘千万世而不容或变者也’(陈炽：《庸书·自强》)；‘中国之杂艺不逮泰西，而道德、学问、制度、文章，则敻然出于万国之上’(邵作舟：《危言·译书》)。……总之，他们几乎一致认为，中国的纲常名教等等‘圣人’的‘道’或‘本’是不可变易的，而且优越于西方……虽然在具体政治上开始具有开议院行立宪的要求，但在理论上却完全自相矛盾（他们没有也不能觉察这矛盾）地排斥和反对着正是作为西方代议制度理论基础的资产阶级的自由平等的思想学说。”①用郑观应的话来概括，这就是：“中学其本也，西学其末也，主以中学，辅以西学。”（《盛世危言》）这也就是后来在维新变法高潮声中，洋务派大理论家张之洞所提出来的“中学为体，西学为用”的著名的“中体西用”说。张之洞在光绪皇帝曾奖为“持论平正通达，于学术人心大有裨益”（《戊戌六月上谕》），并“挟朝廷之力而行之，不胫而遍于海内”（梁启超）的《劝学篇》中，正式概括为：

> 不可变者，伦纪也，非法制也；圣道也，非器械也；心术也，非工艺也。……法者，所以适变也，不可尽同；道者，所以立本也，不可不一。……夫所谓道、本者，三纲四维是也……若守此不失，虽孔孟复生，岂有议变法之非者哉？（《劝学篇·外篇·变法第七》）
>
> 中学为内学，西学为外学；中学治身心，西学应世事。……如其心圣人之心，行圣人之行，以孝弟忠信为

① 参看拙作《中国近代思想史论》第2章。

德，以尊主庇民为政，虽朝运汽机，夕驰铁路，无害为圣人之徒也。(《劝学篇·外篇·会通第十三》)

可注意的是，第一，“器”在这里已不仅是指工艺器械，而且包括某些政经体制，即政经体制也可以改，但“道”却绝不可变。这“道”指的便是伦常纲纪，即封建专制为特征的政治制度和家庭本位为基础的社会秩序。因此，所谓“法”可变，便必须限制在不破坏、不动摇、不损害这个根本制度和秩序的范围和限度之内。第二，这个“道”、“本”是与“孝弟忠信”的个体的道德修养联系在一起的，所以，它是“治身心”的“内学”，不同于应付世俗外事的西学。这两点合起来，就正是中国儒家传统的所谓“内圣外王之道”，只是现在这个“外王”要“辅以西学”、“西政”就是了。但由“内”而“外”，先“内”后“外”，“内”为“主”“本”，“外”为“辅”“末”，却仍是一贯的。这确乎是忠于儒学孔孟的基本原则的。

儒学孔孟千百年来建立起来的权威性，它在人们（主要是士大夫知识分子）心中所积淀下来的情感因素和维护力量，确乎极其巨大。所以，康有为、谭嗣同尽管已大不同于上述那些人，接受了民权、平等、自由等西方观念、思想，但也要打着孔子旗号来“托古改制”。康有为不必说，连急进如谭嗣同在痛斥三纲五伦，指出“数千年来三纲五伦之惨祸烈毒，由是酷焉矣”。“上以制其下，而不能不奉之”，并提倡“五伦中于人生最无弊而有益……其惟朋友乎！……所以者何？一曰平等，二曰自由，三曰节宣惟意。总括其义曰，不失自主之权而已矣。……余皆为三纲所蒙蔽，如地狱矣。……故民主者，天国之义也，君臣，朋友也；……父子，朋友也；……夫妇，朋友也。……侈谈变法而五伦不变，则举凡至理至道，悉无从起点”（《仁学》）等等时，也仍然要假借孔子的名义，即以“仁”代“礼”，把西方近代自由、平等、博爱的观念勉强纳到中国古老传统的格局中去。中国传统的肯定性的认识和情感在他们那一代心中的积淀是那样强大，他们完全相信孔子和中国传统中仍然有许多与西学完全符合一致从而非常适合于改革的东西，所以他们总是想尽量发掘、表彰、附会中国传统中的任何民主、平等、自由的观念，他们尽量抬高从孟子到王阳明、黄宗羲的思想主张，在他们这里，所要提倡、宣传、传播的“西学”，是与传统的“中学”混合“杂糅”（梁启超语）在一起的。从而，中学西学的根本差异，在他们那里便远没有被清楚地揭示出来。尽管比起洋务派和早期改良派来，他们实质上已经不自觉地转到以“西学”（自由、平等、博爱）为主体这个方向来了。

直到五四新文化启蒙运动，情况才有了根本变化。“西学”、“中学”的根本对立和水火不容才被极度夸张地凸现出来，“打倒孔家店”的呼喊的重要意义也就在这里。陈独秀喊出伦理的觉悟是最后觉悟的觉悟，要求打倒忠、孝、贞（操）等一切旧道德；胡适提出“全盘西化”①，要求“死心塌地的去学人家，不要怕模仿。……不要怕丧失我们自己的民族文化”。鲁迅说少读或不读中国书，激烈抨击着种种中国的所谓“国粹”；吴虞接着鲁迅，大讲孔学吃人：“孔二先生的礼教讲到极点，就非杀人吃人不成功，真是惨酷极了。一部历史里面，讲道德说仁义的人，时机一到，他就直接间接的都会吃起人肉来了。”（《吃人与礼教》，《新青年》6卷6号，1919年11月1日）总之，传统必须彻底打倒，“中

① “全盘西化”一词出自胡适1929年的文章。

学”必须根本扔弃，中国才能得救。

但是，这个五四运动新文化启蒙一开始就有其强有力的对立面，这个对立面实质上是承继着张之洞“中学治身心”、“中学为本”的传统，以梁启超、梁漱溟、张君劢、章士钊等人为代表，提出了中国的“精神文明”或“东方文明”的优越性，并引起“科学与人生观”的著名大论战。如前几篇文章所已指出，前一派如果可说是西化派的话，那么后一派则可说是国粹派。如果前一派的好些人（主要是年轻一代）后来日益走向马克思主义，那么后一派则变化为所谓中国文化本位派[①]和“现代新儒家”。尽管这种分野具有某种政治的性质和成分，但它毕竟又是文化—思想的。在中国近现代，文化、思想总与政治结下不解之缘。

现在看来，在这个派的各种议论中，陈独秀当年突出“西学”与“中学”的根本区别为“个人本位主义”和“家庭本位主义”的差异，应该说，是相当尖锐而深刻的。至今为止，在种种文化心理现象中，大到政经体制，小到礼貌习惯，都可以清楚看出这种中西的差异。可以随意举些例子。《中国古代思想史论》一书曾指出：“……就在称谓和餐桌上，便也可说是一‘名’一‘实’地在日常生活中把这种以血缘亲属为基础的尊卑长幼的等级秩序，作为社会风习长期地巩固下来了。”[②]中国号称“礼义之邦”，中国王朝和中国人素来以“礼义”来标榜自己的传统特征，“礼”首先来源于食物的分配。荀子说：“礼起于何也？曰，人生而有

---

① 1935 年 1 月萨孟武、何炳松等十位教授发表《中国本位的文化建设宣言》。胡适批评它“是中学为本西学为用的最新式的化装出现，说话是全变了，精神还是那位《劝学篇》的作者的精神”。

② 参看拙作《中国古代思想史论》，末章。

欲，欲而不得，则不能无求，求而无度量分界，则不能不争。争则乱，乱则穷。先圣恶其乱也，故制礼义以分之，以养人之欲，给人之求。”（《荀子 · 礼论》）“礼”本来就是为制定一定的规矩秩序即所谓“度量分界”来分配食物，制止争斗，满足人们生存需要而出现而产生的。中国人却把这种原始秩序长久地彻底地一直贯彻到饭桌上来了，并且成为一种规矩、仪容、礼貌。中国传统要求在饭桌上也必须“长幼有序”、“主客有别”，要求控制或节制自己的食欲以循规蹈矩，不予放纵。本来，“从儿童心理学看，服从社会指令（普遍性、理性），克制自然需求（个体性、感性），不为物欲（如食物）所动，也正是建立道德意志、培育道德感情的开端”①。中国传统的确把这个方面极端地扩充了，中国哲学之所以主要是伦理学，确乎与这种“制礼作乐”的现实传统直接相关。它不是发挥思辨的认识论，而成为规范行为的伦理学。

在“称谓”上，也如此。中国传统“称谓”的繁密细致说明这些区划的必要性和重要性，即示远近，别亲疏。如叔父、姑父、姨父、舅父，如堂兄弟、姑表兄弟、姨表兄弟，……便各有区别。林黛玉在客观上比薛宝钗对贾宝玉更亲，因为林、贾是姑表而薛、贾是姨表，父系亲戚的地位自然更重要，所以贾宝玉对林黛玉说“疏不间亲”具有双重（客观事实和主观表态）含义。在一般传统习惯和生活中，叔父、姑父之于姨父、舅父亦然，而叔父比姑父又更亲一些。因为同姓重于外姓，男重于女。与前述的吃饭一样，中国传统的这种尊卑长幼的秩序规定（“礼”），已浸透到中国人“习焉而不察”的整个文化心理结构中去了。这在

① 参看拙作《批判哲学的批判》（修订本），第309页。

西方是没有的。在西方，人都是上帝的儿子，在上帝面前所有世间的尊卑长幼已无任何意义和价值，人们都平等地接受最后的审判。在中国，人们不相信上帝审判或来世天国，于是便执着地从理智到情感、从现实到观念都处在这个细密复杂的人世的伦常关系的网络中。我是谁？我是父之子，子之父，弟之兄，妇之夫……人的存在和人的本质就在这网络之中，人只是关系，人的“自己”不见了，个性、人格、自由被关系、“集体”、伦常所淹没而消失。人被规范在这种“社会关系的总和”中。他（她）的思想、情感、行为、活动都必须符合这“社会关系的总和”的存在或本质。于是，父有“为父之道”，子有“为子之道”，此即“道在伦常日用之中”。没有脱离人世的“道”，“天道”也不过是这“人道”的同构而已。这与西方认为有独立于人世的宇宙自然，有超越世间的主宰上帝，有自然律，是大不相同的。

不仅此也，就在日常生活的一般习惯中，例如，见面打招呼，不是“早上好”，而是问“吃饭了没有”？路上打招呼，不是说“今天天气不坏”，而是问“上哪里去”？……这些在西方人也许会觉得“干预私人事务”的风俗，在中国却正是行之久远表现出某种“人际关怀”的习惯。本来，你的存在（吃饭与否）与行为（到哪里去），都是群体的一部分，“群体”是有权过问和表示关注的。这仍是上面所说的，个体的存在、行为，是被规定在、束缚在纲常秩序的社会关系中。这里难得有个体的自主、自由、平等与独立。

又例如，当被人称道或赞誉时，西方人常常回答“谢谢”即已足够；中国人却习惯于谦逊不惶地推谢：“过奖”“不敢当”，这正如中国人不很习惯于夸耀自己的才干、能力一样。总之，个体不能突出，这种种谦逊无非是有意识地去压抑、贬低、掩盖个性主体，以尊重、护卫、高扬群体结构的伦常秩序。中国人的吵架，也习惯于由第三者的调停、协商，和谐解决，而不重是非曲直的客观审断。所以，礼俗替代法律，国家变为社会，关系重于是非，调解优于判定，“理无可恕”却“情有可原”……等等，也就成了直到今日仍普遍存在的现象。它说明中国以“礼”为教的特征，和以儒家学说为代表的传统文明，已浸透到一般现实生活和习惯风俗中，形成了超具体时代、社会的“文化心理结构”了。这种结构的稳定性质，主要来源于陈独秀讲的“家庭本位主义”，亦即拙作《中国古代思想史论》里讲的“血缘基础”——以原始氏族社会为渊源，建立在小生产自然经济之上的家族血缘的宗法制度。

《中国古代思想史论》认为，血缘宗法是中国传统的文化心理结构的现实历史基础，而“实用理性”则是这一文化心理结构的主要特征。所谓“实用理性”就是它关注于现实社会生活，不作纯粹抽象的思辨，也不让非理性的情欲横行，事事强调“实用”、“实际”和“实行”，满足于解决问题的经验论的思维水平，主张以理节情的行为模式，对人生世事采取一种既乐观进取又清醒冷静的生活态度。它由来久远，而以理论形态呈现在先秦儒、道、法、墨诸主要学派中。《中国古代思想史论》认为与希腊哲学“爱知”为特征，寻求宇宙的本源根底，以了解自然、追求真理为己任不同，中国先秦哲学大都是一种社会论政治哲学，它以“闻道”为特征，要求理论联系实际，服务于实际，解决现实社会问题、人生问题，以“救民于水火之中”和“治国平天下”。西方基督教曾促使与实用无关的理智思辨和情感幻想充分发展，从而精神变得精致，中国哲学却执着于人世实用，即使清醒开通如荀子、王充、柳宗元、王夫之等人都也如此。总之，人与自然的关系服从于人的关系，人对自然的研究，从属于对人的服务，前者没有独立的地位。“天道”实际上只是“人道”的延伸或体现。从而中国文化及哲学中缺乏对上帝及恶的“畏”，从而缺乏谦卑地去无限追求超越的心理。中国人容易满足，并满足在人世生活之中。

这种实用理性并不同于美国现代的实用主义（Pragmatism）①，它不只是一种工具主义。它有自己的“天道”“人道”相同构而统一的历史信仰和客观规范，主要表现为“参天地，赞化育”的《易传》世界观和汉代形成的早熟型的系统论宇宙模式。这模式成为中国人认识世界、解释世界和指导自己实践行动的基本心态，是中国整个物质文明和精神文明在文化心理结构上的积淀表现。它具体呈现在医、农、兵、艺、历史、哲学……之中。《中国古代思想史论》一书具体讲过这个问题，这里不多重复。

前面一些文章和本文所反复指出的是，作为早熟型的系统论，中国文化善于用清醒的理智态度去对付环境，吸取一切于自己现实生存和生活有利有用的事物或因素，舍弃一切已经在实际中证明无用的和过时的东西，而较少受情感因素的纠缠干预。这是因为实用理性不是宗教，它没有非理性的信仰因素和情感因素，来阻碍自己去接受外来的异己的事物并扔弃本身原有的东西。

正因为此，中国文化传统在某种意义上，倒是最能迅速地接受、吸取外来文化以丰富、充实和改造自己的。从物质文明到精神文明，从衣食住行到思想意识都如此。日本今日保留中国古代

---

① 参看本书《试谈马克思主义在中国》。

的东西，如木屐、和服、“榻榻米”以及茶道、花道……就比中国多，在中国是早已没有了。又例如，在唐代诗文中，便可以看见当时作为中国国都的长安市竟是一个“胡帽”、“胡酒”、“胡舞”、“胡姬”……的世界；而今日中国的所谓“民族”器乐中著名的“二胡”、“京胡”……也都是从异域传来落户的。古代中国人丝毫没有排斥拒绝它们。包括与儒学教义格格不入的佛教、佛学，自印度传来后，从南北朝到隋唐，兵不血刃地统治了中国意识形态数百年，“三武”之祸毕竟是极短暂和个别的时期，相反，列朝历代许多帝王都佞佛，如梁武帝定为国教，武则天奉之首席。释迦牟尼的地位经常在本土圣人孔夫子之上，孔夫子倒被看做是释迦的门徒。不仅在下层百姓，而且也在上层士大夫知识者中，从谢灵运到王维，以及到后代的好些文人，佛学比儒家，在心目中的地位也常常更高一层。这说明，中国儒家的实用理性能不怀情感偏执，乐于也易于接受外来的甚至异己的事物①。也正因为此，五四时代才有上述那种在其他民族文化里所没有出现过的全盘性的反传统的思想、情感、态度和精神。也正因为如此，中国现代知识分子可以毫无困难地把马克思摆在孔夫子之上。所以包括五四时期那种全盘性反传统的心态倒又恰恰是中国实用理性传统的展现。从积极方面说，这是为了救国，为了启蒙，为了唤醒大众。当时先进的中国知识分子认为必须激烈地彻底地抨击孔孟舍弃传统，才有出路。这不是为个体超越或来生幸福的迷狂信仰，它是经过理智思考过的有意识的选择，所以这仍

---

① 当然这个过程中也不乏激烈的偏执和争论，如儒、佛在南北朝的激烈争辩，如“老子化胡”等道、佛相争，这有如近代中国认为西学不过是先秦中学流落至外国发展的结果相似。上面是就整体情况而言的。

然是积极入世以求社会、国家的生存发展的实用理性、儒学精神的表现。从消极方面说，它没有那种非理性的宗教情感的阻挡、干扰和抵制，也是因为实用理性并非宗教信仰的缘故。所以，这种全盘性激烈反传统的五四启蒙运动，发生在具有高度传统文化教养的第一流知识分子身上，由一批学通中西、思想敏锐、感情丰富的优秀人士所发动、所倡导和推行，便并不偶然。它实际显示着中国传统文化的负荷者具有不受本传统的束缚限制的开放心灵，这其实也正说明这个古老的文化心理传统仍有其自身的活力。所以它能延续数千年之久而不灭绝消失，并非没有自身的原因。

此外，在拙作另篇论文中也已指出，中国知识分子在近代如此顺利和迅速地接受进化论观念，一举扔弃历史循环论的传统思想，以及后来接受马克思主义阶级斗争学说，一举扔弃“和为贵”的传统思想①，都证明中国实用理性这种为维护民族生存而适应环境、吸取外物的开放特征。实用理性是中国民族维护自己生存的一种精神和方法。

但是，也正因为是以早熟型的系统论为具体构架，中国实用理性不仅善于接收、吸取外来事物，而且同时也乐于和易于改换、变易、同化它们，让一切外来的事物、思想逐渐变成为自己的一个部分，把它们安放在自己原有体系的特定部位上，模糊和销蚀掉那些与本系统绝对不能相容的部分、成分、因素，从而使之丧失原意。总之，是吸取接收之后加一番改造，使之同化于本系统。就近现代中西文化说，这倒是最值得注意的“中体西用”的演化，即“西学”被吸收进来，加以同化，成为“中学”的从

---

① 参看本书《试谈马克思主义在中国》。

属部分，结果“中学”的核心和系统倒并无根本变化①。

---

① 关于这点，拙文《中国思想史杂谈》（《复旦学报》1985年第5期）曾讲过，摘抄如下：“中国人到汉代便把‘天人’‘古今’，各种自然、社会、物质、精神现象统统构建、组合到一个系统里。这个系统已不同于孔孟时代是从氏族血缘出发，而是从一个统一的大帝国出发，其目的是为了稳固、保持这个巨大的社会机体的动态平衡，以达到长治久安。中国传统社会为什么那么持久，到现在还那么顽固，我觉得很大的一个原因是因为从汉代开始就有了这个系统。今天我们讲汉族、汉人、汉语，这也表明汉代不仅在物质文明上奠定了基础，而且在文化心理结构上也奠定了基础。我国是多民族国家，以汉语为基本语言，汉文化为基本文化，在历史上有不少少数民族例如满族，尽管是统治阶级却自愿放弃自己的文化而接受汉文化，这就是因为从汉代起在文化心理结构方面也形成了一个相对稳定的系统。”

“这个系统是把天地人各方面都通过阴阳五行结构的方式组合安排起来的。所以什么都是五，金木水火土，五味、五食、五声、五脏，还有五季，四季中加个长夏，以符合五的系统等等。在这个结构中的各个部分相互联系渗透，又有相生相克的反馈作用，这个结构有一套循环的模式，整个自然，整个社会，上自皇帝，下至百姓，包括时间、空间、人体、社会制度、伦常秩序统统都被安置在这个模式中。这有科学的成分，因为它把一些自然规律也放在系统内；也有大量的牵强附会，是属于当时政治需要的东西。李约瑟说，中国的思想的特点是没有上帝，没有创造主的概念，这是对的。西方认为世界是上帝创造的，中国没有这个概念。因为中国有这种系统观。这个系统本身大于一切，高于一切。天、地、人都在这个系统中，彼此牵制着，例如皇帝主宰着百姓，但得听命于天，而天又得听听老百姓的意见，……这便是一个循环的系统模式。有了这种系统，也就不需要有一个上帝来创造世界，主宰人世了。这也就是在中国历史上很多外国宗教进来了，都没被接受的原因。佛教曾经盛行一时，基督教很早就传进了中国，犹太教是最难消灭的宗教，宋朝就传到了开封，但现在没有了。所有这些宗教传进来后都慢慢地、无声无息地消失了。中国从来没进行过宗教战争（农民起义借宗教进行战争，不能算宗教战争）。”

“这个系统为了维持自己的生存稳定，对外部特别注意和要求能适应环境，它具有一种同化力，所以中国人喜欢讲求同存异。对待外来的东西，首先注意与自己的相同之处，模糊那些与自己不同的东西，从而进一步吸收、消化它，使之与自己相协同。它经常采用生物适应环境的那种同化形式，……正是这个稳固的系统为适应生存对付异己所采取的动态（不是僵硬的）平衡的结果。这个系统当然有很大的缺点。它对内部要求秩序性、封闭性，使每个人的行动作为和思想观念都在系统中被规定好了位置，君应该如何，臣应该如何，父应该如何，子应该如何，不能越出特定的规矩和范围。现在我们常说照顾大局，实际上就是照顾系统的稳定性。……”

这个特点不仅表现在中古吸收佛教化出禅宗，进而出现理学这个上层文化现象上，同样也表现在下层社会中。这说明它是一种民族性的现象，即这个实用理性的系统论模式是中华民族将外来事物中国化，而后使自己延续生存的基本文化方式，它不是超社会的，却是超阶级的。

二 历史经验和“西体中用”新释

可以举许多例子。《中国古代思想史论》主要是举上层哲学的例子。《中国近代思想史论》主要也是讲上层从维新到革命的历史。因此，在这里，倒愿意重复摘引《中国近代思想史论》第一篇关于太平天国的一些论述，来作为例证。

太平天国的领袖洪秀全，是毛泽东提名的第一个“向西方学习”的近代人物。到毛泽东晚年，仍将他与孙中山相提并论，评价甚高。洪秀全所创立的“拜上帝教”，的确是从西方传教士的基督教小册子里借来一个皇上帝而组织的宗教—军事—政治组织和规范秩序。它在农民战争的革命斗争中起了极为巨大的现实作用和思想作用。洪秀全和“太平天国”表现了近代中国人为了生存是勇于吸收、接受外来的异己思想，同时又将它改造为服务于自己需要的事物，即很善于“中国化”的。

且看洪秀全和太平天国的这种将基督教义的“中国化”：

> 普列汉诺夫讲到宗教时曾提出观念、情绪和活动（仪式）是三个要素。洪秀全把这三者都注入了革命的内容。“人皆兄弟”基督教的博爱观念，被注入了农民阶级的经济平均主义和原始朴素的平等观。宗教狂热被充实以积压已久

> 的农民群众的革命欲求。更突出的是，宗教戒律被改造成相当完备的革命军队所需要的严格纪律。……洪秀全把摩西“十戒”改为“十款天条”，成了太平军奉此为初期的军律。①

“人皆兄弟”的观念在这里便具体化为官长必须爱惜兵士，军队必须爱护百姓等等。《行营总要》中对此有种种具体规定，这使得太平天国有比历史上任何一次农民起义远为严明的军事纪律，如“遵条命”（即听指挥），“不得下乡造饭起食，毁坏民序，掳掠财物”（甚至规定不许“出恭（大便）在路井民房”），“公心和傩”，“不准妄取一物”，“路旁金银衣物，概不准低头捡拾以及私取私藏，违者斩首不留”……各种基督教义、宗教仪式都被实用地改造成了一整套农民革命战争所需要的规章制度。这确乎是“中国化”了，这个“中国化”不仅是精神教义的世俗化，而且也是实用化，直接适应、符合于当时农民革命战争的实践需要。总之，是接受了西方传来的基督教义，但使之服从于中国现实的农民战争，并以此实践标准来进行改造和变易。尽管原意丧失，却极其有效地推动了太平天国事业的迅速发展，使它迅速地占据十余省，建国十六年，如无战略错误的偶然因素，本可长驱北京推翻清朝的。

农民革命战争有其不依人们主观意志为转移的规律，在太平天国利用和改造西方基督教义运用在战争中使之“中国化”时，由于这种规律的制约，便有几个鲜明的特征值得注意。

第一，是平均主义和禁欲主义。太平天国在理论（如《天朝田亩制度》等）和初期军事实践中，根据他们所了解和宣传的基

---

① 拙作《中国近代思想史论》，第1章。

督教义，强调“人无私财”，建立“圣库”，实行严格的供给制度。这种供给制又并非绝对平均主义，而是按官阶而有等差级别的。如“天王日给肉十斤，以次递减，至总制半斤，以下无与焉”（《贼情汇纂》）等等。

太平天国分“男营”、“女营”，男女严格分开，夫妻不能同居，“虽极热，夜卧不得光身，白昼不得裸上体”（《贼情汇纂》）。“老天王做有十救诗给我读，都是说这男女别开不准见面的道理”（《洪福瑱自供》）。但天王及其他五个王却明文规定可以有好些妻妾。

第二，行政权力支配一切。既然是“平均主义的分配、消费的经济生活，当然需要一种具有极大权威的行政力量和严密组织来支配和保证。《天朝田亩制度》从而规定了一系列社会生活的准则。这是一种严格组织起来的集体化的生活和权力高度集中的社会结构，它实际是要求建立在军事化的基础之上”。

“它以二十五家为一‘两’，‘两’是生产、分配、军事、宗教、政治、教育等等几合一的社会基层组织和单位。在这里，军事（兵）、生产（农）是合一的，政治、经济是合一的，行政、宗教是合一的，统统由‘两司马’（官名）领导管理①。两司马管理生产，执行奖惩，保举人员，负责教育，处理诉讼，领导礼拜，宣讲《圣经》……具有极大权力。《天朝田亩制度》非常重视生产和宗教生活，以之作为根本标准，也非常重视社会福利：‘鳏寡孤独废疾免役，皆颁国库以养。’总之，一切组织化，集体

① 这在中国古代即现实地存在过，如近人中国农民起义史论著中艳称的张鲁政权，值得注意的是在1958年大跃进和建立人民公社中，毛泽东曾印发《后汉书·张鲁传》给高级干部阅读。

化，军事化，规格化，单一化，吃饭要祈祷，结婚有证书……一切都有强制纪律来保证执行。”①

所以，这是一种兵农合一、政（治）社（会）合一、宗教领先、从上至下权力都高度集中，由行政权力支配一切的社会结构和统治秩序。并且，“从永安到天京，从《太平礼制》到《天命诏旨书》，它的制度是等级异常确定，尊卑十分分明，弟兄称呼纯为形式，君臣秩序备极森严，不仅有等级制，而且有世袭制……根据《天朝田亩制度》的理想规定，产生官吏是‘保举’（并非选举），即层层向上推举，然后由上层选择任命……政权人选和权力实际上仍然长期操纵在上级官员的手中，广大群众并无真正的权力”②。

第三，高度阶级觉悟基础上的道德主义。太平天国把农民阶级的阶级意识或阶级觉悟，提到了空前高度。它把劳动者与剥削者的对立极大地突现了出来。如：一方面，“凡掳人每视人之手，如掌心红润，十指无重茧者，恒指为妖”（《贼情汇纂》），“见书籍，恨如仇雠，目为妖书，必残杀而后快”（《平定粤匪纪略附记》）。另方面，“挖煤开矿人、沿江纤夫、船户、码头挑脚、轿夫、铁木匠作、艰苦手艺皆终岁勤劳，未尝温饱，被掳服役，贼必善遇之，数月后居然老兄弟矣”（《贼情汇纂》）。太平天国就这样非常“自觉地建立起以贫苦劳动人民为骨干领导的从基层起的各级革命政权。‘木匠居然做大人’（《金陵纪事》）……太平军对劳动大众极为热情和信任，对地主阶级的知识分子则一般是使用（如做文书）而并不重用”③。

---

① 参看拙作《中国近代思想史论》，第1章。

② 同上。

③ 同上。

与此同时，洪秀全极端重视部队和整个社会的思想教育工作，太平天国强调人们要“换移心肠”，“炼好心肠”。“炼好”“换移”的具体办法是“习读天书”（即读洪秀全改编过的《圣经》）和“讲道理”（实即讲用会）。“凡刑人必讲道理，掠人必讲道理，仓促行军临时授令必讲道理……为极苦至难之役必讲道理”（《贼情汇纂》）。“讲道理”就是以宣讲宗教教义的方式所进行的鼓动工作和思想教育。其实际宣讲情况，有如下例：

> ……升座良久方致词：我辈金陵起义始，谈何容易乃至斯，寒暑酷烈，山川险峨，千辛万苦成帝基，尔辈生逢太平时，举足使上天堂梯……（《癸甲金陵新乐府》）

洪秀全和太平天国以这种思想教育作为革命的动力，确乎起了巨大作用，使广大的太平军战士团结一致，奋不顾身，前仆后继，不可阻挡。“以人众为技，以敢死为技，以能耐劳苦忍饥渴为技，……死者自死，渡者自渡，登者自登”（《贼情汇纂》）。

第四，农业小生产基础上的“新天新地新人新世界”的乌托邦思想。

基督教的上帝叫人死后进天堂，洪秀全的上帝要在地上建立天国。洪秀全利用了《劝世良言》关于大天堂小天堂的含混说法，强调地上也应建立天国。……具体制定则主要是把在农民起义和革命战争中积累起来的经验加以理想化和规范化。

《天朝田亩制度》以改革土地所有制为核心，提出了一整套相当完备的理想设计。它宣告平均分配土地，共同从事劳动，彼此支援帮助，规定副业生产。

更重要的是，它对分配、消费的规定，其特点是否定私有财产，消除贫富差别，“有田同耕，有饭同吃，有衣同穿，有钱同使”，希望把“无人不饱暖”建立在“无处不均匀”的分配基础上。

如此等等。

但是，众所周知，洪秀全和太平天国终于悲惨地失败了。这失败倒不在于被曾国藩等人的军队所打败，更重要在于他这一套中国化了的基督教义自身的失败。《中国近代思想史论》认为，“洪秀全迷信前期主要是在军事斗争中和在革命军队中所取得的经验，当做整个社会生活所必须遵循的普遍法则来强制推行，违反了现实生活的要求、需要，当然要失败（如废除家庭，实行男营女营），在战争中有效的，在和平时期便行不通（如没收私有财产，废除贸易，实行圣库制度等等）。平均主义、禁欲主义在早期发动组织群众作为军队风纪，的确能起巨大作用，但把它们作为整个社会长期或普遍的规范、准则和要求，则必然失败”①。

“思想、观念、情感、意志靠一种非科学或反科学的宗教信仰和强制纪律来统一和维系，是不可能支持长久的。它必将走向反面。特别是经过天父代言人杨秀清竟然被杀的巨大事件之后，忠诚的信仰就逐渐变成怀疑或欺骗，狂热的情感变为‘人心冷淡’（《资政新篇》）。仪式流为形式，禁欲转成纵欲，道德纯洁走向道德毁坏……”②“蜕化变质、徇私舞弊种种封建官场的陋习弊病便都不可避免弥漫开来。在上层，情况更是如此。由于没有任何近代民主制度，专制与割据、阴谋与权术，便成了进行权力争夺的手段，而且愈演愈烈……”③“洪秀全从前期经验出发，

---

① 拙作《中国近代思想史论》，第1章。
② 同上。
③ 同上。

直到最后仍一再颁布各种诏令，极力强化道德说教和宗教宣传，结果在前期取得巨大成效的，现在却收效极微。以前好些论著说洪秀全到天京后如何昏聩无能，不问政事，以致失败。其实洪秀全始终是管事的，并且与前期一样，仍然在行政、组织、军事各方面表现出极大的敏锐、识力和才能……问题并不在这里，而在于他在基本思想和政纲政策上仍然顽固坚持，并愈来愈迷信他那一套非科学的宗教信仰和道德说教，他不是如实地总结斗争的经验教训，而把革命的成败归结是否忠诚于宗教信仰，抱着他那些僵死的教义和前期的经验不放，甚至于最后在改国名、朝名、玉玺名上面做文章，把'太平天国'改为'上帝天国'等等，以期拯救危局，改变形势，显然不能解决任何问题。"

"从这个洪秀全个人的悲剧中，可以看到的正是阶级的局限。一代天才最后落得如此悲惨、被动，是由于他不可能摆脱封建生产方式带给他的深刻印痕。"①

为什么本文要重复这么多的"太平天国"？只是为了说明在"向西方学习"中搬来的观念、思想、学说、教义，在"中国化"的进程中，被本土的系统所改造和同化，而可以完全失去原意。无怪乎，当时的好些传教士认为：

> 我们的《圣经》注解，都很难得到他的赞同，我们最好的经本，都被他用朱笔在旁批上天意，全弄坏了。（《天京游记》）
>
> 传教士发现他们很少与太平军一致之处，……洪秀全的教义是完全不像我们那样会从天父那里得来的，也和耶稣所

---

① 拙作《中国近代思想史论》，第1章。

说的话极不相同。（费正清：《美国与中国》第8章第2节）

为什么会这样？就是因为这种看来似乎是“西学为体，中学为用”——从西方搬来的基督教教义为主体，并规定为主要的、核心的观念、思想、体系，通过中国传统的下层社会的观念、习惯来具体应用它——实际上却仍然是“中体西用”，即“中学”仍然是根本的，这里所谓“中学”就是生长在传统社会小生产经济基础上的各种封建主义的观念、思想、情感、习惯，如等级制，不患寡而患不均的平均主义，分配、消费上的共产主义乌托邦，道德主义……等等。因此，“西学”在这里便不过是一层外装而已。这种“向西方学习”当然没有效果。农民战争有其自身的规律，洪秀全搬来的西方基督教在它的“中国化”中合规律地变成了“封建化”。我以为，太平天国作为一个极富有启发意义的思想史的课题，就在这里。

以上说明，由于有一个长久的传统小生产的社会经济基础和其上的意识形态，由于实用理性的系统论结构又善于化外物为自己，“中体西用”便确乎具有极为强大的现实保守力量，它甚至可以把“西学为体，中学为用”也同化掉。

太平天国是以下层人民（主要是农民）的革命实践活动方式，把西方观念、教义“中国化”，使“西学”终于成为“中学”的。从张之洞到现代新儒家，则是以上层社会的思想学术的理论方式，进行着同一种“中国化”。例如，在五四时期陈独秀就批评过把西方的自由民主说成是与中国古代“民为贵”、“天视自我民视，天听自我民听”的民本思想、把人民做主与为民做主混同起来的主张，却仍然可以在现代新儒家那里找到极为类似的论调，并且至今在许多报刊文章上也可以看到。这同样表现了在“中国化”过程中，“中学”吃掉“西学”，使“中体”岿然不动。

这种历史和思想史的教训，使得今天对“体”、“用”、“中”、“西”的比较和讨论，不是没有意义，而是很有必要。对“体”、“用”、“中”、“西”重新作番研讨，有重要的现实价值和理论价值。

首先，应该重新探讨和明确“体”、“用”范畴的含义。

“今天使用‘体’、‘用’范畴，要加以明确的规定。我用的‘体’一词与别人不同，它包括了物质生产和精神生产[①]，我一再强调社会存在是社会本体。把‘体’说成是社会存在，这就不只包括了意识形态，不只是‘学’。社会存在是社会生产方式和日常生活。这是从唯物史观来看的真正的本体，是人存在的本身。现代化首先是这个‘体’的变化。在这个变化中，科学技术扮演了非常重要的角色，科学技术是社会本体存在的基石。因为由它导致的生产力的发展，确实是整个社会存在和日常生活发生变化的最根本的动力和因素。就是在这个意义上，我来规定这个‘体’。所以科技不是‘用’，恰好相反，它们属于‘体’的范畴。在《批判哲学的批判——康德述评》一书中，我从使用工具制造工具来规定实践，也正是这个道理。……张之洞的‘中体西用’说强调‘教忠’。‘教忠’是什么？就是维持清朝的政治制度，这个政治制度是维系在封建土地关系基础之上的。而土地关系就是属于社会生产方式。他不懂得在他所要维护的‘中学’（三纲五伦的政治制度和以三纲五伦为轴心的封建意识形态）下有根本的东西。他不知道，他要维护的‘学’不只是一个‘学’的问题，也不仅是政经体制的问题。他看技术仅仅是‘用’，不

---

① 这里所谓“精神生产”指的是“心理本体”或称“本体意识”。

知道轮船、火车、汽车之类的东西是与社会生产力、与社会生产方式紧密连在一起，是后者的具体体现。生产力和生产方式的变化必定带来生活方式和意识形态、政治制度的改变。可见，我讲的‘体’与张之洞讲的‘体’正好对立。一个（张）是以观念形态、政治体制、三纲五伦为‘体’，一个（我）首先是以社会生产力和生产方式为‘体’”①。

总之，“学”——不管是“中学”“西学”，不管是孔夫子的“中学”还是马克思的“西学”，如果追根究底，便都不是“体”，都不能作为最后的“体”。它们只是“心理本体”或“本体意识”，即一种理论形态和思想体系。严格说来，“体”应该是社会存在的本体，即现实的日常生活。这才是根本、基础、出发点。忽视或脱离开这个根本来谈体用、中西，都是危险的。就中国来说，如果不改变这个社会存在的本体，则一切“学”，不管是何等先进的“西学”，包括马克思主义，都有被中国原有的社会存在的“体”——即封建小生产经济基础及其文化心理结构即种种“中学”所吞食掉的可能。上面讲太平天国，正是为了说明这一点。另文讲马克思主义在中国，也包含了这一点。从而，所谓现代化，首先是要改变这个社会本体，即小生产的经济基础、生产方式和生活方式。这也就要相应改变、批判现实日常生活。例如，农民只有从土地束缚中解放出来，父母在，且远游，离乡背井，走进各行各业和城市中去，祖祖辈辈的各种传统观念才会瓦解，大家庭才会分化成小家庭。例如，只有商品经济发达，才能有自由主义的意识和“西学”真正生根、发展的基地。

的确，“现代化”并不等于“西方化”，但现代化又确乎是西

---

① 拙文《“西体中用”简释》，《中国文化报》，1986年7月9日。

方先开始，并由西方传播到东方到中国来的。现代大工业生产，蒸汽机、电器、化工、计算机……以及生产它们的各种科技工艺、经营管理制度等等，不都是从西方来的吗？在这个最根本的方面——发展现代大工业生产方面，现代化也就是西方化。我提出的“西体”就是这个意思。在科学直接成为生产力的今天，这一点更加清楚、明白。

但是，陈寅恪早就说过，“寅恪……思想囿于咸丰同治之世，议论近乎（曾）湘乡（张）南皮之间”①。冯友兰也曾认为，“中国现在所经之时代，是自生产家庭化的文化转入生产社会化的文化之时代”②，从而批评“民初人”专搞文化（即指五四的新文化运动），而赞赏“清末人”（即洋务派）兴办实业，认为前者反而耽误和延缓了后者，以致中国未能富强。那么，难道今天这样提出“西体”是否又回到当年洋务派和陈、冯等人的立场？

答曰：否！早在陈、冯以前，李大钊就深刻地指出过：

> ……他（指孔丘）的学说所以能在中国行了两千余年，全是因为中国的农业经济没有很大的变动，他的学说，适宜于那样经济状况的缘故。现在经济上发生了变动，他的学说，就根本动摇，因为他不能适应中国现代的生活、现代的社会。就有几个尊孔的信徒天天到曲阜去巡礼，天天戴上洪宪衣冠去祭孔，到处建筑些孔教堂，到处传布“子曰”的福音，也断断不能抵住经济变动的势力，来维持他那“万世师

---

① 《冯友兰中国哲学史审查报告三》。

② 《新事论》，第72页。

表”、“至圣先师”的威灵了。①

可见，远不止陈、冯，马克思主义者更明白首先是社会经济基础（首先又是新的生产力）的变化，然后有观念形态的变化，但李大钊、陈独秀等人之所以仍然要搞启蒙和革命，恰恰又是为了加速改变这个经济基础。所以，抽象看来，陈、冯的议论似很合理，但如果真正历史具体地考察一下，就会发现，洋务运动之所以被维新、革命和五四所替代，恰恰是因为当年虽兴办了不少实业却极端腐败、贪污、无效能，从而带来了普遍失望。洋务运动主要是官办企业和所谓“官督商办”，其历史经验正是：

> 洋务派在八十年代由求强而言富，着手创办非军工的近代工业。但是，与私有工业的资本家不同，主持、管理或监督这些官办、官督商办企业的封建官僚们的个人利益与工业本身的利益是脱节的，官员们感兴趣的不是企业利润的扩大和资本的积累，而只是如何在企业内中饱贪污。陈陈相因、毫无效能的封建衙门及其官吏，当然完全不能也不愿适应资本主义的经济所要求的近代经营管理，所谓官督商办实质上是加在资本主义经济上的一副沉重的封建主义的上层建筑镣铐。……资本主义经济发展必然要求不适应于它的、严重阻碍它的封建上层建筑的改革。这一历史必然规律在上一世纪八十年代的中国开始显露出来了……西方资本主义代议制度在这时广泛地被当时中国开明人士所注意所介绍所赞

① 李大钊：《由经济上解释中国近代思想变动的原因》，1920年1月3日《新青年》，7卷2号。

扬，被看做是救亡之道、富强之本。①

这是整整一百年前的故事了。然而，历史却残酷无情，今天似乎又面临非常相似的问题和局面，使这百年前的故事到今天仍有其现实意义。在一场农民战争（太平天国）之后，由洋务（“同治中兴”）而变法（戊戌）而革命（辛亥）而文化批判（五四）的这个历史行程，今天似乎把它们紧缩在同一时态内了。本来，社会是一个有机体的结构系统，作为结构的改变转换，有赖于它的诸因素相互作用所造成。特别是在中国，以从属和依附于政治的知识分子阶层为轴心建构基础的社会文化心理，已成为制衡整个社会动向、经济行为的强而有力的因素。因此，这个社会结构机体的改变，光引进西方的科技、工艺和兴办实业，是不能成功的；光经济改革是难以奏效的；必须有政治体制（上层建筑）和观念文化（意识形态）上的改革并行来相辅相成，现代化才有可能。经济、政治、文化的三层改革要求的错综重叠，正成为今天局势发展的关键。

于是继经济改革之后，政制改革和观念改革被突出地提了出来。涉及观念与政制，于是也就有了今天“西学”“中学”的问题讨论。那么，究竟如何来看待和规定“西学”、“中学”？或者说，究竟什么是“西学”？什么是“中学”？它们谁主谁次、谁本谁末、谁“体”谁“用”呢？

如果承认根本的“体”是社会存在、生产方式、现实生活，如果承认现代大工业和科技才是现代社会存在的“本体”和“实质”，那么，生长在这个“体”上的自我意识或“本体意识”（或“心

---

① 参看拙作《中国近代思想史论》，第2章。

理本体”）的理论形态，即产生、维系、推动这个“体”的存在的“学”，它就应该为“主”，为“本”，为“体”。这当然是近现代的“西学”，而非传统的“中学”。所以，在这个意义上，又仍然可说是“西学为体，中学为用”。

这个“西学”当然包括马克思主义，马克思主义是近代大工业基础上产生出来的革命理论和建设理论。但这马克思主义也必须随着世界社会存在本体的发展变化而发展变化。同时，“西学”也不只是马克思主义，还有好些别的思想、理论、学说、学派，如科技工艺理论、政经管理理论、文化理论、心理理论等等。我们今天的意识形态、文化观念以及上层建筑便应输入这些东西，来作为主体作为基本作为引导。西方自培根到康德，自文艺复兴到十九世纪初，启蒙经历了数百年的历史，中国的启蒙行程还如此之短暂，它在观念体系上彻底摆脱中世纪封建传统，就不是容易的事情。特别是与西方宗教相比，中国的伦理纲常由于有理性的支撑，从中解放出来，就更为艰难①。而西方启蒙文化对击溃中世纪封建传统，便是一种非常锐利的武器，所以，现在对“西学”不是盲目输入过多的问题，仍然是了解不够的问题。

现代社会是一个多元化和多样化的社会，现代的“西学”亦然。因之，在全面了解、介绍、输入、引进过程中，自然会发生一个判断、选择、修正、改造的问题。在这判断、选择、修正、改造中便产生了“中用”——即如何适应、运用在中国的各种实际情况和实践活动中。“实体（Substance）与功能即‘用’（Function）本不可分，中国传统也讲‘体用不二’：没有离‘用’的‘体’，‘体’即在‘用’中。因此，如何把‘西体’‘用’到中国，是一个

---

① 参见 Vera Schwarcz, *The Chinese Enlightenment*，California，1986 年。

非常艰难的创造性的历史进程。例如大家都早知道要去取西方的‘科学’、‘民主’，但在中国用起来，却由于没有意识到‘体’、‘用’转化的艰难性而遇到了重重阻碍。这就是由于对自己的国情和传统不够了解的缘故。”①

这也就是本文为什么要讲近代中国历史，从五四运动讲到太平天国的缘故。只有充分了解这作为“国情”的传统，才能清醒地注意到，首先不要使“西学”被中国本有的顽强的“体”和“学”——从封建小生产方式、农民革命战争到上层孔孟之道和种种国粹所俘虏、改造或同化掉。相反，要用现代化的“西体”——从科技、生产力、经营管理制度到本体意识（包括马克思主义和各种其他重要思想、理论、学说、观念）来努力改造“中学”，转换中国传统的文化心理结构，有意识地改变这个积淀。

改变、转换既不是全盘继承传统，也不是全盘扔弃。而是在新的社会存在的本体基础上，用新的本体意识来对传统积淀或文化心理结构进行渗透，从而造成遗传基因的改换。这种改换又并不是消灭其生命或种族，而只是改变其习性、功能和状貌。例如，在商品经济所引起的人们生活模式、行为模式、道德标准、价值意识的改变的同时，在改变政治化为道德而使政治成为法律的同时，在发展逻辑思辨和工具理性的同时，却仍然让实用理性发挥其清醒的理智态度和求实精神，使道德主义仍然保持其先人后己、先公后私的力量光芒，使直觉顿悟仍然在抽象思辨和理论认识中发挥其综合创造的功能，使中国文化所积累起来的处理人际关系中的丰富经验和习俗，它所培育造成的温暖的人际关怀和

---

① 拙作《“西体中用”简释》，见《冯友兰中国哲学史审查报告三》。

人情味，仍然给中国和世界以芬芳，使中国不致被冷酷的金钱关系、极端的个人主义、混乱不堪的无政府主义、片面的机械的合理主义所完全淹没，使中国在现代化过程中高瞻远瞩地注视着后现代化的前景。本来，即使是资本主义，也还需要有如基督教那种非以赚钱为唯一目的的责任心、天职感、职业道德，也还要某种献身精神，中国传统的文化心理中的上述许多东西，难道不可以由我们作出转换性的创造吗？中国没有基督教等宗教传统，是否能从自己传统文化中以审美来作为人生境界的最高追求和心理本体的最高建树？……所有这些，不也就是“西体中用”么？这个“中用”既包括“西体”运用于中国，又包括中国传统文化和“中学”应作为实现“西体”（现代化）的途径和方式；在这个“用”中，原来的“中学”就被更新了，改换了，变化了。在这种“用”中，“西体”才真正正确地“中国化”了，而不再是在“中国化”的旗帜下变成了“中体西用”。这当然是一个十分艰难、漫长和矛盾重重的过程。但真正的“西体中用”将给中国建立一个新的工艺社会结构和文化心理结构，将给中国民族的生存发展开辟一条新的道路和创造一个新的世界。

最后，从文化思想史看，这里还要注意的是，从中国目前的前现代化社会到现代化社会，和某些高度发达国家的走向后现代化社会，是三个不同的历史发展阶段，不能混淆它们。特别因为表面现象上前现代与后现代有某些近似处，便更需要予以清醒对待。不能因要求在现代中注意后现代问题，而将后现代与前现代混同起来。

例如，对待自然，前现代和后现代也许更强调人与自然和谐或重视人回到自然怀抱，现代化则重点致力于征服自然，改变环境；前者重视精神的自由享受，后者首先着力于物质生活的改善。对待社会，前现代和后现代也许更重视财富平均、社会福利，而现代则主要是个人竞争、优胜劣败。对待人际关系，前后现代都追求心理温暖，现代则基本是原子式的异化的个人。对待人生，在前后现代，伦理和审美占重要地位，人本身即目的、超功利、轻理性，否认科学能解决人生问题；现代则突出工具理性，关注于目的、功利、前景和合理主义，人自身常常成了手段。在思维方式上，前后现代均重直觉、顿悟和个体经验，现代则重逻辑、理智。在前后现代，每个人都是重要的，几乎无分轩轾。现代则是明星、天才、领袖、名家、奇理斯玛（Charisma）①的世界。……

所有这些描述，是非常粗陋和简单化了的。之所以作这种描述是想指出，尽管前现代和后现代有某些接近或相似之处，但两者在根本实质上是不相同、不相通的。现代与后现代尽管在表面上有些不同，在实质上却更为相通和接近。

为什么？因为现代和后现代基本上建筑在同一类型的社会存在的“本体”之上，即大工业生产之上，与前现代建立在农业小生产自然经济基地的“本体”上根本不同。正如没有下过五七干校的国外左派知识分子，会觉得简单的体力劳动是真正的愉快和幸福，吃腻了冰冻食物和习惯了家用电器会感到简单落后的原始生活充满了生气和快乐……实际上，这两者是根本不相同的。所以，在今天的文化讨论和文化现象的研究评论中，重要的仍然是历史具体的科学分析。所谓“历史具体的科学分析”，也即是说，首先要注意社会存在本“体”的区别，并以之作为前提。只有这样，才能在现代化的过程中，清醒地批判和吸取前现代中的

---

① 奇理斯玛当然前现代也有。

某些因素，包括中国传统文化心理结构中的实用理性、道德主义（甚至大锅饭中的某些积极因素），等等，来作为走出一条中国化的现代化道路的充分和必要条件，这就是《中国古代思想史论》一书所讲到的期望。

因之，我不同意绝对的文化相对主义。这种文化相对主义认为任何文化、文明均有其现实的合理性，从而不能区分高下优劣。原始文化与现代文明、农业文化与工业文化都是等价的，因为它们不能用同一标准去衡量，人们在这不同文化里的生活和幸福也是不能区分高下优劣的。这样，就甚至可以推论根本不必现代化。我以为，物质文明从而生活质量、水平（包括人的寿命长短）有其进步与落后的共同的客观尺度。不管哪一个国家、民族、社会、宗教，人们都希望乘坐飞机、汽车来替代古老的交通工具，都希望冷天有暖气，夏天有空调，都希望能通过电视、电影，看到听到世界上更多的东西，都希望能吃得好一些，居住得宽敞舒适一些，寿命长一些……人毕竟不是神，他（她）是感性物质的现实存在物。他（她）要生活着，就必然有上述欲求和意向。因此就仍然有一种普遍必然性的客观历史标准，而不能是绝对的文化相对主义。

但是，人毕竟又不是动物。除了物质生活，人各有其不同的精神需要，并且这种精神需要渗透在物质生活本身之中，也推动、影响、制约物质文明的发展，影响着物质文明所采取的具体途径。所以，文化发展既有其世界性的普遍共同趋向和法则，同时又有其多元化的不同形态和方式。不同的民族、国家、社会、地域、传统，便可以产生各种重大的不同。自五四以来，西化派从康有为、严复到胡适、陈独秀，强调的是普遍性，国粹派从章太炎到梁漱溟，强调的是特殊性。一派追求“全盘西化”，一派强调“中体西用”。只有去掉两者各自的片面性，真理才能显露，这也就是“西体中用”。

关键在于解释。解释正是过去与现在的某种融合。解释过去就是解释今天，反之亦然。为对近代以来“中体西用”的驳难而提出“西体中用”的新解释，正是如此。

（据讲演录音整理，原载《孔子研究》1987年第1期）

后　记

按照自己原来的计划，这本书准备最早在1990年写成，由于某些原因，现在提前了。因此，首先我得请读者们原谅本书是如此单薄和浮泛。但我估计，即使到1990年，这本书大概也无法写得很好，其中原因可以心领神会：这是个太艰难的课题。

这本书有意地更多采取了摘引整段原始资料的方式。一则为了给某些资料立案备查，留待以后填补发展；二则希望通过原始资料，由读者自己去欣赏、判断。但由于几乎每天四小时五千字的进行速度，摘引之匆忙、叙述之草简、结构之松散、分析之粗略、文辞之拙劣、思想之浮光掠影，看来比前两本思想史论更为显著。我希望过几年能有机会给三书作统一修订时，对这本多做些补充。

例如，这本书本来打算讲的一个中心主题，是中国近现代六代知识分子（辛亥一代、五四一代、北伐一代、抗战一代、解放一代、红卫兵一代）。这问题在《中国近代思想史论》提出过，原来想在本书中再做些论述。例如第五代的忠诚品格的优点，第六代实用主义、玩世不恭的弱点等等，都需要加以补充和展开。“代”的研究注意于这些“在成年时（大约17—25岁）具有共同社会经验的人”在行为习惯、思维模式、情感态度、人生观念、价值尺度、道德标准……等各方面具有的历史性格。他们所自夸或叹惜的"我（们）那时候"(my time)，实际是具体地展现了历史的波浪式的进行痕迹。仔细研究这些问题对每一历史阶段和每一代人的时代使命、道德责任、现实功能和其间的传递、冲突（如"代沟"）诸问题，对所谓社会年龄、生理年龄和心理年龄的异同和关系，当能有更清晰深切的理解①。从而，对这种超越个体的历史结构的维系或突破，便会有更为自觉更为明智的选择。"人世有代谢，往来成古今"，古今正是由"代"的凋谢和承续而形成。这是些很有意思的问题，只好等以后再写了。

中国现代知识分子，如同古代的士大夫一样，确乎起了引领时代步伐的先锋者的作用。由于没有一个强大的资产阶级，这一点便更为突出。中外古今在他们心灵上思想上的错综交织、融会冲突，是中国近现代史的深层逻辑，至今仍然如此。这些知识分子如何能从传统中转换出来，用创造性的历史工作，把中国真正引向世界，是虽连绵六代却至今尚远未完成的课题。这仍是一条漫长的路。

在这个近百年六代知识者的思想旅程中，康有为（第一代）、鲁迅（第二代）、毛泽东（第三代），大概是最重要的三位，无论是就在历史上所起的作用说，或者就思想自身的敏锐、广阔、原创性和复杂度说，或者就思想与个性合为一体从而具有独特的人格特征说，都如此。也正是这三点的综合，使他们成为中国近现代思想史上的最伟大人物。但是，他们还不是世界性的大思想家②。正如别林斯基在评论普希金是俄罗斯伟大作家时所

① 关于"代"的研究，可参阅 Jalian Marias, *Generations: A Historical Method*。

② 如格瓦拉一样，毛泽东六十年代在世界上产生过短暂的政治性的思想影响，但并不具有历史性的世界意义。

说，普希金虽然具有与世界上任何大师相比也毫不逊色的创作才能，但他的创作却仍然不可能与莎士比亚、拜伦、席勒、歌德相比，他的作品内容的深度和广度还不够用这种世界性的尺度来衡量，他还不能产生真正世界性的巨大影响。这是因为俄罗斯民族当时还未真正走进世界的缘故。中国近现代也是如此。因此，当中国作为伟大民族真正走进了世界，当世界各处都感受到它的存在影响的时候，正如英国产生了莎士比亚、休谟、拜伦，法国产生了笛卡尔、帕斯噶、巴尔扎克，德国产生了康德、歌德、马克思、海德格尔，俄国产生了托尔斯泰、陀思妥耶夫斯基一样，中国也将有它的世界性的思想巨人和文学巨人出现。这大概要到下个世纪了。

我愿为明天的欢欣而努力铺路。

1986 年 10 月

附录：再说“西体中用”

——在广州中山大学、香港中文大学的讲演（1995年春）

一　背景来由：回应批评

为什么选这个题目？得回顾一下来由和背景。在座的一些朋友知道，我这五年一直是被批判对象。有人作粗略统计，批我的文章在百篇之多，超过批判其他人的总和。我手头远不完备的存目的有六十余篇。这种批判今天仍在继续。

我为此感到非常荣幸。这些批判文章绝大部分散在各处刊物上，不易找到，也很少人看。我已建议某出版社把文章选编个集子，以广传播，也便于与我的著作对照比较。现在正在进行，估计不久可以出版。其中我也看了一些。除故意耸人听闻和肆意谩骂的外，也有“说理的”。“说理”集中在我所提出的三个问题上：“救亡压倒启蒙”、“主体性”和“西体中用”。“救亡压倒启蒙”，我已谈了不少，我觉得够清楚了。而且好些学人一直在为我辩护，最近看到一本书，其中直截了当地说，我赞成李某某的“救亡压倒启蒙”说，如何如何，居然出版了。第二个问题是纯粹哲学问题，因为在座多数人并非哲学系的，我想也不讲了。今天就只讲讲“西体中用”。

除海内的批判外，海外对我的“西体中用”说也有好些批评。我多年来也一直没吭声，有人认为我已经改变了。有人认为我当年不过随便一提，或“立异以为高”，哗众取宠；事过境迁，也就不说了。其实，都不然。我当年是认真提出这一说法，而且至今坚持。因此下面就“再说”一番。总而言之，“再说”者，以前说过也；说过而遭批判，是以再说也。

二 词语问题：突出矛盾

“西体中用”。首先，什么叫“体”？什么叫“用”？“体”指本体、实质、原则（body，substance，principle），“用”指运用、功能、使用（use，function，application）。

许多批评者异口同声地说，现在（现时代）为什么还要使用“体、用”这种“早已过时”的陈旧的语言、词汇？“体、用”这语词太古老，太不科学了。的确，“体”、“用”这对词是中国古典哲学的传统术语，含义模糊，缺乏严格的定义或规范。那为什么我还要使用这种词汇？简单说来，这就因为它还有生命力。我提出“西体中用”受到如此猛烈的批评，说明这个词语的确能够刺激一些人的神经，那又何乐而不用呢？语言以及语词的意义本来就在使用之中。我的“西体中用”本是针对“中体西用”“全盘西化”（亦即“西体西用”）而提出的。它产生在特定语境中，也只有在这语境中才有意义。所以我多次强调，如果没有“中体西用”和“全盘西化”这两种思想、理论、主张、看法以及语词，我也就不会提出和使用“西体中用”。“中体西用”

“全盘西化”这两个词组和观念、思想既然至今仍在使用、流行，仍有广大的市场、基础和力量，那为什么我不可以坚持使用“西体中用”呢？

其次，有的批评说，当时严复等人批评“中体西用”时就说过，“体”、“用”不可分，牛之“体”不能有马之“用”，怎么可以说“中体”、“西用”或“西体”、“中用”呢？对，“体”、“用”不可分，这是中国哲学的基本思想，这下面还要讲。但之所以出现这种分割，却深刻地反映了一个重要的现实问题，即现代化与传统的尖锐矛盾。一百年前的学人为了解决这个矛盾，提出了“中体西用”；继承前人的这种感受，我今天则是自觉地要在语言上突出这个矛盾。表面看来不通，实际却很重要。因此，在我看来，某些论者故意避开“中”、“西”、“体”、“用”，或提出“中西互为体用”论（傅伟勋），或提出“中外为体，中外为用”论（周策纵）等等；表面看来，十分公允，实际上等于什么话也没说，而恰恰是把现代与传统这个尖锐矛盾从语言中消解掉了。

第三，为什么是“中”、“西”呢？现代化不等于“西化”，为什么要用“西”体“中”用呢？的确，现代化并不就是西化。但无可讳言，现代化的基本观念、思想特别是物质方面的因素、基础，如近代的生产工具、科学技术以及生产关系、经营管理都来自西方，是从西方资本主义世界学习得来的。今天中国不还在大讲“开放”、“引进”吗？既然如此，用“西化”来概括“现代化”，特别是物质生活的“现代化”，又有何不可？大家今天都用的电灯、电视、冰箱、空调、汽车……它们作为现代化生活的重要标志，不都是从西方引进、学习得来的吗？不害怕“开放”，不害怕“引进”，为什么要害怕“西化”这个词汇呢？

总之，我维护“西体中用”这个词语的合理性，认为它是有现实意义、有生命力的语词。它凸现了现代化与传统的关系这个重要问题。

三 历史回溯：三派意见

既然“西体中用”主要是针对“中体西用”而发，那么，首先就应讲讲什么是“中体西用”。

“中体西用”有一百多年的历史。它的意义和作用也有重要变化。“中体西用”在十九世纪五十年代，甚至到九十年代初，也就是说在整个洋务运动和早期变法维新的思想和活动中，它具有很大的进步意义。它强调尽管正统意识形态（儒家伦理学说）和政治体制（君主专制制度）作为本体、实质、原则不能动摇，但必须采用西方的技术、科学以及某些经济政策（从购买近代军事武器、开办近代军事工业到支持民营近代工商业等等），甚至某些政治改革，这样才能抵抗西方的侵略和使中国富强。因此，当时的“中体西用”说强调的是“西用”，强调的是要引进西方的科技工艺以及某些新体制等等。这与顽固派盲目地排斥西方的一切，认为即使近代科技也是“奇技淫巧”，有害于中国传统，因此不应学习的主张和态度是相对立和冲突的。当时的先进人士用“中体西用”来概括他们“向西方学习”的新思想，来与顽固守旧派相对抗，它起了推动中国现代化进程的正面作用。

转折点是上世纪九十年代后期，即甲午（1895）戊戌（1898）时期。“中体西用”的思想、理论由推动中国现代化进程转向了阻碍这个进程的方面。为什么？因为当时开始突出了政治改革的巨大问题。甲午战争中的惨败，似乎说明仅仅“船坚炮利”、引进现代工艺科技等等“西用”，并不能拯救中国。因而这个时期“向西方学习”

的重心已开始转向引进西方的经济、政治的思想理论，转向于如何尽速进行政治改革，才能抵抗侵略，振兴中华。这个时候，可说出现了三派思想、三种倾向。

第一派即“中体西用”派，代表人物是张之洞。张之洞接过八十年代郑观应等人“中体西用”的说法，写了《劝学篇》。如果说，上阶段郑观应等人强调的是“西用”，这时候张之洞强调的则是“中体”。他大讲“旧学为体，新学为用”，前者是“本”，后者为“末”。其基本思想是，主宰中国两千年的儒家正统的意识形态和君主专制的政治体制即传统的纲纪伦常是“中体”，绝对不能改变。他着重指出，西方的民权、民主思想绝对不能在中国实行：“民权之说无一益而有百害……使民权之说一倡，愚民必喜，乱民必作，纪纲不行，大乱四起”；“不可变者，伦纪者，非法制也；圣道也，非器械也；心术也，非工艺也”；“以孝悌忠信为德，以尊主庇民为政，虽朝运汽机，夕驰铁路，无害为圣人之徒也”，如此等等。这就是说，只要传统的儒家意识形态和君主专制的政治体制即“圣道”、“伦纪”不动，其他都是可以改变的。以后的所有“中体西用”论，也都是着重在保卫“中体”，即强调中国本土的传统不能改变。他们认为这是“立国之本”，要坚决捍卫它，不能“西化”。什么传统呢？有的指政治传统，有的指文化传统，有的实际上是文化为表政治为里，或以“文化”名义或“革命”名义出现的政治传统，今天大陆是“中体西用”论，港、台现代新儒家的“由内圣开外王”，也是一种“中体西用”论，这里不能详说了。

第二派是“全盘西化”。上个世纪还没有这名词，也还没有这主张，但已有苗头，即激烈地抨击和否定中国本土的传统，包括政治传统和文化传统，这个苗头就是谭嗣同。谭在 1898 年写了《仁学》这本书。这本书猛烈地抨击和否定了二千年来占据社会统治地位的儒家正统意识形态和政治体制。他说，“二千年之政，秦政也，皆大盗也……二千年之学，荀学也，皆乡愿也。唯大盗利用乡愿，唯乡愿工媚大盗，二者相交相资……”既然是“大盗”，就该打倒、推翻，“彼君的不义，人人得而戮之”；“铲除内外究兖诸公而法可变”；“今日中国能闹到新旧两党流血遍地，中国方有复兴希望”；“志士仁人求为陈涉、杨玄感以供圣人之驱除，死无憾焉”。总之，只有通过流血革命，才能改革政治，振兴中国。同时，谭嗣同强调必须“冲破重重网罗”，彻底摧毁传统儒家的伦理教义，“五伦不变则举凡至理要道，悉无从起点”。他认为“仁—通—平等”才是普遍原理，人人都应像朋友一般地自由和平等，“民主者，……君臣，朋友也；……父子，朋友也；……夫妇，朋友也”。总之，一切关系必须建立在人人平等的基础之上。所以，我认为谭嗣同实际上是中国近现代政治激进派和文化激进派的源头和先行者，是辛亥革命和五四运动的前驱。尽管由于时代的关系，谭嗣同在政治活动中还从属于改良派，在思想上还不能直接责骂孔子，但实际上已开始是“全盘西化”（全盘地否定中国传统政治和传统文化）的思想家了。这种激进思想后来影响越来越大，不但辛亥和五四，而且与以后的各种革命各种激进思想和情绪都常常一脉相承。甚至到八十年代末，不仍然有人要做谭嗣同，有人主张要流血遍地才能“唤起”民众吗？

如果说，张之洞的“中体西用”是保守主义，谭嗣同的“流血遍地”是激进主义，那么，我以为处在两者之间的康有为，恰好可算是“西体中用”的自由主义。张之洞强调的是维护、捍卫传统的等级秩序，谭嗣同要求用激烈方式打破这种既定秩序，强调人人平等，那么康有为则更多立足于个体自由，主张渐进地改变现存秩序。这便是我所赞同的第三派意见。

康有为有一本非常出名的著作《大同书》，描绘了一个建筑在现代大工业生产之上的乌托邦。在这个乌托邦里，没有国家，没有军队，没有权威，没有等级，没有家庭；人人工作、读书、娱乐，自由、平等、博爱，真有点像《共产党宣言》所说的社会将是“自由个体的联合”的味道。它不仅是“西化”，可以说是超西化。例如，《大同书》说那个时候没有家庭，男女结婚要订契约，为期一年，期满如双方愿意，再行续约；生儿育女由公众设立的机构来培养教育；人死了火葬，骨灰统统用作肥料，如此等等。现在看来无足新奇，但百年前连西方也很少人能如此想如此讲。这些思想当然是非常激进的，但有意思的是，他写了这本自以为“至善至美”的大著作，却坚决不让它出版。他拒绝学生们的多次请求，终其生未出全书。为什么？他的一个学生说，“（康）思大同之治，恐非今日所能骤行，骤行之恐适以酿乱，故秘其稿不肯以示人。”（张伯桢《南海康先生传》）康有为虽然当时也大喊过要“全变”“速变”，但他的具体政纲和策略却只是“渐变”“缓变”，并且故意打着孔圣人的旗号和所谓“公羊三世”说来要求这种“渐变”。虽然今天看来，他在具体策略上仍嫌过速和性急，不如严复稳健，但这有主观（康只是普通士子，不熟悉北京官场的政治力量如帝、后双方种种错综复杂的关系和矛盾）和客观（所谓“外患日亟”、“国将亡矣”的救亡形势）上的好些原因，难以深责。总之，比起他的“大同理想”来，他是根据当时中国国情（庞大而落后的中国和一个腐朽了的以少数民族为核心的统治政权），想以逐步渐进的不流血方式使中国迈向现代世界。他认为只有逐步进行政治、文化、教育各方面的改革，才能真正发展经济，使中国富强。西方式的民主民权的政治改革是完全必要的，但必须逐步渐进，慢慢来。在《大同书》里，“去家界作天民”即实现个体自由是最核心的一章，其中特别揭露了传统家庭和社会对妇女的残酷迫害。但当时康有为所具体做的只不过是不让自己的女儿缠足，成立“不缠足会”而已。这也就是梁启超讲的“其思想恒穷于极大极远，其行事恒践乎极小极近，以是为调和，以是为次第”(梁启超：《康有为传》)。

上面异常简单地回顾了一下历史，百年前是三种倾向、三派意见。对照今天，不几乎仍然如此么？并且仍然是“中体西用”派占据着统治地位：引进科技工艺，只搞经济改革；政治上仍然支持“革命传统”老一套或儒学传统老一套（这是今天大陆“国学热”一个重要原因），认为它们是“本”是“体”，不能改变。“全盘西化”思想则主要在某些青年知识分子和海外民运人士中流行，他们要求立即推翻或改变政权，实行西方的政治制度。尽管这两种意见不一定再用“中体西用”“全盘西化”等词语，代之以“新权威主义”、“新保守主义”、“人权”、“民主”等等，其内容实质并未改变。而我所提出的“西体中用”，则正是针对这现实情况和这两种倾向和意见而发。从历史说，则可看作是对康有为改良思想更为明确的继承和发展。

四 “体”乃新解：衣食住行为根本

所谓“更为明确”，是指对“西体中用”中的“体”，我作了一种以前没有的新的解释。本来，“中体西用”是“中学为体，西学为用”的简说。但我在1986年的文章中就指出。“学”(学问、知识、文化、意识形态) 不能够作为“体”；“体”应该指“社会存在的本体”，即人民大众的衣食住行、日常生活。因为这才是任何社会生存、延续、发展的根本所在。“学”不过是在这个根本基础上生长出来的思想、学说或意识形态。所以，以现代化为“体”也好，名之曰“西体”也好，首要便是指这个社会存在的基础、本体亦即人民大众的日常生活、衣食住行在现代工业生产基础上的变化。人们不再骑马乘轿而坐飞机汽车，不再用油灯团扇而有各种电器；人也不只是填饱肚子，而有各种游乐需要。康有为曾说：“夫野蛮之世尚质，太平之世尚文，尚质故重农，足食斯已矣，尚文故重工，精奇琅丽惊鬼神，日新不穷，则人情所好也。故太平之世无所尚，所最尚者，工而已。太平之世无所崇高，所崇高者，工之创新器而已……自出学校后，举国凡士、农、商、邮政、电线、铁路，无非工而已。”（《大同书》）这就是现代社会、现代化的“体”。我在 1979 年出版的《批判哲学的批判》一书里，把制造—使用工具作为人与动物的分界线，作为人类的基本特征和社会存在的本体所在，也就是把发展科技生产力作为进入现代社会的根本关键，这也就是“西体”。

我这个看法既不同于现代西方马克思主义，也不同于现代港台的新儒家和大陆的新国学。为了对抗它们，我提出“回到原典”，即回到经典的马克思主义和经典的儒学，即回到马克思和孔子本人。大家都知道，孔子本人很少谈心性和形而上学，颇不同于宋明理学。孔子很注意发展经济，讲“富之”、“教之”、“足食、足兵”。宋明理学所特别推崇的孟子，也讲“救死而恐不赡，奚暇治礼义”？即第一位的问题是吃饭。孟子说“盍反其本矣”，这个“本”乃是“五亩之宅，树之以桑……老者衣帛食肉，黎民不饥不寒”等等。他的“不忍人之心”正是为了“行不忍人之政”。经典儒学包括孔、孟、荀，都不像后世宋明理学或现代宋明理学即现代新儒学那样专谈心性，以道德为社会的本体，以致引出对妇女“饿死事小，失节事大”之类的残酷律令。我以为将“道德”、“心性”作为社会的本体，这还是张之洞的那一套，我是极不赞成的。甚至包括《易传》讲的“生生之谓易”“天地之大德曰生”这些后世理学津津乐道的所谓“生命哲学”的语句，我以为也应该首先把它落实到民生日用即人民大众的衣食住行、日常生活上来，才有真正的坚实基础。抛开人民大众的衣食住行即现实的生活、生存和生命，来高谈“超越的存在”、“道德的生命”，实在是有些不着边际，于心何忍？我认为这倒恰恰违背了原典儒学的精神。

经典儒学如此，经典的马克思主义即马克思、恩格斯更如此。粗浅地说，马克思主义可说有两大特征，一是批判资本主义，一是唯物史观即我所谓的吃饭哲学，其实前者也是从后者引申出来的。但现代西方马克思主义大多只注意前者，并且把前者搞成只是某种文化批判。于是马克思主义除了在落后国家搞了“武器的批判”（“列宁主义”、“毛泽东思想”）外，就只剩下这种文化、思想的“批判的武器”了。但这两个方面的“批判”都不太成功，以致今天的马克思主义似乎成了陈旧过时和影响日趋缩小的思想学说。我以为，原因之一在于，迄今为止，马克思主义仍然缺少从唯物史观基础出发的建设理论，缺少建设性的政治理论、经济理论和文化理论（也有一些，如当前欧美对社会主义前景的探讨，但总体说仍太不够，极不够）。它大多半只是“批判”和“革命”。但整个人类无论物质上或精神上，都是一种通由历史进行自我建设的过程和成果。“批判”和“革命”不过是这个建设过程中短暂时期的特定手段而已。所以回到经典的马克思主义，回到唯物史观，就是为了从这里开发出一种建设性的马克思主义。这就是我的“吃饭哲学”。我这哲学曾被嘲笑为白痴哲学，因为白痴也知道要吃饭。吃饭似乎是一个太普通太简单太不值得讨论的现象了。如果马克思只发现了人要吃饭，还能成为什么“主义”和“哲学”？这简直荒唐之极。大陆、海外都有人这么批判我。其实不然。吃饭远远不是简单事情；相反，它是件大不容易的事。从而“吃饭哲学”的内容也远远不是“仓廪实而知礼义，衣食足而知荣辱”（《管子》）这些重视衣食的古老思想所能代表或概括的。其实，人类正是以其吃饭的特点而区别于其他动物。这一特点不但使人类能够长久延续和发展，而且也才引发出现代化的种种问题。这个吃饭的特点就是我在《批判哲学的批判》里讲的制造—使用工具。“吃饭哲学”强调的正是这个人类所特有的科技工艺生产力的活动，这也就是我所谓的社会存在的“工具本体”。我以为这是人类生活、生存、生命的基础、本源，即“体”是也。这就是“体”的新解。

可见，对“体”的这种新解倒恰恰是回到经典儒学和经典的马克思。从建设物质生活和精神生活的角度如何把这两种“经典”结合起来，是我所想做的工作（例如我提出“情感本体”这一观念，它在未来将日益重要，这里没法讲了）。

五 “用”是关键：转化性的创造

如一开头所讲，“体、用”本不可分，把它们故意分开是为了在语言上突出现代化与本土传统的矛盾。因为尽管物质生活上的硬件——冰箱、空调、电视机等等世界通用，并无国界；但人们的生活软件中包括经济组织、政治体制、生活习惯、行为模式、人生态度、价值观念、思维特征等等，却因不同政治、文化传统而不相同。从而由现代物质生活的变化就会带来各种大小不一、程度不同的对立和冲突。例如，过去的大家庭会变成小家庭，过去的集体观念会让位于个体观念，人们对权利、义务、利益、幸福、就业、报酬、竞争、合作……会有各种不同和对立、冲突的看法和行为。在中国，传统政治、文化据以为生存基地的“体”（非商品经济的农业小生产占据主要地位）虽然已经日趋崩溃，但它的许多上层体系、价值观念关系仍然存在，并成为巨大的习惯力量。因此在现代化的过程中，如何处理诸如个体与群体、效率与公平、竞争与合作、权利与义务、幸福与正义、民主与专政等等问题，便与在已有数百年个人主义为基础的西方文化传统中，会大不一样。这既不是简单踢开传统，全盘西化，可以奏效，也不是抱残守缺、推崇传统，可以成功。所以，“西体中用”，关键在“用”，如何使中国能真正比较顺利地健康地进入现代社会，如何使广大人民生活上的现代化能健康地前进发展，如何使以个人契约为法律基础的近现代社会生活在中国生根发展，并走出一条自己的道路，仍然是一大难题。尽管讲现代化已经百年，各种方法也都试过，包括激烈的政治变迁（辛亥革命）、激烈的文化批判（五四运动）、激烈的社会革命（1949年的革命），都未能使这个社会存在的本体迅速前进，中国至今仍然落后于先进国家许多年。我以为重要原因之一，是未能建设性地创造出现代化在中国各种必需的形式。

关键在于创造形式。为此，我提出“转化性的创造”。这词语来自林毓生教授提出的“创造性的转化”，我把它倒了过来。为什么倒过来？我以为尽管林毓生的原意不一定如此，但“创造性转化”这词语容易被理解为以某种西方既定的形式、模态、标准、准绳来作为中国现代化前进的方向和所要达到的目的，即中国应“创造性地”“转化”到某种既定或已知的形式、模态中去。在这方面，我同意崔之元一篇文章中提出的不要搞“制度拜物教”的说法，即不一定要以西方现成的模式作为模仿、追求、“转化”的对象，可以根据中国自己的历史情况和现实情况创造出一些新的形式、模态来。它的前景是 open 的。尽管我不懂经济学，对崔之元那些具体的经济主张，我提不出赞成意见；我也完全不同意他所主张的“第二次思想解放”和推崇河北南街村的看法，更反对他完全误解以至推崇 1949 年后的许多错误，如把今日的乡镇企业看作是人民公社时期社队企业的转化和延续等等观点。但强调“创造”新形式，而不是“转化”到西方的既定形式这一基本思路，我是赞成的。当然“创造”比“转化”会需要更多的尝试错误，需要更多的修补改正，但我以为，付出这些代价仍是值得的，因为它是在寻找一些最适合中国情况的模态和形式，如果能够找到，就会发展得更好更顺利更健康。

下面分经济、政治、文化三个方面具体谈谈。

(A) 我不懂经济，不能乱说。我只觉得从目前情况看，第一，十多年来蓬勃兴起的乡镇企业，便可以是某种发展中的新形式，因为乡镇企业中又还有多种多样的具体模态，它可以有各种发展的可能性。有人认为乡镇企业不过是某种过渡，它不可能稳定，将来定要“转换”为西方私有企业形式，或附属于、被主宰、被支配于私有大企业的体系之下。是否一定会如此或要如此呢？我以为不必然。乡镇企业目前实际同时受到两个方面的威胁。一方面是它可能逐渐沦为私有大企业（独资或合资）的附庸，失去独立地位。另方面是政府行政干预过多，又逐渐沦为变形的国营企业，失去效率。目前急需加紧探索，摆脱这两方面的威胁或压力，来走出自己的路，即进一步巩固和发展这种新形式。第二，国营企业如何办？是不是一定要全部私有化？我看也不必然。可以让各种不同形式、不同公私比例的所有制在市场经济中去公平竞争不更好吗？可以创造出在国有基础上实行自经理人员始的雇用劳动制，即打破铁饭碗追求利润、辅以社会保险基金的各种新形式，如此等等。这里面的确有巨大矛盾。例如，一方面，应坚决保持足够的国有资产，否则将影响中央政权的力量和权威；另方面现在国有资产进入市场经济又太不够，许多公共事业如交通、教育、运输、邮电等等效率低下，亏损巨大，急需进入市场才能改变。如何掌握好“度”来处理这个矛盾？关键似仍在于创造出新的形式。此外，目前为吸引外资，沿海开放，但长此以往，容易失去平衡。今后恐怕必须强调开发内地，尽快开发长江流域和中西部，以形成广阔的国内市场，这才能真正奠定自己的经济基础，而不为跨国公司的资本利益所主宰。在未来时期也可能需要重提具有崭新意义的“独立自主，自力更生”。总之，在相当长的时期内，都需要提倡创造各种新形式，当然应该让已经出现的各种新形式自由发展，不要认为不合“规范”，不符合西方的模式、标准而轻易抹杀或否定。如何以效率为主兼顾公平，尽量掌握好个体与群体、私有与国有、个人发展与共同富裕、保持国家主权与参与世界经济的各种不同的适宜的“度”，以尽可能地避免今天资本主义世界的各种严重风险和弊病，便是极为重要的事情。在全世界，大概只有中国目前还有这种现实的可能性，其他国家如东欧、前苏联以及非洲等等大体上都已踏上“全盘西化”的不归路了。在中国的这种现实可能性，大概也只有二十年左右。如何把握住这个要害时机，走出一条对人类前途至关重要的新路，是非常值得珍视的。因为经济上的“全盘西化”即全盘资本主义化未必好。美国社会的暴力、吸毒、贫富悬殊、种族歧视、家庭破碎、变态色情等等严重的社会问题，固然有政治、文化方面的重要原因，但跨国公司、垄断集团的经济利益也起了基础性的重要作用。因此，千百年来有关“社会主义”的种种美丽、健康的理想，是不是可以不通过乌托邦的整体工程和革命实践，而通过局部制度的不断创造、积累、摸索、改善而缓慢地逐渐实现呢？为什么中国一定要向美国看齐，重复资本主义的道路呢？十二亿人如果有一天都处在今日美国的境地中，那将是人类的一大灾难。为什么人类不可以有更好的理想呢？

（B）政治上也如此。如果说经济发展从而其体制的演变，更多被决定于科技工艺生产力的发展的话，那么，政治上层建筑和政治形态便具有更多更大的独立性。当然，以个人契约为基础的现代法治，必然要求权力分散（三权分立）、司法独立、舆论开放、个人自由、公平竞争等等，而大不同于中国传统社会的“三纲五常”的等级秩序和群体至上政治观念。这方面“中”“西”的对立和冲突更为突出。从而，如何把产生在现代化经济基础之上的上述政治观念和体制，真正实现在中国，不但化解它与传统观念和体制的矛盾和冲突，而且还设法与传统观念、习惯接头，使二者交流融合，便是当今要务之一，固守传统固然不行，全盘西化也未必可通。这方面迫切需要的恐怕仍然是新形式的创造。

权力分散、司法独立、舆论多元等现代政治的民主体制，虽然是现代化经济（“西体”）的必然要求，但目前能立即在中国大陆实行多党制、普选制或“民选总统”吗？中国大陆如此之大、穷，人口奇多、文化落后，政府权威和行政效能日趋下降，如立即实行上述制度，我怀疑将是天下大乱，多年不已，从而严重阻碍经济发展和各种建设。在缺乏严格的程序控制和强有力的行政效能的保障下，实行今天美国式的民主，很可能将蹈“文革”时的那种大民主实际是大破坏、大捣乱从而大失败的覆辙。

是不是根本不要民主呢？是不是依靠或指望一个或数个强人作为绝对权威来进行统治，以实现中国的现代化呢？这是新权威主义或新保守主义的主张，是我一直所反对的。我认为这些“主义”只是张之洞“中体西用”的新版本。如前听说，“西体中用”与“中体西用”的主要分歧在于前者要求政治改革而后者反对。“西体中用”与“全盘西化”的分歧则在于前者主张慢慢来而后者反对。所以，“西体中用”不是主张不进行政治改革，而是主张创造新形式，逐步进行改革。在中国长期一党专政的现实情况下，首先应该实行党内民主。所谓党内民主，不只是每个党员有权利就政治问题公开发表意见，提出主张，而且应逐步允许在党内形成不同的公开派别，在党章规定范围内进行讨论、争辩和斗争。同时，各民主党派应努力争取某种半独立的地位，在宪法规定的范围内，与共产党进行合作和斗争，以真正实现“互相监督”。人大、政协则努力争取逐步真正“参政、议政”而最后主政。所有这些，在相当长的时期内都可以并不根本改变所谓“中国共产党的领导”。可见，总的说来，政治方面也有许多活动、模态、组织的新形式等待人们去创造。而厉行立法和坚决执法即实行法治，则是与实现上述民主交互促进、相辅相成的前提和条件，也是今日中国政治改革的主要环节。我在 1992 年的“要改良不要革命”的文章中曾强调中共今日要作为遵守和执行法律的模范，中共和中国便大有希望。法律中我又强调程序法的首要意义，如此等等。

从历史（二千年及近百年）经验和现实情况看，中国应竭力避免的最可怕的潜在危险和最坏的前景是“四分五裂打内战”。

一打内战，便一切全完，也就根本谈不上什么现代化。如果放任地方经济坐大，没有一个强有力的中央来控制和协调，便难免不因经济利害的矛盾，逐渐酝酿而演成内战局势。同样，如果放任某种民族情绪、宗教情绪蔓延扩展，也有这种危险。一个统一的中国，如此众多人口，广大市场，地下资源丰富，劳动力丰富，对实现现代化和对各地方、各民族、各不同宗教的信徒们，总体上说，都是大有好处的。更不用说为了维持社会治安、稳定物价、调节和消化数以几亿计的农村剩余劳动力，一个强有力的中央政权的重要性了。所以，多年来我强调中央政权以及各级地方政权的权威性，强调当前应保有相当力量的国有资产等等，即以此故。当然，历史的经验也证明，中央权威过大常常束缚地方积极性和私有企业的发展，从而阻碍现代化的进程。目前也仍有这方面的严重问题。如前所说，大陆市场经济还发展得远不完备，很大一部分国有企业并未进入市场，这很容易造成政治保守势力的再次抬头，要求开倒车走回头路。的确有这种危险。但权衡起来，只好两害取其轻。并且希望在入关以后与国际经济接轨，再加上真正实现政企分离，使“走回头路”的危险日渐减少。

在政治改革方面，有些事是可以开始进行的：第一，正是在主张中央和各级政府有足够的权威性（即有法律依据的权威性）的情况下，我以为应该尽速但逐步地开放舆论，逐步实行宪法已有规定的言论自由和出版自由。这种“开放”包括自上而下的宽容、允诺和特别是自下而上的争取自主。总之，让大家以公开形式自由而负责任地发表议论，监督各级政府、机构以至社会。这没有什么可怕的，恰好是对社会、对个人和对政府大有好处的事情。例如在防止、揭露和打击贪污腐化方面便大有用场。而不负责任的言论，则可以通过法律程序来惩治、处理。在好些发达国家，公开宣传推翻政府不也要治罪吗？

第二，逐步履行宪法规定的“结社自由”，颁布有关具体结社的法律和条例，允许各种民间组织即“公众社会”与“公共空间”的合法存在和发展。各种商业性的、职业性的、娱乐性的民间社团的存在发展将带来民主习惯的建立，民主程序的锻炼，并影响和制约各种政治活动，为政治民主提供各种必要的准备和条件。

第三，自觉地改变战时体制、观念和习惯。大陆沿用的各种制度、规范、要求、观念，本大都来自战争时期。所以几十年来只有灵活多变的政策，而没有相对固定的法律；只有领导人意志从而开条子便可办事，而缺乏一定的手续、章程、程序；只有“群众运动”而没有议事规则；“保密”范围又大（这不正是战时习惯么？），缺乏信息自由交流……如此等等，难道不应该尽快改变吗？

第四，目前开始的政企分离、差额选举以及基层组织试行普选等等，都是非常重要、极其值得重视的政治改革的实际措施和步骤，应该大力鼓励和大力坚持。

总之，我认为，现代经济的发展必将逐步产生社会关系的改变和“公众社会”、“公众空间”的扩展和言论控制的失效，尽管这进程是缓慢的、逐渐的，有时甚至有反复，没有戏剧性的急剧变化，但倒可能会更坚实和稳固。在政治上我更不赞同盲目崇拜和模仿西方。应该看到，像历时多年、损失惨重而久久不能纠正的越战错误，便发生在美国的民主制度之下。至今美国，金钱仍然严重影响着司法审判的公正，舆论、报刊、电视等各种媒体仍然为某些经济—政治势力所主宰、控制，并不“民主”、“自由”。当然，也应该肯定，在历史上各种政治体制中，英、美民主制度是其中最不坏的。但它远远不是完美无缺的。这方面，是不是可以在学习、参照西方经验的前提下，允许现代中国作出某些新形式的创造呢？

我不是政治学家，没有什么学理研究，也没有什么细致分析，这些都只是些很肤浅、很表面的意见而已。

总起来说，上面都是强调逐步改良，包括前述的开放舆论，我也强调它应是逐步放开。这些也就是所谓“转化性”。人们一般爱讲“革命性的创造”，“转化性的创造”正是针对“革命性的创造”而发。后者认为只有尽速地彻底地打破、冲毁、推翻旧有的、现存的形式、模态、秩序、制度、规则，才能创造出新的东西。所谓“不破不立”。我今天强调的恰恰相反，主张不必彻底破坏、迅速政变，而可以逐步“转化”，或旧瓶新酒，或即旧立新，或推陈出新，使旧形式逐渐转成新形式。

为什么把这个“转化性的创造”说成是“西体中用”呢？这便是前面所说的要使现代化的“西体”“用”在中国这块土地上，由于中国传统势力的强大和顽固，在经济上政治上便都需要逐步地才能坚实地前进。需要善于利用旧形式，善于“摸着石头过河”，从旧躯壳中创造出新形式，既不能固守传统、原地踏步（“中体西用”），也不要亦步亦趋、照抄西方（“全盘西化”），这不也就是“西体中用”吗？

好些人批评我这个“西体中用”是经济决定论。其实，与其说是经济决定论，不如说是经济前提论，因为我从不认为经济能直接决定政治、文化等等，市场经济也并不必然地带来现代民主。但现代民主却以前者为前提，否则便不稳固。而我在提出“经济发展→个人自由→社会正义→政治民主”四顺序（见《回望二十世纪中国》一书）时，便说过这只是大体区划，并不可截然分开。如我上面强调的开放舆论、言论自由，便是在今天“经济发展”阶段中提出的。它既属“个人自由”的范围，同时不也是一种“政治民主”的步骤吗？但如果没有现代经济的存在和发展，这一切恐怕都难以保障和持久。经济是在“最终意义”上（恩格斯语）和长时期（常以百年计）内对其他一切起着决定性的作用。经济发展具有某种不以个人的意志为转移的客观必然力量（因为每个个人都为自己的衣食生存而奋斗，其“合力”则难以预料），但在其他领域，偶然性以及个人（如领袖们）作用非常巨大。因此，注意中国的历史经验和现实情况，使现代化的世界潮流（西体）在中国这个巨大的时空实体中健康地成长，利用中国既定的各种资源便十分重要。其中当然包括文化资源。

（C）文化问题。现代化与传统在文化的各个方面都有尖锐的冲突和不断的交锋，真是千头万绪。七八十年前陈独秀所讲的，上面也已多次提到的“个人本位主义”与“家庭本位主义”的差异和冲突，恐仍是其中要点之一。前者以个体为社会的基础，强调个人权利、公平竞争、契约关系、私有财产、公和私的区分等等；后者以群体为社会基础，强调伦常关系、个人义务、等级秩序、家国一致、公私一体等等。值得注意的是：五四以后的中国现代的“革命传统”倒与固有的这种传统大有一脉相承之处，仍然是集体、义务、合作……高于个体、权利、竞争……这些，前面也都讲到了，因之两者的差异和冲突在今天便日趋尖锐，人们都大谈“信仰危机”、“道德危机”。马列原来是信仰，现在不信仰了，怎么办？“克己奉公”、“大公无私”原来是理所当然的人生信念、生活原则，如今不灵了，如何办？于是，政府一而再、再而三地宣传学雷锋、倡奉献，但效果甚微。于是，有人主张应在中国普及基督教，认为大家都信基督，便好办了。我估计虽然基督教在中国会有很大发展，但要它成为中国多数人特别是知识分子的主要信仰，恐怕很难。于是，有人提出要振兴“国学”，宣传孔、孟、程、朱，现在大陆的官员和学者几乎不谋而合地在掀起一阵阵的“国学热”。但这样能解决问题吗？我也怀疑。我以为中国传统文化或文化传统是一个庞然大物，首先必须分析它、解构它，然后才可能谈继承和建设，这才可能是文化上的“转化性的创造”。我以为，中国传统文化和文化传统基本特征之一，是我多次提过的“政治、伦理、宗教三合一”，即中国式的“政教合一”。中国的“礼教”便是这种“三合一”的产物。荀子说“上事天，下事地，尊先祖而隆君师，是礼之三本也”。中国人拜天地、拜祖先、拜皇帝，以至拜老师（如入私塾时得向老师磕头行礼，包括学武术不也要“拜师”吗？老师不只教学问，而且更重要是教如何做人）。这既是伦理，又是宗教，同时又是政治。中国的伦理关系和观念既是政治体制的载体（如“迩之事父，远之事君”“求忠臣于孝子之门”“为民父母”等等），又是宗教体制的载体（祖先崇拜）。我也多次说过，从前士大夫和农民家里，常常贴有一张大红纸，供全家祭拜，上面写着“天、地、君、亲、师”五个大字。这个“天、地、君、亲、师”作为中国人的崇拜对象，不正是荀子讲的“礼之三本”，即延续了两千年的“礼教”，亦即我所谓的“宗教、伦理、政治三合一”吗？这就是自秦汉至明清、自上层到百姓的中国文化传统。也许，正因为此，中国没有也可以不需要基督教这样的宗教。基督教在明代传入中国，始终没能打开局面，在思想界生根。而毛泽东的马克思主义却能在中国打开局面，发展胜利，恐怕也与这种“三合一”有关。在“文革”中，毛泽东说四个“伟大”他只要一个，即“伟大的导师”。毛泽东是非常有幽默感的人，他说：我不过是个教书先生嘛。其实“导师”也就是指导你的思想、生活的信仰—崇拜对象。“文革”时章士钊写了一本《柳文指要》，公开赞颂毛泽东是“君、师合一”：既是政治领袖又是思想导师。

中国人拜的“天地”并不止是自然对象，它包含有对养育、主宰自己的某种客观神圣力量、规律即所谓“天道”、“天命”的敬仰、畏惧与崇拜。所谓“维天之命，于穆不已”。现在这个“天命”、“天道”到毛泽东手里，便是马列主义关于自然—社会发展的“必然规律”，这当然又必须信仰、崇拜、服从。其中只少了个“亲”，“亲”用“同志关系”替代了。不是说，在革命队伍中，“阶级弟兄”、“同志”、“组织”比骨肉兄弟、亲生父母还更亲吗？于是相信组织（代表“同志”、“群众”和“领导”）服从组织便成了“天经地义”。可以说，毛泽东的胜利与在某种程度上自觉或不自觉地运用和承继这个传统文化有一定关系。这个传统文化是中国人的无意识的“文化—心理结构”。今天，这一切是“俱往矣”，那么“还看今朝”的，难道只是重新打扮这个旧传统，坚持这个“宗教、伦理、政治三合一”吗？

我以为不然。我之所以强调政治与宗教、政治与道德的区分；之所以强调即使在道德层面上，也应将“宗教性道德”（个体的安身立命，终极关怀）和“社会性道德”（自由、平等，人权等现代生活的共同规范）区分开来；之所以强调改“天地君亲师”为“天地国亲师”，强调“国”不能再是政体、政府、政治，而只是家园、乡土、故国；之所以强调“宗教性道德”得由个人自由选择，群体（包括政府）不应干预，“社会性道德”则应由群体（包括政府）积极通过教育、法律等尽速培养建立，等等等等，都是为了分析传统文化、解构原有的“政教合一”，以进行“转换性的创造”。其实，早在这个世纪初（1902 年）梁启超便谈过“公德”与“私德”的问题，相当接近我今天所讲的这两种道德。他强调中国人缺少“公德”（即我所讲的“社会性道德”），将“私德”（即我所讲的“宗教性道德”）替代了“公德”。例如做官只讲“清、廉、勤”（“私德”），而不问政绩即到底为民众为国家办了什么事（“公德”）。例如讲到“公德”随社会、时代而大有变迁，“私德之条目则变迁较少”等等（见梁启超《新民说·论公德》），与我讲的相当一致；也接近于韦伯（Max Weber）说的“意向伦理”与“责任伦理”问题。但可惜梁启超没有认识到这种所谓“私德”在中国传统中之所以如此根深蒂固，恰恰在于“政治、伦理、宗教三合一”，将此“私德”（“宗教性道德”）当作“公德”（“社会性道德”），从而强调公私合一、家国一体的缘故。更遗憾的是，一年之后梁启超所写的“论私德”的长文不但没有坚持这种“公德”与“私德”的区分，反而退了回去，又陈词老调，仍然将中国迫切需要的现代社会的“公德”再次建筑在个人修养的传统“私德”之上，与我强调二者的区分、解构恰恰相反。其实，只有区分了“公德”与“私德”、“社会性道德”与“宗教性道德”，然后才能使这两种道德得到各自的良好发展，并使两者之间建立起真正的良性互动。我在《中国现代思想史论》一书中曾初步提到：

> 例如，对待传统中占有突出位置的所谓孝道，便不能再是如五四时期那样简单地骂倒，更不能是盲目地提倡，而是应分析传统孝道产生的社会经济政治基础（农业小生产、家长制下产生的人格依附性质）。今天的亲子关系当然不同，这是在经济政治完全独立、彼此平等的基础上的稠密人际的情感态度。从而它不能再是传统的父父子子，也不是重复五

四时期的“我不再认你和父亲，我们都是朋友，互相平等”，而是既在朋友平等基础上，又仍然认作父亲，即有不完全等同于朋友的情感态度和相互关系。敬老亦然。它不应再是天经地义式的论资排辈的规范、秩序、制度或习惯，而只能是一种纯感情上的自愿尊敬和亲密。

例如，在商品经济所引起的人们生活模式、道德标准、价值意识的改变的同时，在改变政治化为道德而使政治成为法律的同时，在发展逻辑思辨和工具理性的同时，却仍然让实用理性发挥其清醒的理知态度和求实精神，使道德主义仍然保持其先人后己、先公后私的力量光芒，使直觉顿悟仍然在抽象思辨和理论认识中发挥其综合创造的功能，使中国文化所积累起来的处理人际关系中的丰富经验和习俗，它所培育造成的温暖的人际关怀和人情味，仍然给中国和世界以芬芳，使中国不致被冷酷的金钱关系、极端的个人主义、混乱不堪的无政府主义、片面的机械的合理主义所完全淹没，使中国在现代化过程中高瞻远瞩地注视着后现代化的前景。

这即是说，以个体主义的现代生活为基础的“社会性道德”（“公德”）与注重个人修养、稠密人际关系的“宗教性道德”（“私德”）既相区别又可补充。特别是“宗教性道德”对“社会性道德”有一种指引、范导作用，中国传统在这方面可以做出贡献。因为这传统不止是古典书本上的教义、信条，而是千百年积淀下来的中国人的“文化心理结构”，它是一种活的传统。如果在现代化的物质生活上赶上西方，而又尽可能避免今天美国生活方式中的种种弊病，不就可以避免前面所说的那种人类的灾难吗？这方面不还大有可为，值得努力去做吗？当然，在文化方面还有许多问题可说。例如，我一直反对精英政治，反对知识分子的优越感，主张淡化精英意识；但由于中国有悠久的“士志于道”的士大夫传统，在今日现代化和后现代社会中，比起现今资本主义（如美国）来，在引领政治民主方面，在指导客观经济方面，在文化、教育方面，特别在抵制、反对资本、金钱对大众传媒的主宰支配方面……人文知识分子是否可以扮演更为重要、更为中心的角色呢？我认为，这是有可能的。事在人为，应为此奋斗。这是不是与反对精英意识相矛盾呢？我想不是，士志于道，道就在伦常日用之中，你只有把自己划作普通人，不居高临下，也才能够真正为老百姓着想和办事，所以两者倒是相辅相成的。此外，我以为，不止在中国，而且在全世界，教育问题将日益迫切。下个世纪以后将日益成为以教育为中心的时代，人文知识的责任就更重大。这也就是我所希冀的“第二次文艺复兴”。第一次文艺复兴是回归古典希腊，从神的统治下解放出来，提出了人性问题。这次文艺复兴则可能回归古典东方，从机器的统治下解放出来，重新确立人性。这也就是我讲的“西体中用”的遥远前景。这样，也才能使这个拥有世界人口四分之一的广阔土地上出现一条真正的新路，从而对整个人类文明做出贡献。

答问（略）

……

学生：还有一个问题，你的“体”是新解，无论西学或中学，你说都不能算“体”，那么，是否还可以说“西学为体”呢？

李：在一定意义上，也可以说。只因为我既对“体”有新的规定，为了避免概念的混乱，就不主张一般地把“学”当做“体”。但是，今天与生产力（社会存在本体的基础）密切攸关的科学技术，恰恰也是一种“学”，科学。今天，在大、中、小学的课堂上，数理化等科技课程不是占着主要位置吗？我们大部分或主要的时间和精力不都花在学习和运用科技上面吗？科学已进入现代日常生活和衣食住行之中，成了不可或缺的要素。所以，在这个意义上，说“西学为体”又是可以的。

（原载《世纪新梦》，安徽文艺出版社，1998）

图书在版编目（CIP）数据

中国现代思想史论／李泽厚著. —北京：生活 · 读书 · 新知三联书店，2008.6 （2025.2 重印）
（李泽厚集）
ISBN 978－7－108－02896－9

Ⅰ. 中… Ⅱ. 李… Ⅲ. 思想史－研究－中国－现代 Ⅳ. B26

中国版本图书馆 CIP 数据核字（2008）第 011803 号

著作权合同登记号 图字：01－2017－7041

责任编辑 史行果 张 龙
装帧设计 罗 洪
责任印制 董 欢
出版发行 生活 · 讀書 · 新知 三联书店
（北京市东城区美术馆东街 22 号）
邮 编 100010
网 址 www. sdxjpc. com
经 销 新华书店
印 刷 河北鹏润印刷有限公司
版 次 2008 年 6 月北京第 1 版
2025 年 2 月北京第 14 次印刷
开 本 880 毫米 × 1230 毫米 1／32 印张 12.75
字 数 273 千字
印 数 64，001－69，000 册
定 价 78.00 元
（印装查询：01064002715；邮购查询：01084010542）